Unsere Wirtschaft ethisch überdenken

Detlef Pietsch

Unsere Wirtschaft ethisch überdenken

Eine Aufforderung

Springer

Detlef Pietsch
München, Deutschland

ISBN 978-3-658-37976-6 ISBN 978-3-658-37977-3 (eBook)
https://doi.org/10.1007/978-3-658-37977-3

Die Deutsche Nationalbibliothek verzeichnet diese Publikation in der Deutschen Nationalbibliografie; detaillierte bibliografische Daten sind im Internet über http://dnb.d-nb.de abrufbar.

Springer

Lektorat/Planung: Isabella Hanser
Springer ist ein Imprint der eingetragenen Gesellschaft Springer Fachmedien Wiesbaden GmbH und ist ein Teil von Springer Nature.
Die Anschrift der Gesellschaft ist: Abraham-Lincoln-Str. 46, 65189 Wiesbaden, Germany

Dank

Mein herzlicher Dank geht wie immer an dieser Stelle an das wunderbare Team des Springer Verlags, stellvertretend dafür an Frau Dr. Isabella Hanser. Ich bin nicht nur für die Anregungen formaler und inhaltlicher Art dankbar, die das Buch wieder in vielen Bereichen verbessert und auf ein höheres Niveau gehoben hat, sondern auch für die zahlreichen konstruktiven Gespräche.

Ferner konnte ich für dieses Buch mit vielen Freunden und Bekannten sprechen und ihre Meinungen einholen. Gerade die unterschiedlichen Sichtweisen, vor allem aber die Meinungen, die zu meinen konträr waren, haben mir geholfen, meine Gedanken nachzuschärfen und die dargestellten Punkte weiter zu differenzieren. Die Meinungsbildung lebt von der Vielfalt unterschiedlicher Stimmen. Daher bin ich dankbar, dass sich so viele auf den zum Teil kontroversen, aber immer konstruktiven Dialog eingelassen haben. Stellvertretend möchte ich vor allem folgende Personen erwähnen: Dr. Markus Seidler, Dr. Patrick Strunkmann-Meister, Dr. Jörg Pavitsich, Dr. Markus Seidel, Laurent Leclercq, der mir vor allem die französische Sichtweise auf die Dinge schilderte und Peter Balogh.

Ich möchte darüber hinaus auch meiner Familie, meiner Frau und meinem Sohn danken, vor allem für die Nachsicht, die sie mit mir hatte, wenn ich mal wieder schriftstellerisch tätig war und nicht so intensiv am Familienleben teilnehmen konnte. Ihre Unterstützung in jeglicher Hinsicht war mir immer eine große Freude. Schließlich möchte ich meiner Mutter danken, dass sie immer an mich und meine Bücher geglaubt hat. Die Gespräche der letzten Monate mit ihr, aber auch meiner Familie insgesamt zu den konkreten Themen des Buches waren sehr ergiebig und sind in die Überlegungen mit eingeflossen. Das Buch ist daher wie so häufig meiner Familie gewidmet.

München, im Januar 2022 Detlef Pietsch

Inhaltsverzeichnis

1

Wir brauchen eine ethisch überarbeitete Wirtschaft

Dies ist eine Aufforderung an uns alle. Eine Aufforderung, gemeinsam unsere Wirtschaft ethisch zu überdenken. Denn *Ökonomie und Ethik sind zwei Seiten der gleichen Medaille.* Es wurde in der Vergangenheit eine Reihe von Beispielen bemüht, warum beide Aktivitäten miteinander unverträglich sein sollen. Dabei wurde bewusst ein Gegensatz zwischen Wirtschaft und Ethik aufgebaut: *Wirtschaftliches Handeln einerseits*, das versucht, den Nutzen des Einzelnen zu optimieren, die Gewinne der Unternehmen in immer weitere Höhen zu treiben und im Idealfall den Wohlstand aller Beteiligten zu steigern, dabei aber gleichzeitig die Ungleichheit immer weiter zu verschärfen. Dagegen steht *andererseits ein ethisches Handeln*, das auf bestimmten Werten wie Fürsorge, Solidarität und Mitmenschlichkeit beruht und mehr den Nutzen der Allgemeinheit als den des Einzelnen und der Unternehmen im Auge haben sollte. Auf der einen, der ökonomischen, Seite steht die *Optimierung* d. h. das Letzte aus seinen Handlungen und Aktivitäten herauszuholen und den *Profit* zu maximieren und auf der

D. Pietsch, *Unsere Wirtschaft ethisch überdenken*,
https://doi.org/10.1007/978-3-658-37977-3_1

anderen, der ethischen, Seite, steht das *Gemeinwohl* für alle, auch für die Schwächsten.

In der Vergangenheit wurde hier also immer wieder ein unvereinbarer Gegensatz konstruiert: Hier der *kalte, unmenschliche Kapitalismus*, der nur die Stärksten überleben lässt und ein rationales Menschenbild pflegt und dort die einfühlsame, die *Wohlfahrt aller bedenkende Ethik*. Dieser Gegensatz, der so in mehr oder minder überzogener Form seit Langem wiederholt behauptet wird – so die Kernthese dieses Buches – existiert so nicht. Im Gegenteil: Beide Elemente, *Ökonomie und Ethik*, sind keine Gegensätze, sondern *ein Brüderpaar, das zwingend zusammengehört und sich gegenseitig ergänzen sollte*. Wie das konkret aussehen kann, möchte ich in diesem Buch skizzieren und Sie einladen, an meinen Gedanken teilzunehmen. Das bedeutet nicht zwingend, dass Sie in allen Punkten meiner Meinung sein müssen. Ich bin überzeugt, dass Sie aus Ihrer eigenen Erfahrung heraus manche Dinge anders beurteilen werden als ich. Wichtig ist nur, und das ist die Aufforderung dieses Buches, dass wir uns alle darüber Gedanken machen, wie wir *unsere Wirtschaft ethisch auf ein neues Niveau heben* können.

Neben der Unvereinbarkeit beider Sphären und Systeme wird auch, je nach politischer und sozialer Lesart, eine Über- oder Unterordnung des einen Elements vom anderen gesehen: Auf der einen Seite steht die Ökonomie und ihr Handeln für die Menschen im Vordergrund und sollte möglichst ungehindert laufen gelassen werden. Die Ethik dient in diesem Fall dazu, *Schlimmeres zu verhindern*. Auf der anderen Seite gilt die uneingeschränkte Aufmerksamkeit dem ethischen Handeln, das – aus Mitgefühl, Pflichtbewusstsein oder Tugendhaftigkeit – die beherrschende Größe aller Aktivitäten sein sollte. Die Schwächsten sollen unterstützt werden zum Wohle aller Menschen. Wobei die Schwächsten der Gesellschaft ein weiter Begriff darstellt und nicht nur die Alten, sozial Schwachen, Kranken oder Menschen mit Behinderung umfasst, sondern auch die

Tiere und unseren Planeten, den es ebenfalls zu schützen gilt. Der Kapitalismus heutiger Lesart mit seinem gnadenlosen Wettbewerb egoistischer Spieler, so heißt es immer wieder, sei nicht in der Lage, diesen Schutz sicherzustellen und entferne sich immer weiter von den Bedürfnissen der Menschen nach dem Gemeinwohl. Daher müsse die Ethik als übergeordnete Instanz die Ökonomie in enge Schranken verweisen. Doch das Gegenteil dessen ist der Fall: Ökonomie und Ethik *gehören zwingend zusammen* wie ein siamesisches Zwillingspaar, bei dem das eine Geschwisterkind nicht ohne das andere überleben kann! Es gibt daher keine Über- oder Unterordnung von *Ökonomie und Ethik*, sondern eine *Begegnung auf Augenhöhe.*

Doch von diesem Idealzustand, dass beide zusammengehörende Elemente auch zwingend *zusammenarbeiten* und sich ergänzen, sind wir leider *weiter entfernt als je zuvor:* Wir erleben weltweit immer noch eine unvergleichliche Armut, die zwar im Laufe der Zeit bereits abgemildert worden ist, doch heute immer noch viele Millionen Menschen hinter sich lässt. Der Wohlstand ist bei diesen Menschen nicht angekommen. Gleichzeitig erleben wir, dass sich die Einkommen und Vermögen innerhalb eines Landes, aber auch weltweit immer weiter auseinanderentwickeln. Nicht zuletzt die Studien des französischen Ökonomen Thomas Piketty (vgl. Piketty, 2014, 2020) haben uns die Augen dafür geöffnet. Acht Menschen auf dieser Welt verfügen über ein ebenso großes Vermögen wie die ärmere Hälfte der Weltbevölkerung, immerhin 3,8 Milliarden Menschen (vgl. Oxfam, 2017)! Chancengleichheit zwischen den Kindern aus vermögendem Haushalt und den Kindern der Unterschicht existiert ebenso wenig wie zwischen Arbeiter- und Akademikerkindern. Dabei haben wir noch gar nicht von den *zahlreichen Diskriminierungen* in dieser Welt, aber auch hier bei uns in Deutschland gesprochen: Unterschiedliche Behandlungen je nach Geschlecht, Nationalität, Hautfarbe, Religion, sexueller Orientierung, kulturellem Hintergrund oder Alter. Wohin man schaut gibt es aus ethischer Sicht Herausforderungen, die dringend angegangen werden müssen, sei es geschlechtsspezifische Gehaltsunterschiede, zahlreiche Formen des Mobbings auch im Internet oder sonstige Ungleichbehandlungen.

Nicht alle genannten Punkte sind ökonomischer Natur, und nur um diese geht es hier in diesem Werk, doch haben viele wirtschaftliche Auswirkungen. Diskriminierungen von Alten im Vergleich zu den Jungen werden dann zu einem ökonomischen Problem, wenn die Rente im Alter nicht ausreicht, ein menschenwürdiges Leben führen zu können oder ab einem gewissen Alter keine Chance mehr auf dem Arbeitsmarkt zu haben. Diskriminierungen von Frauen in der Gesellschaft sind auch dann besonders kritisch zu sehen, wenn das Ergebnis die unterschiedliche Vergütung oder die unterproportionale Vertretung von Frauen in Führungspositionen ist, die dann leider nur mit dem Zwang einer Quote zu heilen ist. *Mobbing* ist nicht nur ein gesellschaftliches Problem, sondern auch eine Herausforderung für Unternehmen und damit für die Wirtschaft als solches, wenn Mitarbeiterinnen und Mitarbeiter frustriert und gedemütigt der Arbeit fernbleiben. Vielfach aber verschmelzen die ethischen Probleme der Wirtschaft mit denen der Gesellschaft, etwa wenn ökonomische Prinzipien Einzug in das gesellschaftliche Miteinander halten: Menschliche Beziehungen und Netzwerke werden dann nach ihrer ökonomischen Vorteilhaftigkeit hin abgeklopft (vgl. Becker, 1993). Ehen werden als Optimierungsgemeinschaften gesehen und Kinder als Investitionen in die Zukunft. Ein Phänomen, das häufig mit der *Ökonomisierung der Gesellschaft* (vgl. Pietsch, 2021, S. 360 ff.) überschrieben wird.

Doch ethische Handlungen enden nicht bei den Menschen, sie muss natürlich *die Tiere*, ihre Artenvielfalt, aber auch die Erde an sich berücksichtigen. Nicht erst seit den

Tagen der Klimaaktivistin Greta Thunberg sollte die *Vereinbarkeit von Ökonomie und Ökologie* im Kern aller wirtschaftlichen Überlegungen stehen. Statt von einem Klimawandel sprechen viele schon von einer *Klimakatastrophe*, da die Entwicklungen etwa hinsichtlich der Klimaerwärmung schon uneinholbar vorangeschritten sind: Der globale Temperaturanstieg um 1,5 Grad Celsius bis zum Jahr 2100 im Vergleich zur vorindustriellen Zeit um 1850 ist gemäß der Meinung einzelner Experten schon jetzt eingetreten, die Klimakatastrophe steht schon vor der Tür und klopft an. Dazu braucht man nicht die schrecklichen Bilder der Flutkatastrophe in einigen Teilen Deutschlands im Sommer 2021 vor Augen zu haben, um dies zu erkennen. Es ist also nicht eine Sekunde *vor* zwölf, sondern *nach* zwölf. Haben wir vorher von „siamesischen Zwillingen" der Ökonomie und Ethik gesprochen, müssen wir sogar von *Drillingen* sprechen, die Ökologie als drittes Element, das zwingend dazugehört. Dies stellt natürlich auch unweigerlich die Frage nach dem dafür geeigneten Wirtschaftssystem: Muss der Kapitalismus, in Deutschland die *Soziale Marktwirtschaft*, nicht zwingend um eine *ökologische Komponente erweitert* werden? Ich denke schon.

Gleichwohl bleiben der Wirtschaft die alten ethischen Herausforderungen erhalten zu denen neue hinzutreten. So war zwar die Wirtschaft bereits seit der Antike weltumspannend d. h. *global*. Doch trotz der unbestreitbaren Errungenschaften der Globalisierung hinsichtlich der Schaffung von Wohlstand, muss die Frage erlaubt sein, ob die Globalisierung heute *bei allen ankommt*? Gilt sie gleichermaßen für alle Menschen, egal wo sie leben, egal wie sie ausgebildet sind und welche Fähigkeiten sie mitbringen? Nein, natürlich nicht. Auch wenn die Industrieländer, vor allem auch Deutschland, von der Globalisierung mehrheitlich profitiert haben, lohnt es sich, tiefer hinzusehen, wer die Gewinner und wer die Verlierer der Globalisierung sind. Dabei müssen wir aus ethischer Perspektive die Frage stellen, ob wir diese zunehmenden Unterschiede zwischen den Ländern, aber auch innerhalb eines Landes wie etwa Deutschland, aber auch den USA so hinnehmen können. Profitiert haben vor allem die (international) gut Ausgebildeten, die jungen Erwachsenen in den Metropolen, die international mobil und flexibel sind. Wie sieht es mit den anderen aus? Überlassen wir diese ihrem Schicksal oder können wir da gegensteuern? Auch dies ist eine Frage des Zusammenspiels von Ökonomie und Ethik. Wir brauchen dazu eine *universale Moral* (vgl. Gabriel, 2020, vor allem S. 101 ff.), eine Moral die weltweit auf die gleichen Maßstäbe setzt und von daher seine ökonomischen Regeln und Werte bezieht. Konkret: *mehr Gemeinwohl statt Egoismus.*

Dies gilt aber nicht nur für das *Wirtschaftssystem insgesamt*, sondern hat auch Auswirkungen auf die Unternehmen, die Unternehmer und Führungskräfte und ihr Handeln aber auch auf jeden Einzelnen von uns. Was muss *ich ganz persönlich* tun, um mich meinen Mitmenschen gegenüber solidarischer zu zeigen? Wie kann ich helfen, dass es den Schwächsten in unserer Gesellschaft besser geht? Wie schütze ich die Umwelt, die Tiere und die Artenvielfalt und welchen Beitrag kann ich ganz persönlich dazu leisten, dass der Klimawandel abgewendet werden kann? Diese Fragen gelten selbstverständlich vor allem für die Meinungsführer unserer Gesellschaft, die Politikerinnen und Politiker, die Unternehmerinnen und Unternehmer, die Managerinnen und Manager. Sie alle sind gefordert zu überlegen, wie ihr Unternehmen ökologisch und sozial nachhaltiger, „anständiger" werden kann: Schluss mit der Umweltzerstörung, Stopp mit dem Mobbing, der Diskriminierungen aller Art etc. Alle Mitarbeiterinnen und

Mitarbeiter sind gleichberechtigt, egal wo sie herkommen, was sie glauben, wie alt sie sind, welchen Geschlechts sie sind usw. Ähnlich wie das *Gemeinwohl* das Ziel des übergreifenden Wirtschaftssystems sein sollte, so muss die individuelle *Wertschätzung* der Person und der Arbeit der oberste Wert eines Unternehmens sein. Das gilt es gerade bei Unternehmenskrisen zu beachten. Nur das „Wir" schafft die Wende, nicht das „Ich" alleine. Die Unternehmer und Manager sind angehalten, diese Werte in ihrem Unternehmen vorzuleben und fest zu verankern.

Schließlich mussten wir seit dem letzten Jahr mit einer *weltweiten Pandemie* kämpfen: Das Corona-Virus, das viele Menschen das Leben gekostet, unendlich viel Leid mit sich brachte und schließlich die Ökonomie kurzfristig heruntergefahren hat. Hier war und ist aktuell noch die Frage zu stellen, inwieweit die *Gesundheit Vorrang vor der Ökonomie* hat – menschliches Leben hat immer oberste Priorität – oder ab welchem Zeitpunkt auch die lebenswichtige Wirtschaft mit ihren Handelnden zu retten ist. *Welchen Beitrag sollte dazu der Staat leisten*? In der Corona-Krise ist häufiger die Frage laut geworden, wann und in welchem Maße der Staat in die Wirtschaft eingreifen sollte. Von einem schmalen Grat zwischen Rettung der Wirtschaft und „die neue Staatswirtschaft" war sogar die Rede (vgl. Neßhöver, 2020). Wir werden uns trotz des vorliegenden Impfstoffs noch eine Weile mit dem Virus einrichten müssen. Welche Konsequenzen wird dies für unser Zusammenleben bzw. hier noch viel wichtiger, für unser tägliches Zusammenarbeitsmodell haben? Online-Konferenzen und Tagungen lösen persönliche Treffen und Reisen ab, weltweite Lieferketten werden Schritt für Schritt um lokale Alternativen ergänzt. Die Digitalisierung, vormals noch als Gefahr und Risiko u. a. eines drohenden Stellenabbaus gesehen (vgl. Precht, 2020), muss nun schnellstens in allen Bereichen vorangetrieben werden: Schulen, Universitäten, aber auch Arbeitsplätze müssen, da wo es die Art der Arbeit zulässt, alle onlinefähig sein und die handelnden Personen müssen ebenfalls damit umgehen können.

Dieses Buch möchte sich den oben genannten Themen widmen und wird dabei folgender Struktur folgen: Nach der gerade erfolgten Einleitung in diesem Kap. 1 möchte ich zunächst das bereits angesprochene Verhältnis zwischen Ökonomie und Ethik vertiefen. Neben der jeweiligen Begriffsklärung stehen vor allem Gemeinsamkeiten und Gegensätze beider Elemente im Vordergrund der Überlegungen. Die Frage wird sein, wie eine gelungene Verbindung von Ökonomie und Ethik in Form einer ethischen Ökonomie aussehen könnte. Dies alles wird Gegenstand des Kap. 2 sein. Kap. 3 wird einen kurzen Abriss der ethischen Ideengeschichte liefern, die ein tieferes Verständnis und eine moralische Beurteilung wirtschaftlicher Vorgänge erleichtert. Dabei werde ich mich auf die wesentlichen Vertreter und ihre Kernideen konzentrieren. Einen ausführlicheren Überblick zur ethischen Ideengeschichte habe ich bereits in meinem vorherigen Werk gegeben und möchte hier lediglich darauf verweisen (vgl. Pietsch, 2021, S. 51 ff.). Kap. 4 wird sich den ethischen Herausforderungen der Armut an sich und der zunehmenden Ungleichheit in Einkommen und Vermögen widmen. Dabei werde ich auch mit dem *Märchen von der Chancengleichheit* vor allem von Kindern aus unterschiedlichen Schichten aufräumen, die vielleicht vor einigen Jahrzehnten im Ansatz existierte, die es aber so heute in Deutschland nicht mehr gibt. Ferner werde ich die Arten der Diskriminierungen in Wirtschaft und Gesellschaft aufzeigen und verschiedene Spielarten des Wirtschaftssystems aus der ethischen Perspektive heraus versuchen zu beurteilen. Dabei werde ich mich auch bemühen, aus meiner Sicht *eine ideale Wirtschaftsform* zu skizzieren, um einen Anstoß zu einer weiteren Diskussion zu geben.

Kap. 5 steht ganz im Zeichen der ökologischen Herausforderung der Wirtschaft. Dabei wird nicht nur die drohende Klimakatstrophe zu schildern sein, sondern auch die Herausforderungen, die sich der Artenvielfalt und dem Tierwohl stellen. Schließlich möchte ich kurz Ansätze skizzieren, wie wir diesen Herausforderungen idealerweise begegnen. Kap. 6 widmet sich der Globalisierung und der Digitalisierung: Während die Globalisierung als Phänomen schon lange existiert und Gewinner und Verlierer produziert, sind einige Fragen der Digitalisierung noch immer ungelöst, vor allem die Frage, wie der drohende Jobverlust zumindest abgemildert werden kann und wie sich die Digitalisierung beschleunigen ließe. Darüber hinaus müssen wir die Frage beantworten, ob wir künftig *Maschinen für uns moralische Fragen beantworten lassen*, wie etwa beim autonomen Fahren oder der Künstlichen Intelligenz generell.

Kap. 7 wird der Frage nachgehen, was *jeder Einzelne* von uns tun kann, um sich moralisch einwandfrei zu verhalten: Weniger Egoismus, mehr Solidarität, weniger Gier, mehr Freigiebigkeit und Engagement *für das Gemeinwohl* und die *sozial Schwächeren* der Gesellschaft. Dies gilt natürlich in besonderem Maße für die Meinungsführer der Gesellschaft, seien es Unternehmer – Stichwort: „der ehrbare Kaufmann“ – oder Unternehmenslenker und Führungskräfte generell. Warum werden immer noch reihenweise Mitarbeiterinnen und Mitarbeiter unter Druck gesetzt bis sie nicht mehr weiterwissen und in einen „Burnout“ hineinlaufen? Wieso sind Diskriminierungen einzelner Mitarbeiterinnen und Mitarbeiter bis hin zu gezieltem Mobbing immer noch an der Tagesordnung und werden nicht im Vorfeld verhindert? Wir werden uns in diesem Kapitel auch der Frage widmen, ob es generell so etwas wie eine *„moralisches“ Unternehmen* gibt, bei dem die Mitarbeiterinnen und Mitarbeiter und deren Bedürfnisse an erster Stelle stehen und wertschätzend und verantwortungsvoll behandelt werden.

Schließlich kommen wir in Kap. 8 nicht darum herum, uns den ethischen Herausforderungen der Corona-Pandemie – oder in Zukunft weiterer Pandemien – zu stellen. Hier wird nicht nur die Abwägung zwischen gesundheitlichem und ökonomischem Wohl im Vordergrund der Überlegungen stehen, sondern auch die Frage, wie wir künftig zusammenarbeiten und welche Werte für uns künftig wichtiger werden. Dieser Ausblick in die Zukunft soll dieses Buch dann abrunden. Doch beginnen wir zunächst mit dem Verhältnis von Ökonomie und Ethik.

Literatur

Becker, G. (1993). *Der ökonomische Ansatz zur Erklärung menschlichen Verhaltens* (Einheit der Gesellschaftswissenschaften, Band 32). Mohr Siebeck.

Gabriel, M. (2020). *Moralischer Fortschritt in dunklen Zeiten. Universale Werte für das 21. Jahrhundert.* Ullstein.

Neßhöver, C. (2020). Die neue Staatswirtschaft. *Manager Magazin, 12*(2020), 110–116.

Oxfam. (2017). *8 Männer besitzen so viel wie die ärmere Hälfte der Weltbevölkerung.* Oxfam. https://www.oxfam.de/ueber-uns/aktuelles/2017-01-16-8-maenner-besitzen-so-viel-aermere-haelfte-weltbevoelkerung. Zugegriffen am 12.02.2021.

Pietsch, D. (2021). *Die Ökonomie und das Nichts. Warum Wirtschaft ohne Moral wertlos ist.* Springer.

Piketty, T. (2014). *Das Kapital im 21. Jahrhundert.* C.H. Beck.

Piketty, T. (2020). *Kapital und Ideologie.* C.H. Beck.

Precht, R. D. (2020). *Künstliche Intelligenz und der Sinn des Lebens.* Goldmann.

2

Ökonomie und Ethik: Ein gegensätzliches Paar?

2.1 Ökonomie schafft nicht zwingend Wohlstand für alle

Wir alle sind jeden Tag abhängig von der Wirtschaft und leben von ihr, ob bewusst oder unbewusst. Tag für Tag arbeiten wir für unseren Lebensunterhalt, damit wir uns die Dinge des täglichen Lebens leisten können wie Lebensmittel, Kleidung, ein Dach über den Kopf, Urlaube oder Hobbies. Wenn wir Glück haben und unsere Arbeit genügend einbringt, können wir uns sogar eines Tages ein Haus, ein Auto und alles leisten, was man zu einem materiell auskömmlichen Leben benötigt. Die Corona-Pandemie hat uns gezeigt, dass das, was wir immer für selbstverständlich hielten, auf einmal gefährdet sein kann. So fielen von heute auf morgen Jobs in vermeintlich krisenfesten Branchen weg, wie etwa im Bereich der Messe, der Luftfahrt oder des Tourismus. Viele Einzelhandelsbereiche außerhalb der *systemrelevanten* Lebensmittelbranche mussten wochenlang ihre Pforten schließen, ebenso die Restaurants und

D. Pietsch, *Unsere Wirtschaft ethisch überdenken*,
https://doi.org/10.1007/978-3-658-37977-3_2

Hotels. Früher bereits angeschlagene Unternehmen gingen aufgrund der Corona-Krise in Konkurs, viele Menschen verloren ihren Arbeitsplatz. Alleine in den USA verloren 22 Millionen Menschen innerhalb von nur vier Wochen der Pandemie ihren Arbeitsplatz (vgl. Schäuble, 2020). Der so sicher geglaubte wirtschaftliche Kreislauf aus: Geld verdienen, für Konsum ausgeben und damit Jobs sichern, wieder Geld verdienen usw. wurde schlagartig und ohne Vorwarnung gestoppt. Gleichzeitig mussten Bund, Länder und Gemeinden alleine in Deutschland viele Milliarden in Rettungspakete, Kurzarbeitergeld und sonstige Kompensationsmaßnahmen stecken. Wir sehen: *Ökonomie ist ein fester und notwendiger Bestandteil unseres Lebens.*

Die Ökonomie lebt von ihrem Grundprinzip, dem von *Angebot und Nachfrage* auf einem *Markt* (vgl. Pietsch, 2020, S. 17 ff.). Käufer und Verkäufer treffen an einem bestimmten Ort, der heute auch virtuell sein kann, zusammen und vergleichen ihre Ziele und Wünsche miteinander. Der Verkäufer versucht, sein Produkt oder seine Dienstleistung zu einem möglichst hohen Preis zu verkaufen, der zumindest seine Kosten deckt. Im Gegenzug ist dem Käufer daran gelegen, gemäß seinen Wünschen, Neigungen und Bedürfnissen das Produkt des Verkäufers möglichst kostengünstig zu erwerben. In der Regel gilt: je höher der Preis, desto geringer die Nachfrage und umgekehrt. Ausnahmen von dieser Regel gibt es vor allem bei Luxusgütern. Dort gilt, wie der US-Ökonom und Soziologe Thorstein Veblen amüsant und nachdrücklich aufgezeigt hat, dass die Nachfrage mit steigendem Preis größer wird (vgl. Pietsch, 2019, S. 168 ff. und Veblen, 1899/2007 vor allem S. 49 ff.). Die Menschen wollen sich durch ihren Statuskonsum bewusst von den anderen, Durchschnittskäufern abheben und ihre finanzielle Potenz dokumentieren. Ein Markt kann es für verschiedene Produkte geben, etwa für Güter, Geld, Kapital oder Arbeit (vgl. Pietsch, 2020, S. 23 ff.). Auch hier pendelt sich ein jeweiliger Preis ein, der sich nach Angebot und

Nachfrage richtet: Vom Preis eines Produkts oder einer Dienstleistung über den Geldmarktzins oder den Währungskurs, den Kapitalmarktzins oder im Falle des Arbeitsmarkts den Gleichgewichtslohn.

Wie überall im Leben gilt auch für die Ökonomie das richtige Maßhalten: Einer gelungenen Mitte etwa aus *exzessivem Konsum* von in dieser Menge und Preis überflüssig vielen Gütern und dem Mangel an den nötigsten andererseits. Geld ist notwendig nicht nur zur Bezahlung, sondern auch zur Finanzierung des eigenen Lebens wie etwa zum Kauf von Lebensmitteln, Kleidung, aber auch Immobilien. Doch wird *Geld nur des Geldes willen* erstrebt, aus reiner Gier und einem unsinnigen Statusdenken, dann wird schnell der positive Gedanke des nützlichen Geldes in sein komplettes Gegenteil verkehrt (vgl. dazu auch Schäuble, 2021, S. 120). Am Kapitalmarkt kann ich auch wie in einem *Casino spekulieren* und etwa auf Währungen oder Lebensmittel oder auf andere wahrscheinliche Entwicklungen setzen, etwa auf sinkende Kurse. Als Resultat erhalte ich im besten Fall einen zusätzlichen Gewinn für mich oder meine Anleger oder ich *„verzocke mich"* buchstäblich als Hedgefonds, weil ich nicht mit einer abgestimmten Aktion von Kleinanlegern rechne wie z. B. im Falle von Gamestop. Diese Kleinanleger hatten die Kurse in einer konzertierten Aktion in ungeahnte Höhen getrieben und die Wette der Hedgefonds auf sinkende Kurse zunichte gemacht. Die Hedgefonds verloren daraufhin 20 Milliarden Dollar (vgl. Brühl et al., 2021).

Was ich aber nicht habe, ist eine *sinnvolle Finanzierung eines soliden wirtschaftlichen Vorhabens*, etwa die Finanzierung eines Unternehmens. Und schließlich kann ich auch den Arbeitsmarkt „missbrauchen", indem ich möglichst viele Menschen zu denkbar niedrigen Löhnen arbeiten lasse. Die Zeiten der Industrialisierung mit ihren elenden Arbeitsbedingungen in materieller, Hygiene- und Arbeitszeitsicht, die Karl Marx zu Recht beklagte, sind Gott sei

Dank vorbei. Doch auch trotz der Einführung von Mindestlöhnen sind noch zu viele „prekäre“ d. h. am Rande des Existenzminimums sich befindende Beschäftigungsverhältnisse entstanden (vgl. zu einigen realen und teils bedrückenden Beispielen Friedrichs, 2021). Einige Jobs sind, wie wir in den Zeiten der Corona-Pandemie schmerzlich erleben mussten, systemrelevant und werden dennoch *nicht angemessen vergütet.* Das Beispiel der Schwestern und Pflegern in Krankenhäusern und Pflegeeinrichtungen ist uns noch in sehr guter Erinnerung.

Der Begriff der Ökonomie stammt aus dem Altgriechischen: *oikos* bedeutet das Haus und *nomos* das Gesetz. Zusammengenommen könnte man frei übersetzt etwa von der Ökonomie als der *Hauswirtschaftslehre* reden. Sowohl der Universalgelehrte des Abendlandes, der Philosoph Aristoteles, als auch der griechische Philosoph und Historiker Xenophon haben sich bereits vor mehr als zweitausend Jahren mit ökonomischen Fragestellungen beschäftigt. Für die alten Griechen allerdings wie etwa für Aristoteles stellte die Ökonomie nur einen Teil des gesamten Lebens im Staat, der *Polis,* dar. Während für uns heute ökonomische Fragestellungen eher im Vordergrund der Überlegungen stehen wie unser Corona-Beispiel gezeigt hat, spielten wirtschaftliche Aktivitäten im alten Griechenland eine eher untergeordnete Rolle. Platon, einer der wirkungsmächtigsten Philosophen der Antike und Lehrer des Aristoteles, sah das ähnlich. Für ihn war sogar das Privateigentum nicht zwingend notwendig: der Staat und die Gemeinschaft waren höheren Zielen verpflichtet. Aristoteles setzte sich dagegen zwar für das Privateigentum ein, lehnte aber ein wirtschaftliches Handeln, das nur der Bereicherung dienen sollte (*chrematistiké*), kategorisch ab.

Während sich die antiken Denker vor allem mit *ethischen Fragen* der Wirtschaft auseinandersetzten, was im Mittelalter mit christlichen Werten kombiniert wurde (wie Überlegungen Thomas von Aquins zum *gerechten Preis* zeigen, vgl. Pietsch, 2019, S. 27), machte sich der erste neuzeitliche Ökonom und Moralphilosoph Adam Smith Gedanken darüber, wie Nationen zu Wohlstand gelangen können. Dabei prägte er vor allem den Begriff der „unsichtbaren Hand“: Indem der Unternehmer seinen eigenen Gewinn egoistisch vermehrt und alles dafür tut, bringt er gleichzeitig die gesamte Wirtschaft voran (vgl. Pietsch, 2019, S. 68). Der Unternehmer möchte natürlich von dem leben, was sein Unternehmen hervorbringt. Daher versucht er, seinen Gewinn zu hoch wie möglich ausfallen zu lassen. Damit schafft er aber auch Arbeitsplätze für viele Menschen, die nachher die Produkte und Dienstleistungen mit ihrem Lohn wieder kaufen können und entsprechend die Arbeitsplätze sichern. Gleichzeitig würden die arbeitsteilige Wirtschaft, der internationale Waren- und Kapitalhandel zu einer Wohlfahrtsteigerung führen. Heute würde man sicher noch den technologischen Fortschritt und die Bildung ergänzen. Doch der *Wohlstand kommt heute nicht überall an* wie wir in Abschn. 4.1 noch ausführlich diskutieren werden.

In späteren Zeiten, vor allem im zwanzigsten Jahrhundert, haben sich die Ökonomen darüber gestritten, ob ein solcher Wirtschaftskreislauf von alleine oder nur mit staatlicher Hilfe wieder ins Gleichgewicht zu bringen ist. Exemplarisch haben der britische Ökonom *John Maynard Keynes* (vgl. Pietsch, 2019, S. 175 ff.) und der US-amerikanische Ökonom *Milton Friedman* (vgl. Pietsch, 2019, S. 200 ff.) sich mit der Frage auseinandergesetzt, wie viel Staat eine Wirtschaft verträgt und in welchen Bereichen. Keynes war der klaren Meinung, dass die Wirtschaft an sich in einer Krisensituation d. h. bei hoher Arbeitslosigkeit nicht automatisch wieder in ein Gleichgewicht kommt. Der Staat müsse dabei schon mithelfen, indem er staatliche Ausgaben tätigt, etwa Straßen, öffentliche Gebäude etc. errichtet und damit wieder Arbeitsplätze schafft bzw. sie durch Konjunkturprograme absichern hilft. Analog ist die Bundesregierung in der Zeit der Corona-Pandemie vorgegangen und hat zusätzlich Umsatzausfälle kompensiert, Kurzarbeitergeld gezahlt und sich an Unternehmen wie der Lufthansa beteiligt.

Milton Friedman war ein Gegner einer solchen staatlichen Beteiligung und versuchte, so viel wie möglich über die Marktwirtschaft zu regeln. Seine Stichworte hießen Privatisierung von Unternehmen, so weit wie möglich auch in der Bildung („Bildungsgutscheine") und Staatseingriffe so gut wie unterlassen. Seiner Meinung sind viele Staats- und Regierungschefs im zwanzigsten Jahrhundert gefolgt. Die Älteren unter uns haben die wirtschaftsliberale Ära der britischen Premierministerin Margaret Thatcher und des US-Präsidenten Ronald Reagan in den 1980er-Jahren noch gut in Erinnerung. Diese Diskussion *mehr Staat* gegen *weniger Staat* hat sich gerade vor dem Hintergrund der zahlreichen staatlichen Unterstützungsmaßnahmen in der Corona-Pandemie aktuell noch verschärft („Staatswirtschaft", vgl. Neßhöver, 2020). Es wird beim Schreiben dieser Zeilen spannend zu erleben sein, wie eine potenzielle künftige Regierungskoalition aus SPD, Bündnis 90/Die Grünen und FDP („Ampel") mit diesem wirtschaftspolitischen Gegensatz umgehen wird. Während SPD und Bündnis 90/Die Grünen eher mit Hilfe des Staates die Konjunktur ankurbeln wollen und auf höhere Steuern setzen, verfolgt die FDP eher ein marktwirtschaftliches Instrumentarium mit niedrigeren Steuern.

Die Theorie der Ökonomie hat passend zur Beschreibung der Mechanismen der Wirtschaft eine eigene Sprache und ein Menschenbild, den *Homo oeconomicus*, entwickelt. Die Rede ist von der Maximierung des Nutzens für den einzelnen Bewohner eines Haushalts oder von der Maximierung des Gewinns des Unternehmens. Dies geschieht in Form eines unter klaren Nebenbedingungen *(„ceteris paribus" d. h. etwa alles Übrige gleichbleibend)* formulierten Modells, das mehr oder minder realistisch gestaltet ist und mathematisch optimiert wird. Um es klar zu formulieren: Es herrscht der rationale d. h. nur *aus dem reinen Denken bestehende Mensch vor*, der bestens informiert ist und Tag und Nacht ganz genau weiß, was er will und klare Vorlieben d. h. Präferenzen für bestimmte Produkte hat. Einzig das zur Verfügung stehende Budget bremst die Kauflaune. Der Unternehmer hat analog dazu nur seinen Gewinn und dessen größtmögliche Höhe im Kopf. Das erreicht er dadurch, dass er seine Kosten möglichst geringhält und den Erlös, gemessen an verkauften Produkten, dagegen so weit wie möglich steigert. Häufig wird dies in Form von Produktionskosten und der entsprechenden Produktionsfunktion ermittelt. Die *Betriebswirtschaftslehre* hat zur Kontrolle und Senkung von Kosten aller Art und der Entwicklung von Produkten bzw. Dienstleistungen und der Steigerung des Erlöses im Laufe vieler Jahrzehnte viele Instrumente entwickelt, angefangen vom Controlling bis hin zum Marketing und der Prozessoptimierung.

Die Ökonomie ist also beherrscht von den Leitgedanken der *Optimierung, der Effizienz und der Rationalität*: Alles was sie tut, wird dem Gedanken des höher, weiter, schneller, ertragreicher und kosteneffizienter untergeordnet. Jeder Prozess, jedes Produkt, jeder Handgriff wird einer genauen Analyse unterworfen, inwiefern ich mehr aus dem Gegebenen herausholen oder ein vorbestimmtes Ziel mit möglichst wenig Aufwand und Kosten erreichen kann. Dies ist die ständig wiederkehrende Aufgabe in der permanenten Suche nach der Optimierung. Der Mensch ist dabei selbstbestimmt, frei und gut ausgebildet. Er denkt viel nach über sich und seine Wünsche und entscheidet unbeeinflusst, welchen Kauf er tätigt. Diese Pflicht zur permanenten Optimierung resultiert vor allem in der Tatsache, dass ein Unternehmen zumeist nicht alleine auf dem Markt tätig ist. Es gibt häufig noch viele andere Unternehmen, die vergleichbare Produkte herstellen und alle versuchen, möglichst viel davon zu verkaufen und einen hohen Erlös zu erzielen. Konkurrenz belebt das Geschäft. Der Wettbewerb um den einzelnen Kunden zwingt ein Unternehmen dazu, etwas oder alles besser als die Konkurrenz zu machen, sei es kostengünstiger oder qualitativ hochwertiger. Wichtig ist vor allem, *sich vom Wettbewerb zu abzuheben.*

Wettbewerb zwingt auch zu einem *egoistischen Verhalten*: Wir gegen die, häufig ist der Gewinn des Einen der Verlust des anderen. Allerdings hat Wettbewerb unbestreitbar auch seine positiven Seiten. Wir haben es in den Zeiten der Corona-Pandemie erlebt. Der Wettbewerb der Pharmafirmen darum, wer zuerst den erfolgreichen Impfstoff entwickelt, zugelassen bekommt und auf den Markt bringt, hat sicher viele Menschenleben gerettet. In kürzester Zeit d. h. in weniger als einem Jahr wurde ein zuverlässiger Impfstoff entwickelt, der bis zu 95 Prozent vor der Ansteckung mit dem Corona-Virus schützt und somit die Pandemie abwehren hilft. Die Unternehmen haben dies nicht aus reiner Nächstenliebe getan oder um dafür gelobt zu werden. Natürlich ging es um handfeste Gewinne, die nach Monaten, teilweise Jahren unternehmerischer Investition das Ziel der Bemühungen war. Wettbewerb und Konkurrenzdruck können also auch eine positive Seite haben. Doch im Zusammenspiel mit der Ethik sind natürlich auch kritische Töne zu hören (vgl. dazu exemplarisch Precht, 2021, S. 127 f.): Wie ist ein zum Teil gnadenloser Wettbewerb, der immer nur den Stärksten, Schnellsten, am besten Angepassten hilft, mit einem ethischen Handeln vereinbar, das sich vor allem mit den Schwächsten der Gesellschaft beschäftigen sollte? Um diese Frage beantworten zu können, müssen wir zunächst einen Blick auf den Begriff der Ethik selbst lenken.

2.2 Ethik ist nicht angeboren

Wir alle kennen den Begriff der Ethik intuitiv. Es geht dabei um moralisches Handeln, ein Handeln, dass die Frage beantworten soll: *„Was soll ich tun?"* (vgl. Kant, 1995, S. 652). Oder umgekehrt, was darf ich auf keinen Fall tun. Bereits der große Königsberger Philosoph Immanuel Kant hat sich u. a. mit dieser Frage beschäftigt. Der Begriff stammt wie so oft aus dem Altgriechischen *êthos*, was Charakter, Sitte, aber auch Gewohnheit bedeutet. In der Philosophie gehört die Ethik zur sogenannten *praktischen Philosophie* und umfasst das menschliche Handeln im Gegensatz zur theoretischen Philosophie, die sich u. a. mit der Logik und Metaphysik beschäftigt. Im Kern geht es in der Ethik darum zu bestimmen, was Richtiges im Sinne von moralischem und sittlichem Handeln ist und welchen Prinzipien es folgt. Am konkreten Beispiel wird es am deutlichsten. Ich möchte anhand von zwei aktuellen Beispielen darstellen, wie schwierig und schwerwiegend ethische Entscheidungen und Handlungen sein können.

Denken Sie an die angespannte Situation in mancher Intensivstation zu Zeiten der Corona-Pandemie im Frühjahr 2020, als die behandelnden Ärzte vor allem in Norditalien sich häufiger die Frage stellen mussten, welche von den vielen mit dem heimtückischen Virus infizierten Patienten sie die lebende Beatmung zukommen lassen werden und welchen nicht (das Problem der sogenannten *„Triage"*). Wir alle haben diese schrecklichen Bilder des Krankenhauses in Bergamo noch im Kopf und können alle diese schier unmenschlichen Entscheidungen der Ärzte kaum nachvollziehen. Alle Menschen sind gleich und haben die gleiche Würde. Kann ich hier nach Alter und Gesundheitszustand differenzieren, oder ist es ethisch nicht geboten, alle zu retten und keine Unterschiede zu machen? Oder denken Sie an autonom fahrende Autos, bei denen die Maschine innerhalb von Bruchteilen von Sekunden entscheiden muss, ob sie bei einem unvermeidbaren Unfall eher nach rechts lenkt in eine *Gruppe von Senioren* oder nach links in eine *Ansammlung von kleinen Kindern*. Keine einfache Entscheidung. Auch hier muss der Grundsatz gelten, dass es *keinen Unterschied zwischen einzelnen Menschen* geben sollte. Eine durchaus realistische Verkehrssituation der Zukunft. Generell muss die Frage erlaubt sein, inwieweit Maschinen künftig eine solche schwerwiegende Frage alleine treffen dürfen. Dagegen gibt es eine Reihe von gewichtigen Argumenten (vgl. Precht, 2020).

Das Nachdenken über die Ethik und die Beurteilung moralischen Verhaltens hat bereits eine lange Tradition (vgl. vor allem das folgende Kap. 3). Sie beginnt nicht erst mit den antiken Philosophen aus der Antike wie Aristoteles, Platon, aber auch in der römischen Einflusssphäre Cicero. Bereits in prähistorischer Zeit definierten die Menschen ethische Regeln des Zusammenlebens, was man tun oder unterlassen sollte. So erklärten die polynesischen Häuptlinge etwa, welche Bäume, Wasserstellen oder Handlungen *tabu* seien d. h. unter Strafe verboten waren (vgl. im Folgenden u. a. Rohls, 1999, hier S. 11). Der chinesische Weisheitslehrer Konfuzius erläuterte in zahlreichen überlieferten Gesprächen mit seinen Schülern, was genau sittliches Handeln ist und erklärte es ihnen anhand von zahlreichen Beispielen aus dem täglichen Leben. Er formulierte auch die „goldene Regel", was Dir selber unerwünscht ist, das füge auch keinem anderen zu. Diese Regel findet sich auch sinngemäß in der christlichen Ethik. Im Hinduismus, Buddhismus, aber auch im Islam und natürlich im Christentum finden sich zahlreiche ethische Vorgaben, an die sich der Gläubige zu halten hat: Von der Askese und dem Erlöschen des Verlangens im Nirwana (Buddhismus) bis zur Pflichtabgabe an die Armen und dem regelmäßigen Gebet in Richtung Mekka im Islam oder dem Eintreten für die Armen, Schwachen, Kranken, Ausgestoßenen der Gesellschaft usw. im Christentum.

Häufig dient das Handeln der Religionsstifter oder der Protagonisten als Orientierung für richtiges, ethisches Handeln. Ob sie nun Buddha d. h. Siddhârta, Mohammed oder Jesus hießen. Ihre Taten wurden niedergeschrieben und galten fortan als Maßstab richtigen, sittlichen Handelns in der Welt. Die maßgeblichen Prinzipien, die dem ethischen Handeln zugrunde lagen, änderten sich allerdings im Laufe der Zeit. So konzentrierten sich die antiken Denker vor allem auf die *Tugend* als wesentliches Prinzip, eine vorbildliche Haltung oder Einstellung, auf der alle ethischen Handlungen basieren sollten. Beispiele hierfür sind etwa die Besonnenheit, die Tapferkeit, Gerechtigkeit oder die Weisheit. Dies alles sind erstrebenswerte Ideale aus Sicht der antiken Philosophen. Wer sich von diesen Tugenden und Werten leiten lässt, kann nicht falsch liegen. Im Mittelalter wurde dies noch ergänzt um die Frömmigkeit, den Glauben an Gott und ein gottgemäßes Handeln, sei es in der Nachfolge Jesu, seien es die christlichen Werte wie Glaube, Liebe und Hoffnung. Thomas von Aquin, einer der herausragenden Denker des Mittelalters, verband die Tugendlehre des Aristoteles mit dem Christentum.

In der Neuzeit entbrannte die Diskussion darüber, ob die Prinzipien des ethischen Handelns eher in der *Vernunft* oder im *Gefühl* zu finden seien. So forderte der bereits erwähnte Immanuel Kant gemäß seinem kategorischen Imperativ ein Handeln gemäß einer *individuellen Pflicht* heraus, einem Gesetz, das sich jeder Mensch selbst zu geben imstande sein muss (und verbannte damit Gott aus der ethischen Diskussion und machte zugleich den Menschen selbst zum Maßstab seines Handelns). Der schottische Moralphilosoph David Hume, von dem Kant viele Anregungen holte, war dagegen der Ansicht, dass die Sympathie d. h. das *Mitgefühl* der Menschen mit anderen Menschen den Anstoß zu ethischem Handeln gibt. Wir sind alle Menschen und leiden mit unseren Artgenossen mit, unterstützen sie im Alltag, spenden Geld für wohltätige Zwecke und vieles mehr. In die gleiche Richtung argumentierte auch Arthur Schopenhauer mit seiner *Mitleidsethik*. Manche Philosophen waren auch der Meinung, ethischen Verhalten habe sich vor allem *an der Nützlichkeit* für einen selbst und für andere auszurichten. Diese utilitaristischen Philosophen wie etwa die Engländer Jeremy Bentham oder Stewart Mill definierten das „größtmögliche Glück für die größtmögliche Zahl von Menschen" (Bentham) als das oberste Ziel allen ethischen Handelns. Heute sind auch Antworten auf die oben beschriebenen ethischen Herausforderungen der Digitalisierung, der Künstlichen Intelligenz oder der Triage gefordert.

Die Wahrheit liegt vermutlich in der *Kombination aller Elemente*. Wir alle werden zu bestimmter Zeit in unterschiedliche Familien und in verschiedene Kulturkreise hinein geboren. Die Umgebung prägt uns von den ersten Lebenssekunden an: Die Eltern, die Geschwister, die Verwandten, die Freunde, Bekannte usw. Wir wachsen in einer Umgebung auf, die uns im Laufe der Jahre bestimmte Werte lehrt, verbindliche Handlungen vorgibt oder vorlebt wie etwa die Eltern und die entsprechend darauf reagieren. Die Vorgaben des *„Du sollst"* oder *„Du darfst nicht"* begleiten uns ein Leben lang. Dabei spielen bestimmte Werte, Einstellungen und Tugenden als Vorbild ebenso eine Rolle wie das Mitgefühl mit anderen Menschen oder das Pflichtgefühl. Vernunft und Gefühl gehen dabei Hand in Hand. Moralisches Handeln kann auch an eine göttliche Instanz gebunden sein, ist aber nicht zwingend erforderlich. Ethisches Handeln ist *nicht angeboren*, sondern wird im Laufe unseres Lebens erlernt, gefühlt und über die Vernunft erarbeitet. Die Nützlichkeit für den Einzelnen im Sinne des Utilitarismus steht auch im wirtschaftlichen Verhalten nicht immer an oberster Stelle. Vielfach handeln wir nicht so rational wie das Konstrukt des *Homo oeconomicus* es vorschreibt, sondern berücksichtigen auch andere Menschen und ihre Sorgen und Nöte in unserem Verhalten. Die zahlreichen Experimente der Verhaltensökonomie (vgl. Kahneman, 2012) sind ein nachdrücklicher Beweis dafür, dass wir auch solidarisch und gerecht handeln können.

Für unsere Zwecke sind vor allem die Fragen des *ethischen Handelns in der Ökonomie* entscheidend. Wir müssen vor allem Antworten auf die moralischen Herausforderungen des 21. Jahrhunderts geben. Wie verhindern wir eine *zunehmende Ungleichheit in der Gesellschaft*? Die Einkommens- und Vermögensschere geht immer weiter auf. Gleichzeitig gibt es noch in vielen Teilen dieser Erde Hunger und Armut, ein Leben unter menschenunwürdigen Bedingungen. Die Globalisierung hat sicher den Wohlstand der meisten Länder erhöht. Doch gibt es wie immer im Leben auch hier *Gewinner und Verlierer*. Gleiches gilt für die Digitalisierung, die in nicht unerheblichem Maße zu Jobverlusten führen wird und unweigerlich eine ökonomische und gesellschaftliche Transformation nötig macht. Wie können wir also gerade die Verlierer dieser Transformation auffangen? Was können wir für sie tun? Und schließlich: Wie verhindern wir die ökologische Katastrophe? *Wie stoppen wir den Klimawandel* und vereinen die Ökonomie mit der Ökologie und den sozialen Fragen unserer Zeit? Dies ist ein breites Feld, das wir uns im Einzelnen ansehen müssen.

Gefordert sind *Solidarität*, das Streben nach „Wohlstand für alle" (vgl. Erhard, 1964) und nicht nur für einige wenige. Wir müssen dafür sorgen, dass die Schwächsten unserer Gesellschaft, die Armen, Alten, Schwachen und Kranken unsere Solidarität empfangen und wir sie unterstützen. Gleiches gilt für unsere Erde, das Klima, aber auch die Tiere und die Artenvielfalt. Das *allgemeine Wohl* dieser Menschen und Wegbegleiter unseres Lebens muss die oberste Zielsetzung von uns und unserem Handeln in der Wirtschaft sein. Wie aber passt dies zusammen mit einem ökonomischen System der Effizienz, der Maximierung von Nutzen und Gewinn, dem Egoismus und der rationalen Weltvorstellung im Rahmen des Kapitalismus? Ökonomie und Ethik sind, dies ist meine These, *zwei Seiten einer Medaille*. Sie gehören unweigerlich zusammen. Ökonomie ist nicht ohne Ethik zu haben und Ethik muss sich auf ökonomische Themen einlassen. *Wirtschaft ohne Moral ist und bleibt wertlos* (s. mein nahezu gleichlautendes Buch, vgl. Pietsch, 2021). Dies bedeutet aber nicht, dass es Stand heute nicht eine Reihe von Unterschieden und Trennendes geben kann. Doch gleichfalls existieren auch viele Gemeinsamkeiten, mit denen wir zunächst beginnen wollen.

2.3 Einigendes und Trennendes

Die *Ökonomie* basiert, wie wir vorhin (vgl. Abschn. 2.1) gehört haben, gemäß ihren Annahmen auf Menschen, die rational und egoistisch handeln, ihre Konsumbedürfnisse zu jedem Zeitpunkt genau kennen und vollkommene Transparenz über den Markt haben. Die Unternehmen wetteifern um ihre Kunden mit kostengünstigsten Angeboten oder der Qualität ihrer Produkte oder beides zusammen und versuchen, so viel Gewinn wie möglich zu erzielen. Die Kunden ihrerseits versuchen, den größtmöglichen Nutzen von dem Kauf der Produkte für sich zu ziehen, idealerweise bei möglichst geringen Preisen. Es gilt, die optimale Mitte zwischen der Preisbereitschaft des Kunden und den Gewinnvorstellungen der Unternehmen zu finden. Unternehmen stehen im klassischen Wettbewerb miteinander und versuchen, sich gegenseitig zu übertrumpfen. Dabei geht es auch hier um permanente Innovationen d. h. neue Ideen für Technologien, Produkte, Prozesse oder Geschäftsmodelle. Nur der, der stehenbleibt und sich nicht weiterentwickelt, verliert. Es muss immer schneller, höher und weiter gehen. Automobilhersteller etwa, die die Zeichen der Zeit noch nicht erkannt haben und nicht auf die Elektromobilität setzen, werden schnell aus dem Markt ausscheiden. Ständige Veränderung und Optimierung sind Trumpf. Das Ergebnis sind Unternehmensgewinne und Lohn und Gehalt gegen Leistung. So weit, so gut.

In der *Ethik* geht es um klare Vorgaben für Handlungen, die Bereitstellung von Prinzipien und Normen zur Beurteilung von „richtigem“ und „falschem“ Handeln, sei es aus unternehmerischer Tugend, Pflicht oder Mitgefühl mit anderen Menschen heraus. Gefordert ist hier die Solidarität mit den Verlierern des Systems, den Armen, Schwachen und Kranken, die Suche nach dem Gemeinwohl. Dies verlangt ein verstärktes Miteinander anstelle eines Gegeneinanders, weniger Ellenbogen und mehr gemeinsame Ziele zu verfolgen. Das von Ludwig Erhard nach dem Zweiten Weltkrieg der Sozialen Marktwirtschaft mitgegebene Motto „Wohlstand für alle“ (vgl. Erhard, 1964) gilt es entsprechend umzusetzen und messbar zu gestalten. Dies scheint auf den ersten Blick ein krasser Gegensatz zur Ökonomie zu sein. Betrachten wir uns zunächst diejenigen Aspekte, die *Ökonomie und Ethik miteinander vereint.* Ich möchte mich dabei auf fünf Punkte konzentrieren:

1. Wohlstand für alle und die Suche nach dem Gemeinwohl
Wie bereits Adam Smith in seinem bahnbrechenden Werk zum „Wohlstand der Nationen" (vgl. Smith, 2009) hervorgehoben hat, dient eine richtig verstandene Ökonomie dem Wohlstand einer Nation und, etwas weiter gefasst, idealerweise dem *Wohlstand aller Menschen* auf der Welt. Dies ist natürlich in Zeiten einzelner Staaten und einer zumeist national angelegten Wirtschaftspolitik nur ein Wunschtraum. Das Ziel einer Regierung kann es bestenfalls sein, den Wohlstand aller Bürger in diesem Land aufzubauen bzw. zu steigern. Auch der Ethik ist es daran gelegen, dass alle Menschen der Suche nach ihrem Glück, der *eúdaimonía*, folgen können. Grundlagen für ein solches glückliches Leben sind aber nicht nur materielle Werte, die für einen gesicherten Lebensunterhalt sorgen ohne hungern, frieren, obdachlos zu sein usw., sondern auch *immaterielle Werte.* Dazu zählt eine intakte Natur, ein glückliches Familienleben, ein erfüllender Beruf und vieles mehr. Die Ökonomie kann natürlich nicht für das Familienglück sorgen, so es sich nicht ausschließlich auf materielle Werte beruft. Dennoch muss das einigende Ziel von Ökonomie und Ethik sein, alle Elemente, die für ein Gemeinwohl der Menschen wesentlich sind, zu unterstützen. Konkret bedeutet das, bei wirtschaftlichen Aktivitäten die *Lebensgrundlagen des Menschen nicht zu zerstören*, Stichwort Klimawandel, Artenvielfalt, Tierwohl. Ferner darf man ebenso sowohl die *Solidarität mit anderen Menschen* als auch das soziale Allgemeinwohl nicht aus dem Blick verlieren und nur auf das Materielle

schielen. Hier ist noch Handlungsbedarf wie wir an späterer Stelle sehen werden (vgl. auch Precht, 2021, S. 130).

2. Einhaltung ethischer Grundsätze bei ökonomischen Aktivitäten

Es fängt bereits damit an, dass ich nicht alle Produkte verkaufen sollte, die ich möchte. So unterliegt der Verkauf von Waffen strengen Regeln, vor allem in Krisengebieten. Manche Verkäufe sind ethisch zweifelhaft wie etwa der Verkauf von menschlichen Stirnen für eintätowierte Botschaften oder „Zellenupgrades" im Gefängnis (vgl. Sandel, 2012, S. 9 f.). Ferner muss ich mir als Unternehmer die Frage stelle, woher ich meine Produkte beziehe, wie und unter welchen Bedingungen dort gearbeitet wird. So ist Kinderarbeit sicher genauso tabu wie überlange Arbeitszeiten bei Löhnen, von denen kein Mensch anständig leben kann. Ebenso sind die hygienischen Verhältnisse oder der eingeräumte Platz bei der Arbeit von entscheidender Bedeutung. Niemand sollte in einem verdreckten dunklen „Loch" seine Arbeit erledigen müssen. Ethische Standards bedeuten aber auch, dass Menschen nicht nach ihrer Herkunft, Religion, Geschlecht, Alter, sexueller Orientierung usw. diskriminiert werden dürfen. Das damit häufig einhergehende Mobbing online wie offline sollte ebenfalls unterbunden und aufs Schärfste bestraft werden. In diesem Punkt und dieser Zielsetzung sind sich Gott sei Dank alle einig. Nur leider stimmt das Soll nicht immer mit der Realität im Ist überein.

3. Wettbewerb ist aus ökonomischer Sicht notwendig

Aus ökonomischer Sicht ist Wettbewerb absolut notwendig und ist daher auch explizit in der Konzeption der *Sozialen Marktwirtschaft* enthalten (vgl. Müller-Armack, 1990, S. 103 ff.). Wettbewerb fördert das Hervorbringen von neuen Ideen, seien es Produkte, Prozesse oder neue Technologien. Manches neue Geschäftsmodell ist dadurch entstanden, dass man es anders und besser als der Wettbewerber machen möchte. Ein gesunder Wettbewerb zwischen den beteiligten Unternehmen spornt sie an, ihre Produkte permanent weiterzuentwickeln und erhöht die Auswahl für den Verbraucher. Gleichzeitig belebt die Konkurrenz das Geschäft, indem der Anbieter mit dem günstigsten Preis-Leistungsverhältnis ausgewählt werden kann. Das nützt dem Verbraucher. Dabei gilt es allerdings aus ethischer Perspektive darauf zu achten, dass dieser Wettbewerb nicht ausgeschaltet wird, sei es durch Absprachen der Firmen untereinander oder durch eine *Monopol- bzw. Oligopolbildung*:

Bleiben auf dem Markt nur ein oder wenige wesentliche Spieler übrig, siehe etwa Google bei den Internetsuchmaschinen oder Amazon bei den Onlinehändlern, dann hat der Kunden keine Auswahl mehr und ist von Wohl und Wehe dieses Anbieters abhängig. Gleiches gilt für einen ruinösen Wettbewerb d. h. ein Wettbewerb, bei dem etablierte Marktspieler durch einen deutlichen Preisverfall ihrer Produkte neue Wettbewerber, die nicht über eine vergleichbare finanzielle Ausstattung verfügen, damit aus dem Markt drängen. Während prinzipiell alle drei Fälle, Absprachen (vom Kartellrecht), Monopolbildung und ruinöser Wettbewerb (vom Gesetz gegen Wettbewerbsbeschränkungen, GWB, und dem Gesetz gegen den unlauteren Wettbewerb, UWG) gesetzlich geregelt sind, sind es vor allem die *Graustufen*, die wir uns näher ansehen müssen.

4. Gerechte Bezahlung je nach Leistung und Ausbildung
Auch hier verfolgen Ökonomie und Ethik weitestgehend die gleichen Ziele: Je nach individueller Leistung und entsprechender Ausbildung muss ein gerechter Lohn bzw. ein

gerechtes Gehalt gezahlt werden. So weit, so gut. Wer aber entscheidet, was eine gerechte Bezahlung ist? Es fängt schon damit an, dass heute Frauen im Schnitt immer noch schlechter bezahlt werden als Männer („Gender pay gap“, vgl. Ivanov, 2020). So bestand 2020 in Deutschland im Schnitt ein Gehaltsunterschied zwischen Männer und Frauen von 21 Prozent. Dieser Wert ist seit 1995 unverändert. Selbst wenn man einberechnet, dass Frauen häufiger Teilzeit arbeiten, weil sie immer noch den Löwenanteil an der Kindererziehung tragen, später in der Karriere Nachteile haben oder auch in Branchen oder Berufen mit schlechterer Vergütung arbeiten (vgl. Ivanov, 2020), bleibt immer noch ein deutlicher Gehaltsunterschied übrig. Der sogenannte *„bereinigte Gender Pay Gap“* d. h. bei vergleichbarer Position, Ausbildung und Berufserfahrung beträgt zwischen Männern und Frauen immer noch 6 Prozent (vgl. Ivanov, 2020). Unsere isländischen Nachbarn sind hier schon weiter: Seit 2018 ist per Gesetz vorgeschrieben, Männern und Frauen das gleiche Gehalt zu zahlen. Bis 2022 soll der Gender Pay Gap auf null reduziert werden. Gleichzeitigt wurde die Elternzeit neu geregelt: Männer und Frauen müssen jetzt zu deren Inanspruchnahme die gleiche Zeit zu Hause bleiben (vgl. Ivanov, 2020).

Darüber hinaus sind Ausbildungen nicht immer miteinander vergleichbar. Wer sagt denn, dass eine solide Meisterausbildung in einem technischen Fach so viel weniger wert sein soll als ein technisches Hochschulstudium und dementsprechend geringer entlohnt werden sollte? Wer entscheidet, ob etwa die Pflegekräfte und Kindergärtnerinnen und Kindergärtner, die zu Corona-Zeiten als systemrelevant eingestuft wurden, relativ schlecht bezahlt werden? Wie sieht es mit den Gehältern des Top Managements aus? Gibt es hier ein „gesundes Verhältnis“ zwischen dem Lohn einfacher Mitarbeiterinnen und Mitarbeiter und dem Top Management? Individuelle Karriereentwicklungen und Förderungen beruhen zwar nicht immer nur auf Leistungen, sondern sind größtenteils auch Ergebnis von Netzwerken und Sympathien. Doch dagegen ist prinzipiell nichts einzuwenden, so lange jeder die gleichen Möglichkeiten zur Förderung und Vernetzung hat. In der Zielsetzung des gerechten Lohns je nach Leistung und Ausbildung sind sich die Prinzipien in der Ökonomie und der Ethik einig. Doch Stand heute gibt es dort noch eine Reihe von Abweichungen vom Idealbild.

5. Permanente Verbesserungen, aber immer den Menschen im Blick
Um im Wettbewerb bestehen zu können, müssen Unternehmen permanent nach Verbesserungen streben. So stehen die bestehenden Prozesse, Produkte, aber auch Technologien und Geschäftsmodelle permanent auf dem Prüfstand auf der Suche nach Optimierungen. Das alles ist ethisch einwandfrei, solange man immer die beteiligten Menschen, sprich die Mitarbeiterinnen und Mitarbeiter fest im Blick hat. Konkret bedeutet dies aus ethischer Hinsicht, dass der Übergang von einem zum anderen Geschäftsmodell z. B. Digitalisierung, von der einen zur anderen Technologie z. B. Künstliche Intelligenz oder verschlankten Prozess und weggefallenem Produkt *keine unbillige Härte* für die betroffenen Mitarbeiterinnen und Mitarbeiter darstellt. Rationalisierungen verbunden mit Entlassungen steigern zwar zumindest mittelfristig den Gewinn von Unternehmen, sorgen aber für steigende Arbeitslosigkeit und persönliche Schicksale von Menschen, die plötzlich ohne Arbeit dastehen. Es ist zwar nicht immer möglich, alle Arbeitsplätze zu erhalten, etwa weil Unternehmen kurzfristig saniert werden müssen (Lufthansa und TUI Touristik in der Zeit der Corona-Pandemie sollen hier beispielhaft stehen), doch

sollte ein solcher Wandel, wenn möglich, langfristig geplant vorbreitet werden. So können etwa Qualifizierungen und Umorientierungen von zahlreichen Mitarbeitern diesen frühzeitigen Übergang etwa in Richtung neuer Technologien erleichtern. Die Mitarbeiterinnen und Mitarbeiter sind auf jeden Fall rechtzeitig mit einzubinden und vorzubereiten.

Wie wir gerade gesehen haben, verfolgen Ökonomie und die Ethik bei den oben erläuterten fünf Punkten *prinzipiell die gleichen Zielsetzungen*. Anpassungen sind allerdings aus ethischer Hinsicht in einigen Fällen zwingend geboten. Neben diesen gleichlautenden Zielen existieren aber auch *beide Elemente trennende Aspekte*. Auf diese ebenfalls fünf Punkte möchte ich im Folgenden kurz eingehen.

1. Der Homo oeconomicus und das ethische Ideal

In der Ökonomie herrscht nach wie vor ein rationales, sachlich nüchternes Menschenbild in Form des *Homo oeconomicus* vor. Selbst wenn man unterstellt, dass dieses Menschenbild nur eine Hilfsgröße, eine sogenannte Heuristik darstellen soll, unterscheidet es sich doch deutlich von einem ethischen Idealbild. Unabhängig davon, ob ich mich von Werten oder einem Pflichtgefühl oder schlicht dem Mitleid mit meinen Mitmenschen leiten lasse, handelt der Mensch auch stark emotional, hilfsbereit und mitfühlend. Um es klar zu sagen: der ökonomische Mensch ist dem realen Menschen scheinbar diametral entgegengesetzt. Sind beide Menschentypen tatsächlich miteinander vereinbar? Sie sind es dann, wenn man unterstellt, dass erstens der ökonomische Mensch nur *eine Karikatur des realen Menschen* darstellt, oder bestenfalls einen sehr kleinen Ausschnitt im Verhaltensmuster von Menschen abbildet, und zweitens das ethische Menschenbild lediglich die positiven

(„Du sollst“) Verhaltensmuster der Menschen abdeckt. Am besten wird dies an einem Beispiel deutlich:

Viele Menschen setzen sich ehrenamtlich für benachteiligte Personen ein, seien sie arm, obdachlos oder weisen eine Behinderung auf. Sie tun das nicht nur durch ihre unentgeltliche Arbeit, sondern auch durch Sach- und Geldspenden in jeder Höhe. Während dies nach ökonomischen Gesichtspunkten keinen materiellen Gewinn einbringt, könnte man dieses Verhalten höchstens mit einem persönlichen Nutzen argumentieren, der damit gesteigert wird. Der persönliche Nutzen in Form der Anerkennung durch die Personen, denen man geholfen hat. Doch häufig ist dies nicht die Motivation dieser ehrenamtlich Tätigen zu helfen. Sie helfen, weil sie mit ihren Mitmenschen *mitfühlen und leiden.* Dies sind ökonomische Vorgänge, die mit dem rationalen, egoistischen Handeln des ökonomischen Menschen nichts zu tun haben und dennoch das wahre Handeln der Personen darstellt. Also: die Vorstellung des ökonomischen Menschen passt mehrheitlich nicht zur realen Welt. Gleichzeitig handeln auch nicht alle Menschen so. Einige Menschen mögen vielleicht keinerlei Mitleid mit ihren armen, obdachlosen und behinderten Mitmenschen empfinden und werden entsprechend nicht unterstützen. Dieses wäre zumindest ethisch fragwürdig und fällt daher nicht in die Kategorie des ethischen Handelns. Also: Die beiden Menschenbilder der Ökonomie und der Ethik stimmen überein, wenn sie *entsprechend realistisch angelegt* werden. Das vormals Trennende wird aufgehoben.

2. Permanente Optimierung unter Berücksichtigung des Menschen

In der ökonomischen Theorie und in der Praxis selbst geht es vor allem um ein permanentes Streben nach Verbesserung, Innovationen, Rationalisierung und Verdichtung der Arbeit. Produkte werden ständig überarbeitet, Prozesse analysiert und hinterfragt, Innovationen vorangetrieben und die Ausbringung bei gleichbleibender Konstellation so gut wie möglich erhöht. Wir kennen das alle aus dem Büroalltag: Die Anzahl der Aufträge und E-Mails erhöht sich ständig, die permanente Bereitschaft wird gefordert, um nicht nur das operative Geschäft voranzubringen, sondern ständige Verbesserungen zu initiieren, den Kunden noch besser zu betreuen oder noch mehr Produktionseinheiten aus den Werken herauszubringen. Dabei geht es um verbesserte Abläufe, die Einführung neuer Technologien wie die Digitalisierung und die Künstliche Intelligenz oder um neue Strategien und Geschäftsmodelle. Amazon hat den Online-Handel mit seinen ständig weiterentwickelten Logistikprozessen optimiert, Google den Suchalgorithmus perfektioniert usw. Eine solche permanente Optimierung auf der Suche nach Effizienz macht u. a. das Wesen ökonomischer Vorgänge aus.

Wie aber sieht der Abgleich mit ethischem Handeln der Menschen aus? In den Unternehmen arbeiten ständig Menschen miteinander zusammen und müssen diese ständigen Anforderungen des *„schneller, höher, weiter"* verantwortlich vorantreiben. Dabei sollen sie gleichzeitig die Balance zu ihrem Privatleben halten und für ihre Gesundheit sorgen. Doch eine solche ökonomische Suche nach der ständigen Weiterentwicklung und Optimierung kann den Menschen an den Rand der geistigen und körperlichen Erschöpfung bringen. Es gibt zahlreiche Beispiele von Angestellten, die durch die Flut der ständig auf sie einstürmenden Tätigkeiten, die sie idealerweise alle parallel in einem acht bis zehn Stunden-Tag bewältigen sollen, irgendwann chronisch überfordert sind. Der *„Burnout"*, das geistige wie körperliche ausgebrannt sein ist keine Modekrankheit, sondern ganz im Gegenteil eine ganz gefährliche Entwicklung, die im extrem bei den Betroffenen zu einem kürzeren Leben führt. Hier prallen die ethisch gebotene menschliche Sphäre und die ökonomische aufeinander:

Gewinnmaximierung gegenüber Erhalt der Gesundheit der Menschen. Streng genommen passen beide Anforderungen nicht zusammen: die permanente ökonomische Optimierung und die ethische Fürsorge für das gesundheitliche Wohl der Menschen. Doch auch hier lassen sich Annäherungen finden: Beide Prinzipien sind nicht *per se* auf ewig unvereinbar. Es hängt davon ab, wie ich mit meinen Mitarbeiterinnen und Mitarbeitern umgehe und wie ich die Arbeit der Optimierung möglichst *gleichmäßig und gerecht auf alle verteile*, je nach ihrer Leistungsfähigkeit.

3. Egoismus, Wohlstand und Reichtum für einige Wenige oder für alle

Der Egoismus des Unternehmers (vgl. die unsichtbare Hand Adam Smiths'), aber auch möglichst aller ökonomisch Tätigen sollte im Sinne einer hohen Leistungsbereitschaft, großen Fleißes und Leistungsfähigkeit dafür sorgen, dass ein hoher Ertrag erzielt wird, der dann allen in einer Gemeinschaft zugutekommt. So war das ursprünglich von Ludwig Erhard und seinen Mitstreitern gedacht: Wohlstand für alle (s.o.). In dieser Hinsicht stimmen das ökonomische Ziel und das ethische Ziel vollkommen überein: Allen soll es durch das wirtschaftliche Handeln besser gehen als vorher. Doch das ist heute in vielen Bereichen nicht der Fall. Ich möchte diesen Aspekt vor allem im Abschn. 4.1 stärker vertiefen. Soviel allerdings vorab: Nachdem die ersten Nachkriegsjahre und -jahrzehnte alle Menschen in Deutschland an dem steigenden Wohlstand mehr oder minder teilhatten, nahm dies im Laufe der 1980er- und 1990er-Jahre deutlich ab. Die Schere zwischen den einzelnen Schichten bei Einkommen und Vermögen nahm immer mehr zu. Der *Wohlstand kam nur noch bei einigen wenigen an*, denen es vorher schon gut ging und dem andern Teil der Bevölkerung ging es nicht wesentlich besser, sondern eher schlechter (zu konkreten Zahlen vgl. Abschn. 4.1). In diesem Fall klafften das ökonomische Ziel und das ethische Ziel deutlich auseinander. Was haben wir davon, wenn zwar in der Summe der Wohlstand wächst, gemessen am Bruttoinlandsprodukt oder qualitativen Kriterien wie Bildung usw., dieser aber *nicht bei allen ankommt*? Hier trennen sich die Wege von Ökonomie und Ethik wieder. Daher gilt es auch hier nachzubessern (s. Abschn. 4.1). Das Ziel muss es sein, gemeinsam miteinander das Gemeinwohl zu steigern. Wie das gelingen kann, werden wir an späterer Stelle zu erörtern haben (vgl. Kap. 4 ff.).

4. Gnadenloser Wettbewerb oder ethische Begrenzung
Ökonomischer Wettbewerb bedeutet zunächst etwas Positives: Es ist die Suche nach der *Differenzierung*, nach dem schneller, qualitativ hochwertiger, kostengünstiger oder schlicht anders als der Wettbewerber. Nehmen wir die Suche nach dem richtigen Impfstoff gegen das Covid-19 Virus. Die Aussicht auf ein neues Produkt mit exzellenten weltweiten Marktchancen trieb eine Reihe von Pharmaunternehmen an, in kürzester Zeit nach diesem entscheidenden Wirkstoff zu suchen. Am Ende von noch nicht einmal einem Jahr wurden gleich mehrere Wirkstoffe von unterschiedlichen Unternehmen nahezu zeitgleich entwickelt und die schnellsten international zugelassen. Ein solcher Wettlauf um die besten Wirkstoffe und die vollkommen legitime Aussicht auf den zu erwartenden Gewinn ließ die Firmen die höchste Kreativität und Leistung abverlangen, die in der kurzen Zeit möglich war. Insoweit sind die ethischen Ziele des Gesundheitsschutzes der ge-

samten Bevölkerung eines Landes und die ökonomischen Zielsetzungen der Pharmafirmen übereinstimmend. Schwierig wird es nur dann, wenn Firmen sich gegenseitig bekämpfen, sich langfristige Preisschlachten liefern oder sich gegenseitig beim Wettlauf behindern, die besten Leute abwerben und sich in Misskredit bringen. Der Wettbewerb muss also aus *ethischer Sicht begrenzt* werden.

5. Optimierungen und die maßvolle Mitte
Optimierungen in der Ökonomie beziehen sich nicht nur auf die ständigen Verbesserungen unternehmerischer Tätigkeiten. Als Reaktion auf erhöhte Marketinganstrengungen der Unternehmen zur Vermarktung ihrer Produkte kann der Kunde, also wir als Verbraucher, auch dazu animiert werden, *mehr zu konsumieren als nötig*. Wer braucht schon einen zweiten oder dritten Regenmantel, ein fünftes Paar modischer Sneaker? Viel zu viele Dinge werden *im Überfluss gekauft* und dann kaum getragen oder schnell weggeworfen. Wiewohl es das legitime Recht der Unternehmen ist, auch im Sinne des Erhalts möglichst vieler Arbeitsplätze, den Verkauf ihrer Produkte zu steigern, kommt dem Endverbraucher ebenfalls eine ethische Verantwortung zu. Wir alle müssen uns fragen, ob ein *exzessiver Konsum* immer in dieser Form nötig ist oder „weniger nicht auch gleich mehr" ist? Um das deutlich zu machen: Jede Verbraucherin, jeder Verbraucher hat selbstverständlich das Recht, mit ihrem bzw. seinem Geld zu kaufen was sie kaufen wollen. Die Frage ist nur, ob *alles was ökonomisch möglich ist auch ethisch vertretbar ist.*

Der ähnliche Gedanke gilt für den Kapital- und den Geldmarkt. Ökonomie und Ethik driften nur dann auseinander und verfolgen unterschiedliche Ziele, wenn das *Geld um seiner selbst willen vermehrt* wird und nicht, um einen gewissen Lebensstandard zu verfolgen. Wenn ich

z. B. mit riskanten Kapitalanlagen an der Börse hantiere oder arbeiten lasse, damit sich mein Vermögen erhöht. Ob die Spekulationen dann so aussehen, dass auf sinkende Kurse gesetzt wird oder mit bestimmten Arten von Lebensmitteln (die dann ggfs. für die ärmeren Länder unerschwinglich teurer werden) gehandelt wird, sei mal dahingestellt. Eine Investition in ein Unternehmen, das reale Produkte herstellt oder eine Finanzierung von Immobilien mit realem Sachwert ist ethisch sicher weniger fragwürdig als ein Roulette-Spiel mit bestimmten Kapitalanlagen, Derivaten oder gar *Leerverkäufen*, auch Short Sales genannt. Bei diesen Leerverkäufen handelt der Verkäufer festverzinsliche Wertpapiere, die ihm noch nicht einmal selbst gehören, ausschließlich zum Ziel der Gewinnsteigerung (vgl. Heldt, 2021). Ökonomische Optimierungen sind dann gut, wenn sie nicht zu ethisch erdenklichen Exzessen bzw. Übertreibungen führen. Ich denke, die eben angeführten Beispiele sind einleuchtend.

Als Ergebnis dieses Abschnitts zum Verhältnis zwischen Ökonomie und Ethik können wir festhalten, dass es systembedingt einige Punkte gibt, die Ökonomie und Ethik voneinander trennen. Doch stellen diese Punkte *keine grundsätzlichen Hemmnisse* einer gemeinsamen Zielsetzung und Vorgehensweise beider Elemente dar. Die jeweils vorliegenden Unterschiede bzw. Schwachstellen gilt es wie beschrieben zu beseitigen. Auch bei den einigenden Zielsetzungen zwischen Ökonomie und Ethik kann noch nachgeschärft werden wie wir gesehen haben. Ein Meilenstein in diese Richtung, Ökonomie und Ethik tatsächlich *als zwei Seiten einer Medaille* anzusehen, ist der Weg in Richtung einer *ethischen Ökonomie*. Ich möchte eine solche Ökonomie im folgenden Abschnitt kurz skizzieren. Eine Vertiefung deren wesentlicher Elemente findet allerdings erst in Kap. 5 ff. statt.

2.4 Kann es so etwas wie eine ethische Ökonomie geben?

Wir haben im vorhergehenden Kapitel gesehen, dass sich ökonomische und ethische Zielsetzungen unterscheiden können. Allerdings gibt es zahlreiche Maßnahmen, um diese Unterschiede einzudämmen oder zumindest abzuschwächen. Wie sähe denn eine gelungene Übereinstimmung aus zwischen einer Ökonomie, die die ethischen Herausforderungen unserer Zeit bewältigt und *wirklichen Wohlstand für alle* schafft? Wir können sie ethische Ökonomie oder *Gemeinwohl-Ökonomie* (vgl. das Konzept von Christian Felber, Felber, 2010) oder Soziale Marktwirtschaft 2.0 nennen. Der Name ist weniger wichtig als die Anforderungen an eine solche ethische Ökonomie. Im Folgenden möchte ich bereits einige Elemente skizzieren, die wir in den Kap. 4 ff. weiter vertiefen wollen. Welches sind nun die wesentlichen Herausforderungen an eine ethische Ökonomie?

Die *erste Anforderung* an eine solche Ökonomie ist sicher der Wunsch nach einem echten *Wohlstand für alle und nicht für nur einige wenige*. Wie wir bereits in den vorangegangenen Kapiteln erläutert haben, ist die Schere von Einkommen und Vermögen in den letzten Jahren nicht nur in Deutschland weiter aufgegangen. Das beste Beispiel sind die Entwicklungen der Immobilienpreise und die Mieten in den Metropolen: Während die Eigentümer der Immobilien vor allem in den letzten fünf Jahren quasi „im Sitzen" reicher geworden sind, da die Preise für Häuser in Deutschland im Schnitt um 36 Prozent gestiegen sind (vgl. Immoverkauf24, 2020), *laufen vielen Mietern die Mieten davon*. Viele Mieter haben Probleme, den steigenden Mieten gerecht zu werden, was sich im Alter mit den niedrigeren Renteneinkünften noch verschärft. Die Corona-Krise war dafür auch nicht besonders hilfreich. Eine ethische Ökonomie müsste zumindest dafür sorgen, dass diese Schere von Einkommen und Vermögen nicht weiter auseinanderdriftet und möglichst alle auskömmlich leben und wohnen können. Der Wohlstand muss also bei allen ankommen. Das Gemeinwohl steht hierbei im Vordergrund.

Der *zweite wesentliche* Punkt bei der Konzeption einer ethischen Ökonomie ist die *zwingende Koppelung von Wirtschaft und Umwelt*: Es kann und es darf künftig nicht mehr passieren, dass das ökonomische Wachstum zu Lasten der Ressourcen der natürlichen Umwelt oder etwa der Artenvielfalt geht. Der menschenverursachte Klimawandel nähert sich bedrohlich einer Klimakatastrophe und das CO2-Kontigent, was wir noch ausschöpfen können, um die 1,5 Grad Erderwärmung noch in letzter Sekunde zu verhindern, ist bald erschöpft. Die Folgen wären dramatisch (vgl. Rahmstorf, 2020): Tödliche Hitzewellen, die 2003 rund 70.000 Menschenleben kosteten nehmen zu, ebenso wie Überflutungen (s. im Sommer 2021 in Teilen von Deutschland), Extremregen, aber auch Dürren und Wassermangel in den heute schon heißen Gebieten der Erde. Die meisten Landgebiete werden bei dem statistischen Mittel von 2 Grad Celsius um 3–4 Grad wärmer, ganz zu schweigen von steigenden Meerestemperaturen und zunehmenden Hurricanes. Es gilt schnellstens, dem Waldsterben durch Austrocknung und Brände, dem Überfischen und der globalen Erderwärmung Einhalt zu gebieten und alles was ökonomisch machbar ist, diesem Ziel unterzuordnen. Die Zeiten des reinen Alarmismus ohne konkretes Handeln sind lange vorbei (vgl. die eindringliche Schilderung und die drastischen Forderungen der Jugend, Heinisch et al., 2019): Nicht das *Erzählte reicht, sondern nur das Erreichte zählt.* Die Verhinderung jedes Zehntel Grades der Erderwärmung hilft (vgl. Rahmstorf, 2020).

Dass *drittens* keine unethischen Produkte verkauft werden dürfen, versteht sich von selbst. Obwohl hier noch einiges zu tun bleibt z. B. im Bereich des Waffenhandels etc. ist diese Gefahr relativ gut im Blick. Darüber hinaus gilt es vor allem, *Diskriminierungen jeglicher Art zu unterbinden*, sei es aufgrund des Geschlechts, der Herkunft, des Glaubens oder sonstiger Unterschiede. Die vielfach damit einhergehenden Mobbingaktivitäten sind selbstverständlich zu stoppen und hart zu bestrafen. Dies gilt nicht nur im privaten Umfeld, sondern auch und gerade in der beruflichen Sphäre. Mitarbeiter dürfen weder vom Chef noch von den Kollegen in ihrer Würde verletzt werden und sollten stattdessen wertgeschätzt werden. Häufig reicht ein ehrlich gemeintes Lob bereits vollkommen aus, manchmal hilft auch ein reines Zuhören als Hilfe in der Not. Auf keinen Fall sollten Mitarbeiter so überfordert werden, dass ein *Burn out* droht. Rationalisierungen sollten weitestgehend durch langfristige Planungen und rechtzeitiges Gegensteuern, u. a. Branchentransformation verhindert werden.

Hinzukommt, dass *die geleistete Arbeit gerecht bezahlt wird*, gemessen an der Bedeutung für die Gesellschaft, der Leistung und der Ausbildung. So müsste sicherlich das Gehalt von Kindererziehern und Krankenschwestern und -pflegern noch einmal überdacht werden, nimmt man etwa die systemrelevante Rolle dieser Berufsgruppen in der Corona-Pandemie zum Maßstab. Dazu gehört auch zu überlegen, ob die Leistungen von Managern nicht noch stärker an den Erfolg des Unternehmens gekoppelt werden sollte und wie groß die Lohn- und Gehaltsunterschiede zum durchschnittlichen Lohn eines Arbeiters in der gleichen Firma maximal sein darf.

Corona hat *viertens* gezeigt, dass viele Menschen sich untereinander solidarisch verhalten und die Abstands- und Hygieneregeln einhalten. Selbst in der Phase des härtesten

Lockdowns um die Jahreswende bis Ende Februar 2021 hielten sich nicht nur die allermeisten Bewohner an diese Regeln, sie waren auch vollkommen mit ihnen einverstanden und erklärten sich mit den Alten, Schwachen und Kranken in unserer Gesellschaft solidarisch. Die hätte es nämlich zuerst getroffen bei der weiteren Verbreitung des Corona-Virus. Diese *Solidarität*, dieses Einstehen füreinander und miteinander gilt es nun auch zu nutzen, wenn wir an eine ethische Ökonomie denken. Anstelle eines kalten, rücksichtslosen Egoismus und dem reinen Ellenbogendenken muss ein Miteinander treten. Bitte verstehen Sie mich nicht falsch, ich möchte hier *keiner falsch verstandenen Sozialutopie* das Wort reden. Mir ist natürlich schon bewusst, dass ein solches harmonisches Zusammenleben in vollkommener Solidarität angesichts der permanenten Optimierungsbemühungen und des Wettbewerbs in der Wirtschaft bestenfalls ein hehres Ziel sein kann. Doch wo kein theoretisches Idealziel als *„Zielbild"* existiert, können auch keine Maßnahmen zumindest in diese Richtung entwickelt werden. Die von dem Philosophen Richard David Precht vorgeschlagenen zwei sozialen Pflichtjahre, eines nach dem Schulende und eines im Renteneintrittsalter (vgl. Precht, 2021, S. 144 ff.), sind aus meiner Sicht bereits gute Ansätze zur Stärkung der Solidarität und des Gemeinwohls in der Gesellschaft, über die sich ernsthaft nachzudenken lohnt.

Fünftens ist es sicherlich eine Frage, wie das Wirtschaftssystem angepasst werden muss, um den Wohlstand für alle sicherzustellen. Viele Elemente der Sozialen Marktwirtschaft haben sich in der Vergangenheit bereits bewährt wie etwa die Sozialversicherung, die gesetzliche Krankenversicherung oder die Sozialhilfe. Doch an einigen Stellschrauben wird man noch zu drehen haben, um die oben genannten Punkte wie etwa die Ungleichheit in Einkommen und Vermögen in den Griff zu bekommen und dennoch auch den sogenannten Leistungsträgern gerecht zu werden. Denn wahr ist auch, *es kann nur das verteilt werden, was zuvor verdient wurde.* Nur so ist ein Wohlstand für alle überhaupt erst möglich. Gleichzeitig können wir selbst etwas tun, um die oben genannten Punkte einer ethischen Ökonomie zu beherzigen. Es fängt bei unserem Konsumverhalten in Richtung *„nachhaltiger, gezielter und weniger"* an und hört bei Finanzierungen von realwirtschaftlichen Vorhaben wie etwa Immobilien an. Schließlich sollte die Gier nach Geld nicht alles beherrschen. Die mäßigende Mitte reicht bereits aus.

Überhaupt, so meine These, müssen wir darüber nachdenken, ob eine *Solidarität zwischen arm und reich*, zwischen Leistungsträger und wirtschaftlich Schwächeren immer staatlicherseits angeordnet werden muss – etwa über einen erhöhten Steuersatz, eine höhere Erbschaftssteuer oder eine Wiedereinführung der Vermögenssteuer – oder ob nicht auch *freiwillige Unterstützungen* zwischen diesen Gruppen finanziell oder auch in anderen Bereichen machbar ist. Konkret denke ich nicht nur an freiwillige Geld- oder Sachspenden, sondern an die *Patenschaft von arm und reich, jung und alt.* Eine Patenschaft, getragen von einer aktiven Zivilgesellschaft aller Bürger, von uns allen, die gemeinsam die ökonomischen Herausforderungen unserer Zeit meistern. Eine Utopie? Geht so nicht? *Geht nicht, gibt es nicht.* Wir werden diesen Gedanken im Laufe dieses Buches vertiefen. Sollten wir zumindest einen Großteil dieser oben genannten fünf Aspekte umsetzen können, sind wir meiner Meinung nach auf dem richtigen Weg zu einer ethischen Ökonomie unterwegs. Bevor wir das aber etwa näher vertiefen und mit Zahlen, Daten und Fakten unterlegen, möchte ich zunächst im folgenden Kap. 3 einen kleinen Exkurs zur Ethik und ihren Kernideen machen. Nur wenn wir die wesentlichen ethischen Konzepte der Vergangenheit und Gegenwart kennen, können wir uns kompetent Gedanken über eine *ethische Ausgestaltung der Ökonomie* der Zukunft machen.

Literatur

Brühl, J., Freiberger, H., & Wischmeyer, N. (01. Februar 2021). Reddit vs. Leerverkäufer. Kalt erwischt. *Süddeutsche Zeitung online*. https://www.sueddeutsche.de/wirtschaft/hedgefonds-gamestop-aktie-silber-1.5192514. Zugegriffen am 16.02.2021.

Erhard, L. (1964). *Wohlstand für alle, bearbeitet von Wolfram Langer* (8. Aufl.). https://www.ludwig-erhard.de/wp-content/uploads/wohlstand_fuer_alle1.pdf. Zugegriffen am 07.06.2020.

Felber, C. (2010). *Die Gemeinwohl-Ökonomie: Das Wirtschaftsmodell der Zukunft* (9. Aufl.). Deuticke.

Friedrichs, J. (2021). *Working Class: Warum wir Arbeit brauchen, von der wir leben können*. Berlin Verlag/Piper.

Heinisch, F., et al. (2019). *Ihr habt keinen Plan. Darum machen wir einen. 10 Bedingungen für die Rettung unserer Zukunft* (Der Jugendrat der Generationen Stiftung, herausgegeben von Claudia Langer und einem Vorwort von Harald Lesch). Blessing.

Heldt, C. (2021). *Leerverkauf*. Gabler Wirtschaftslexikon online. https://wirtschaftslexikon.gabler.de/definition/leerverkauf-37121. Zugegriffen am 16.02.2021.

Immoverkauf24. (2020). *Immobilienpreise 2020: Preisentwicklung von Häusern, Wohnungen und Grundstücken & Preisspiegel*. https://www.immoverkauf24.de/immobilienpreise/. Zugegriffen am 12.02.2021.

Ivanov, A. (17. März 2020). Equal Pay Day. Der Gender Pay Gap könnte in drei Jahren Geschichte sein. *Handelsblatt online*. https://www.handelsblatt.com/karriere/equal-pay-day-der-gender-pay-gap-koennte-in-drei-jahren-geschichte-sein-/25651850.html. Zugegriffen am 16.02.2021.

Kahneman, D. (2012). *Schnelles Denken, langsames Denken*. Siedler.

Kant, I. (1995). *Kritik der reinen Vernunft* (Immanuel Kant, Werke in sechs Bänden, Band 2). Könemann.

Müller-Armack, A. (1990). *Wirtschaftslenkung und Marktwirtschaft. Sonderausgabe*. Kastell.

Neßhöver, C. (2020). Die neue Staatswirtschaft. *Manager Magazin, 12*(2020), 110–116.

Pietsch, D. (2019). *Eine Reise durch die Ökonomie. Über Wohlstand, Digitalisierung und Gerechtigkeit*. Springer.

Pietsch, D. (2020). *Prinzipien moderner Ökonomie. Ökologisch, ethisch, digital*. Springer.

Pietsch, D. (2021). *Die Ökonomie und das Nichts. Warum Wirtschaft ohne Moral wertlos ist*. Springer.

Precht, R. D. (2020). *Künstliche Intelligenz und der Sinn des Lebens*. Goldmann.

Precht, R. D. (2021). *Von der Pflicht. Eine Betrachtung*. Goldmann.

Rahmstorf, S. (09. November 2020). Klimakrise. Warum zwei Grad Erderwämrung zu viel sind. *Spiegel online*. https://www.spiegel.de/wissenschaft/mensch/klimakrise-warum-zwei-grad-erderwaermung-zu-viel-ist-a-1773e909-c602-466e-8913-c02b319d71f2. Zugegriffen am 16.02.2021.

Rohls, J. (1999). *Geschichte der Ethik* (2. Aufl.). Mohr Siebeck.

Sandel, M. J. (2012). *Was man für Geld nicht kaufen kann. Die moralischen Grenzen des Marktes*. Ullstein.

Schäuble, J. (16. April 2020). Coronavirus in den USA. 22 Millionen Amerikaner melden sich binnen vier Wochen arbeitslos. *Der Tagesspiegel online*. https://www.tagesspiegel.de/wirtschaft/coronavirus-in-den-usa-22-millionen-amerikaner-melden-sich-binnen-vier-wochen-arbeitslos/25747142.html. Zugegriffen am 24.08.2020.

Schäuble, W. (2021). *Grenzerfahrungen. Wie wir an Krisen wachsen*. Siedler.

Smith, A. (2009). *Wohlstand der Nationen* (Nach der Übersetzung von Max Stirner, herausgegeben von Heinrich Schmidt). Anaconda.

Veblen, T. (1899/2007). *The Theory of the Leisure Class*. Oxford University Press.

3 Woher kommt die Ethik? Eine kurze Ideengeschichte

3.1 Ethik als Tugend

Entgegen landläufiger Meinung haben die griechischen Philosophen der Antike die Ethik nicht erfunden. Es gab bereits in früheren Jahren und in anderen Kulturen ethische Überlegungen (vgl. für einen Querschnitt u. a. Rohls, 1999), die bis in die heutige Zeit überliefert wurden. Bereits die Häuptlinge von der polynesischen Insel erklärten bestimmte Handlungen, aber auch Bäume oder Wasserstellen für *tabu* d. h. verboten. Die Chinesen glaubten an das Weltganze, das *Tao*, in das sich das sittliche Verhalten einordnen lassen sollte. Der chinesische Weisheitslehrer *Konfuzius* lehrte das Ideal eines gerechten, beherrschten und nachsichtigen Weisen, dem jeder nachfolgen sollte. Siddhârta Gautema, genannt *Buddha*, definierte das Ziel des Lebens als das Erreichen des *Nirwana*, eines Zustandes, „in dem nichts mehr weht“ und alle Begierden erloschen sind. Auf dem Weg dorthin definierte er Handlungsgebote wie das Verbot des Tötens, Stehlens, Rausches usw. Dazu

D. Pietsch, *Unsere Wirtschaft ethisch überdenken*,
https://doi.org/10.1007/978-3-658-37977-3_3

empfahl er ständige Meditation, um sich von den Affekten und Begierden freimachen zu können. Der Hinduismus fordert die innerweltliche Askese und definiert z. B. bestimmte Speise- und Handlungsvorschriften für die Angehörigen einzelner gesellschaftlicher Kasten. Selbst im alten Ägypten regelte die ethische Vorschrift *Ma'at* das Leben der Bewohner und forderte sie auf, Werte wie Rücksicht, Solidarität, Vertrauen und Gemeinschaft in ihrem täglichen Leben zu berücksichtigen.

Auch vor den großen Philosophen der griechischen Antike, Platon und Aristoteles, gab es schon ethische Überlegungen, eingewoben in schriftstellerische Werke. So pries Homer, der Begründer der abendländischen Literatur in seinen Werken *Odysee* und *Illias* die kriegerische Adelsethik. Hesiod schwärmte von dem einfachen und genügsamen Landleben als Ackerbauer und Viehhirte. Der griechische Tragödiendichter Sophokles verfolgte ebenfalls ethische Botschaften in seinen Stücken. Unvergessen ist das Stück *Antigone*, in der die Heldin am Ende entscheiden muss, ob sie dem Gesetz des Herrschers Kreon folgt oder dem göttlichen. Bekanntlich entschied sie sich für das göttliche Gesetz und bestattete ihren Bruder. Sophokles war gleichzeitig Mitglied des zehnköpfigen Strategen-Kollegiums rund um den Staatsmann Perikles gewesen. Seine Dramen enthielten also auch ethische Botschaften an seine Leserinnen und Leser. Die griechischen Historiker Herodot und Thukydides kritisierten die Zerbrechlichkeit des Glücks oder die Sittenverrohung während des Bürgerkriegs. Die vorsokratischen Philosophen schließlich, etwa Pythagoras propagierten eine asketische Lebensweise oder gaben ihren Anhängern konkrete Speise- und Trinkempfehlungen. Für Protagoras war „der Mensch das Maß aller Dinge".

Den *Höhepunkt der Ethik* markierten aber tatsächlich die großen Denker des Abendlandes, *Platon* und *Aristoteles*. Platon lässt seinen Lehrer und Hauptakteur Sokrates in zahlreichen Dialogen auftreten und mit den Athener Bürgern und Weisheitslehrern, den Sophisten, Diskussionen über *das Wesen der Tugend* führen (vgl. sämtliche Dialoge Platons herausgegeben von Hülser, 1991). Einmal geht es um die Besonnenheit (Dialog Charmides), die Tapferkeit (Dialog Laches), die Frömmigkeit (Dialog Euthyphron) oder generell um die Tugend (Dialog Hippias minor). Sokrates lehrte die Zeitgenossen nicht etwa durch sein umfangreiches Wissen, sondern er stellte lediglich Fragen und hakte immer wieder nach. Er bohrte solange nach, bis selbst die berühmten Weisheitslehrer, die Sophisten, nicht mehr weiterwussten (*Aporie*). Daraufhin erarbeiteten sie sich alle gemeinsam eine Definition der einzelnen Tugenden. Sokrates holte so die Weisheit aus den Gesprächsteilnehmern wie die Hebammen ein Kind auf die Welt bringen: behutsam und zusammen mit allen Beteiligten. Daher nannte man seine philosophische Methode auch die *Mäeutik*, die Hebammenkunst (Sokrates' Mutter Phainarete war Hebamme). Tugendhaft handeln, so erkannte es Sokrates, kann der Mensch erst mit der richtigen Einsicht und Erkenntnis, was eigentlich Tugend konkret ist. Dazu dienten die definitorischen Überlegungen in den einzelnen Dialogen.

Dass die Tugenden im Vordergrund ethischen Handelns stehen, hat auch Platon, der berühmte Schüler des Sokrates erkannt. Folglich spielten diese Tugenden auch bei Platon eine entscheidende Rolle (vgl. u. a. Szlezák, 2021, S. 351 ff.). Im Zentrum der Ethik von Platon steht die Gerechtigkeit, die *dikaiosyne*. Diese Tugenden werden vom Menschen nicht durch sinnliche Eigenschaften, sondern lediglich intellektuell wahrgenommen: Erst wenn ich verstanden habe was Gerechtigkeit bzw. die Idee der Gerechtigkeit ist, kann ich sie in die Tat umsetzen. Nur die Gerechtigkeit führt allerdings auf den Weg zur Glückseligkeit, der *eudaimonía*. Die Gerechtigkeit ist dabei die höchste Tugend, *areté*, weil sie die den einzelnen Seelenteilen zugeordneten Kardinaltugenden Besonnenheit (*sophrosyne*), Tapferkeit (*andreia*) und Weisheit (*sophia*) beinhaltet. Dabei ist die Tugend doppelt lehrbar (vgl. Szlezák, 2021, S. 357):

Einerseits durch Nachahmung, Einübung und Gewöhnung und andererseits durch die theoretische Lehre (*didachê*). Diese ist allerdings nur charakterlich und intellektuell Vorgebildeten vorbehalten. Allen Tugenden übergeordnet ist allerdings *die Idee des Guten*: Die Suche nach der Erkenntnis, die philosophische Lebensweise. Die Menschen seien, so berichtet Platon in seinem berühmten Höhlengleichnis (vgl. Platon Politeia Buch VII, 514a ff., Hülser, 1991 Bd. V, S. 509 ff.), von Kindesbeinen an in einer unterirdischen Höhle gefesselt und sähen nur die Schatten an der Wand, die ein Feuer in der Höhle wirft. Erst wenn die Menschen den Pfad der Erkenntnis entlanggehen, kommen sie aus der Höhle und sehen die wahren Dinge im Tageslicht und nicht nur deren Schatten in der Höhle.

Sinnliche und körperliche Begierden sind für Platon zweitrangig. Das Bemühen um die richtige Einsicht, die wahre Erkenntnis sei wichtiger als materielles Streben oder ökonomische Aktivitäten an sich. Dies sei eher etwas für die niederen Schichten. Die Spitze des Staates, die Philosophenkönige, sollen sich entsprechend um die Erkenntnis und Weisheit bemühen. Allerdings hatte Platon auch klare ökonomische Vorstellungen wie er sie etwa in seinem Werk „über den Staat" (*Politeia*) äußert. In einem *idealen Staat gebe es kein Privateigentum*, zumindest für die Klasse der Wächter. Ferner forderte er in seinem Alterswerk „Die Gesetze" (*Nomoi*), dass jeder, der mehr als das Vierfache eines armen Bürgers besitzt, den Überschuss dem Staat schenken solle (vgl. Platon, Nomoi 744e und 745a, Hülser, 1991 Bd. IX, S. 381). Wiewohl die Ökonomie nicht im Zentrum der Überlegungen Platons stand, wird allerdings deutlich, dass die Tugenden generell, aber vor allem die der Gerechtigkeit den größten Stellenwert bei Platon besaßen.

Auf diesen Ideen baute Platons Schüler Aristoteles auf. Aristoteles verfasste drei ethische Schriften, von denen die *Nikomachische Ethik* die bekannteste und einflussreichste war. Die Ethik war nicht nur für Aristoteles Teil der praktischen Philosophie. Bei ihm stand nicht die theoretische, intellektuelle Erkenntnis der Tugend im Vordergrund, sondern das richtige Handeln und das gute Leben. Richtiges Handeln beruht auf der richtigen Entscheidung und ist streng genommen nur im Staat, in der Polis, möglich. Dabei verfolgt jede Handlung ein bestimmtes Ziel, *telos*, nämlich das Gute. Oberstes Ziel menschlichen Handelns ist dabei die *eudaimonía*, die Glückseligkeit. Damit sind allerdings weder Macht, Reichtum noch Ansehen gemeint, diese sind bestenfalls Mittel zum Zweck, sondern die *bestmögliche Nutzung der Vernunft*. Ebenso sollte gemäß Aristoteles das Ziel menschlichen Handelns sein, sich an den Tugenden auszurichten.

Aristoteles unterscheidet zwei Arten von Tugenden: die *dianoetische* und die *ethische*. Während die dianoetischen die verstandesgemäßen Tugenden wie die Weisheit, *sophía*, und die Klugheit, *phrônesis*, aber auch Erkenntnis, *epistéme*, und Denken, *nus*, umfassen, basieren die ethischen Tugenden eher auf der Erfahrung. Man könnte beide Arten der Tugend grob mit Einsicht und Erfahrung zusammenfassen. Dabei soll das menschliche Handeln weder ein zu viel noch ein zu wenig umfassen. Der richtige Weg liegt in der Mitte (*mesotes*). So ist z. B. die Tapferkeit die Mitte aus der Feigheit (zu wenig) und der Tollkühnheit (zu viel), die Großzügigkeit die Mitte aus Geiz und Verschwendungssucht und Freundschaft die Mitte aus Schmeichelei und Streitlust (vgl. Flashar, 2013, S. 79). Ebenso unterscheidet Aristoteles in eine *austeilende* (distributive) und eine *ausgleichende* Gerechtigkeit. Die austeilende Gerechtigkeit beschäftigt sich mit einer Verteilung von Geld, Mitteln oder Ämter auf einzelne Bürger des Staates gemäß ihrer Leistung und ihres Standes in der Gesellschaft. Im Gegensatz dazu konzentriert sich die ausgleichende Gerechtigkeit vor allem auf die Tauschgerechtigkeit: Leistung und Gegenleistung müssen in einem angemessenen Verhältnis stehen. Was er damit konkret meint, erläutert Aristoteles anhand des proportionalen Tauschwerts (Aristoteles Nikomachische Ethik V 1133a 9 ff., Ausgabe 2007): Wenn ein Haus den Gegenwert von 100 Schuhen wert ist, dann müssen auch exakt 100 Schuhe für dieses Haus getauscht werden. Nur so ist die Tauschgerechtigkeit sichergestellt.

Wichtig ist an dieser Stelle festzuhalten, dass sowohl Platon als auch Aristoteles verschiedene *Tugenden* definiert haben, mit deren Hilfe ein ethisches Handeln des Menschen möglich ist. Dabei sind es nicht nur die intellektuellen, rationalen Fähigkeiten, die eine Rolle spielen, sondern auch die Lebenserfahrung, die jedem Einzelnen hilft, sich selbst zu erkennen und sich entsprechend in den einzelnen Situationen ethisch korrekt zu verhalten. Die antiken Schulen der Stoá und von Epikur entwickeln diese tugendhafte Ethik weiter mit ihren Prinzipien der Mäßigung, Selbstbeherrschung (Stoiker) und dem Streben nach (geistiger) Lust und der Seelenruhe (Epikureer). Im Mittelalter kommt zur Beurteilung von ethischen Maßstäben noch eine weitere Komponente hinzu: *Das Göttliche*. Den Ursprung liefert uns die geschichtliche Gestalt des Jesus von Nazareth.

3.2 Ethik auf Gott bezogen

Mit der Geburt von *Jesus von Nazareth* brach buchstäblich ein neues Zeitalter an. Sie stand gleichzeitig für eine Zeitenwende und ein neues Verständnis der Ethik. Jesus, je nach Lesart der Sohn Gottes oder der wirkungsmächtigste Wanderprediger der Geschichte (vgl. Theißen & Merz, 2011 und Precht, 2015, S. 374), setzte sich gemäß den Schilderungen der Evangelien für die Armen, Schwachen, Kranken und Geächteten der Gesellschaft ein und schuf so ein Vorbild ethischen Handelns. Er forderte in seiner berühmten Bergpredigt die Menschen zur Umkehr auf, zu einem barmherzigen Leben voller Mitleid und Barmherzigkeit mit den Mitmenschen. Jesus hielt alle Menschen zu Frieden, Nächstenliebe und Gewaltverzicht an. Selbst seine Feinde solle man lieben und für Gerechtigkeit auf der Welt sorgen. Jesus lebte ein bescheidendes Leben als Sohn eines Zimmermanns. Materielle Dinge verachtete er, das Streben nach dem schnöden *Mammon*, der hebräische Ausdruck für Geld, war ihm zuwider. Das ideale Leben sollte eines der Gemeinschaft dienendes sein, kein egoistisches, der Selbstoptimierung gewidmet. Jesus setzte auf den zehn Geboten des Alten Testaments auf und forderte die klare Einhaltung der dort beschriebenen Regeln ein:

Du sollst nicht töten, nicht ehebrechen, nicht stehlen, nicht lügen, Vater und Mutter ehren etc. Jesus schuf mit seinem Leben und Handeln die Grundlagen der christlichen Ethik, die den Menschen als freies Individuum und Träger der Menschenrechte sieht (vgl. Anzenbacher, 1998, S. 179 ff.). Der Mensch ist ein handelndes moralisches Subjekt, das sich in der Welt orientiert und auch fehlerhaft handelt. Theologisch gesprochen: der Mensch sündigt. Die Menschen sollen so leben und handeln, dass jeder an der Gesellschaft teilnehmen und sich einbringen kann. Jeder sollte aber auch die gleiche Chance haben, sein Leben nach individuellen und freien Vorstellungen leben zu können. Das bedeutet konkret, dass idealerweise alle Menschen in Hinsicht auf das Gemeinwohl zusammenarbeiten, kooperieren und sich solidarisch zeigen sollten. Alle Handlungen sollen auch Hilfestellungen für den jeweils anderen Menschen sein (vgl. Anzenbacher, 1998, S. 213).

Augustinus, ursprünglich Rhetor und im Alter von 32 zum Christentum bekehrt, entwickelte als späterer Bischof von Thagaste (Hippo regius) die christliche Ethik weiter (vgl. Küng, 1996, S. 79). Er kombinierte die antiken philosophischen Strömungen der Antike, vor allem die Stoa und den Neuplatonismus mit dem Christentum und verband sie zu einer christlichen Ethik (vgl. Flasch, 2013, S. 47, vgl. im Folgenden auch Rohls, 1999, S. 155 ff.). Für Augustinus geht die Welt aus der göttlichen Vernunft hervor. Platons Ideen, also die Urbilder der Dinge der Welt werden von Gott entwickelt. Wiewohl der Wille des Menschen frei ist und er die prinzipielle Möglichkeit hat, nicht zu sündigen, hat das Beispiel des Sündenfalls von Adam und Eva das Gegenteil gezeigt: Der Mensch kann gar nicht mehr anders als nicht zu sündigen. Die Gnade Gottes kann der Mensch nur erringen, wenn Gott ihm die Gnade nach seinem Willen schenkt. Gott entscheidet selbst, wem er die Gnade verleiht und wem nicht. Der Mensch könne dies nicht durch moralisches und tugendhaftes Leben erzwingen, sondern *lediglich im Vertrauen und der Liebe zu Gott.*

In seiner Schrift über den Gottesstaat unterscheidet Augustinus zwei Arten von Staaten bzw. Bürgerschaften: Den *Gottesstaat*, in dem alle Menschen nach Gottes Vorbild leben und handeln, sich umeinander kümmern, sich solidarisch zeigen und in Liebe miteinander verbunden sind. In dem anderen Staat, dem *Teufelsstaat*, bekämpfen sich die Menschen gegenseitig, sie erstreben Macht und Herrschaft, sind egoistisch und gieren nach Materiellem. Augustinus liefert damit eine Blaupause dafür, wie der Mensch lebt und was er tunlichst unterlassen sollte. Die Glückseligkeit von der auch die antiken Philosophen gesprochen haben, ist nur noch durch eine Ausrichtung des gesamten Lebens und Handelns auf Gott zu erreichen. Dieser Gedanke wird später im Mittelalter von den sogenannten „Kirchenvätern" in der Patristik weitergeführt.

Einen weiteren Meilenstein christlicher Ethik setzt der Dominikaner und Kirchenlehrer *Thomas von Aquin* (vgl. im Folgenden Flasch, 2013, 379 ff.). Er kombiniert im 13. Jahrhundert die Lehre des Aristoteles mit den Erkenntnissen des Christentums. Konkret bedeutet das, dass Thomas zwar an den Aristotelischen Tugenden wie der Klugheit, Gerechtigkeit, Mäßigung und Tapferkeit festhält. Gleiches gilt für die rechte Mitte der Tugenden zwischen den einzelnen Extremausprägungen. Der Mensch findet allerdings seine Glückseligkeit nur in der *Suche nach Gott.* Alle menschlichen Handlungen sind dem individuellen Gewissen unterworfen, das sich einzig aus der christlichen Lehre speist und diese zum Maßstab nimmt. Im zweiten Teil seines Hauptwerks, der *Summa theologiae*, legt Thomas die wesentlichen Grundlagen seiner Ethik dar (vgl. Flasch, 2013, S. 390 ff.; Pietsch, 2019, S. 25 ff.). Der Mensch ist prinzipiell in seinem Willen und Handeln frei. Ethische Werte, an denen er sich ausrichtet, entspringen den natürlichen Neigungen, die aber immer im Zusammenspiel mit der Vernunft formuliert werden.

Thomas hat sich auch konkrete Gedanken zum ethischen Verhalten in der Ökonomie gemacht. So sei das oberste Ziel der Ökonomie das Wohlergehen des Gemeinwesens, das *bonum commune.* Die Bürger eines Landes sollten mit dem Nötigsten versorgt werden, ohne eine unnötige Vermehrung des Reichtums zu erzielen. Das bescheidene Lebensmodell von Jesus von Nazareth wirkt hier deutlich nach. Die Arbeit des Menschen solle Gott ehren und einen Beitrag zur Schöpfung leisten. Dabei zieht Thomas ähnlich wie sein Vorbild Aristoteles die geistige Arbeit der körperlichen vor. Darüber hinaus liefert Thomas auch für die Gegenwart konkrete wirtschaftsethische Empfehlungen: So definiert er eine Tauschgerechtigkeit, in der beide Seiten die wertmäßig vergleichbaren Waren tauschen und keiner von beiden übervorteilt wird. Bei der Verteilung von Waren und Vermögen an die Bevölkerung empfiehlt er von vorneherein eine gerechte Verteilung. Ferner macht er sich Gedanken zu einem gerechten Preis, dem *pretium iustum*.

Ein Preis ist für Thomas dann gerecht, wenn er sich aus einem gesunden Verhältnis zwischen Nachfrage, bei Thomas: Bedürfnisse des Menschen, und dem Angebot, Thomas: Wareneigenschaften zur Bedürfnisbefriedigung, ergibt. Bei einem Naturalientausch muss der in Geldeinheiten gemessene Wert gleich sein. Dabei können selten vorkommende und begehrte Güter durchaus teurer verkauft werden als häufiger vorkommende und weniger nachgefragte. Das Zinsnehmen lehnt Thomas kategorisch ab, da seiner Meinung nach ein höherer Geldbetrag inklusive Zinsen verkauft wird als real als Geldbetrag (ohne Zinsen) vorhanden ist. In der Summe können wir aber auch bei Thomas von Aquin sagen, dass der Mensch *sein Handeln stets an Gott ausrichten sollte*. Die Erzählungen von Jesus im Neuen Testament und die zehn Gebote im Alten Testament liefern dafür sicher eine gute Orientierung.

Martin Luther, der weltberühmte Professor der Theologie an der Universität Wittenberg, war nicht nur der Begründer der Reformation, sondern setzte auch seine Akzente in der Ethik (vgl. Barth, 2009, S. 462 ff.). Er wandte sich vor allem gegen den in seiner Zeit blühenden Ablasshandel, mit dessen Hilfe die Vergebung der Sünden mit

Geld erkauft werden konnte. Luther zu Folge war *alleine die Gnade Gottes* und das sittliche Verhalten des Menschen maßgeblich für die Vergebung der Sünden. Vorbild des menschlichen Handelns soll Jesus Christus sein. Die Bibel nahm Luther wörtlich und übersetzte sie für seine Zeitgenossen ins Deutsche und schuf damit zugleich einen Standard der deutschen Sprache. Analog des Vorbilds Jesu solle sich der Mensch um die Armen, Schwachen, Kranken und Geächteten dieser Welt kümmern und Barmherzigkeit und Mitleid walten lassen. Der Mensch müsse Gottes Geboten und den weltlichen Gesetzen folgen. Das Gute und das Böse ringen im Menschen um die Vorherrschaft beim Handeln. Wenn der Mensch sündigt, dann nicht freiwillig, weil das Böse Oberhand gewonnen hat. Vergebung der Sünden kann wie gesagt nur die Gnade Gottes auf Basis der Buße des Menschen leisten. Die weiteren Reformatoren in anderen Ländern wie Huldrych Zwingli und Jean Calvin griffen Luthers Ideen auf und führten seine Gedanken weiter.

Auch der *Islam* liefert uns eine Reihe von interessanten ethischen Aspekten. Der Prophet Mohammed steht beim Islam im Mittelpunkt, der den Glauben an den einen Gott Allah verkündet. Hauptquelle der islamischen Lehre sind die im Koran gesammelten Texte, eine Sammlung von 114 Suren bzw. Abschnitten, die auch ethische Vorgaben für den gläubigen Muslim beinhalten. So gibt es für den Muslim fünf verschiedene Pflichten (vgl. Glasenapp, 1996, S. 398 f.): Der Glaube an Gott, Allah, das fünfmalige tägliche Ritualgebet in Richtung Mekka, der Fastenmonat Ramadan, die verpflichtende Armensteuer und die Pilgerreise nach Mekka. Interessanterweise sind im Islam die Ökonomie und Ethik zwingend ineinander verwoben. So gilt es z. B. als Pflicht der reicheren Bevölkerung, etwa 2,5 Prozent des gesamten Vermögens an die Armen der Bevölkerung zu spenden (vgl. Küng, 2004, S. 730 ff.). Ähnlich der christlichen Ethik bemüht sich der nach dem Islam lebende Mensch um Bescheidenheit, vermeidet die Gier und setzt sich für die soziale Gerechtigkeit ein. Bei der Gewinnmaximierung, die ebenfalls Ziel der islamischen Ökonomie ist, wird allerdings gefordert, dass sie nicht zu höheren sozialen und ökologischen Aspekten führt. Frei übersetzt könnte man sagen, dass die Versöhnung von Wirtschaft und Umwelt immer mitgedacht werden muss und auch die Folgen des Wirtschaftens für die Gesellschaft im Sinne einer gerechteren Verteilung des Wohlstands berücksichtigt werden sollten.

Die *Scharia*, also das islamische Recht, verbietet es, Zinsen zu nehmen (Koran Sure 2, Vers 275, vgl. Financial Islam, 2020). Zinsen würden unweigerlich zu einer Erhöhung des rückzuzahlenden Geldbetrags führen, das ohne echte Gegenleistung geschieht. Waren und Geld würden entsprechend nicht mehr gemäß ihrem Marktwert, sondern für den um die Zinskosten erhöhten Geldbetrag getauscht. Dies ist gemäß Koran verboten (vgl. Koran Sure 3, Vers 130, vgl. Financial Islam, 2020). Allerdings gibt es einige Möglichkeiten, dem Geldgeber dennoch einen Vorteil für die Geldleihe zu gewähren: So könnten etwa unternehmerische Gewinne in einem vorher fixierten Verhältnis – je nach geliehenem Geldbetrag z. B. 75:25 aus Sicht des Unternehmers – zwischen Unternehmer und Kreditgeber geteilt werden. Oder aber private Hauskäufer könnten den Banken beim Kauf den Vortritt lassen und das Haus dann mit einem vorab definierten Aufschlag von den Banken abkaufen (vgl. Kloft, 2017). Ferner kann sich der Kreditnehmer mit seiner Arbeitskraft für den Kredit einsetzen und die Bank so entschädigen. Bei Leasingverträgen können höhere Ratenzahlungen vereinbart werden.

Wir haben exemplarisch anhand der ausgewählten Theologen und Philosophen in diesem Kapitel gesehen, dass die

Ethik des Mittelalters sich vor allem an Gott und den in dem Christentum und Islam niedergelegten Lehren ausgerichtet hat. Einen neuen Weg beschreiten vor allem die englischen Moralphilosophen, die wir im nächsten Kapitel in aller Kürze porträtieren wollen. Sie stellen das Mitgefühl in den Mittelpunkt der Ethik.

3.3 Ethik als Gefühl

Mit dem Ende des Mittelalters und dem Aufkommen wissenschaftlicher Erkenntnisse vor allem im Bereich der Naturwissenschaften, veränderte sich das Weltbild der Philosophen und deren Einstellung zur Ethik. War die Ethik des Mittelalters wie wir im vorangegangenen Kapitel gesehen haben, eher an Gott und dem Ideal Jesu Christi ausgerichtet, versuchten sich die Philosophen des 18. Jahrhunderts wie etwa David Hume eher an der Erkenntnismethode der Naturwissenschaften auszurichten. Analog des Naturwissenschaftlers Isaac Newton, versuchte sich der Moralphilosoph *David Hume* daran, die menschliche Natur ebenso rigoros wie jener die reine Natur zu untersuchen (vgl. Habermas, 2019, Bd. 2, S. 230). In seinem Hauptwerk „Traktat über die menschliche Natur" versuchte Hume nichts Geringeres als die Natur des Menschen näher zu ergründen und sämtliche Bereiche, die vom menschlichen Handeln beeinflusst sind, näher zu betrachten. So analysierte er nicht nur ethische Handlungen des Menschen und deren Hintergründe, sondern auch ökonomische Aktivitäten, formulierte politische und gesellschaftliche Gesetzmäßigkeiten und führte sie zum Teil auf psychologische Hintergründe im Menschen zurück. Diese Tatsache ist nicht unerheblich, war Hume doch mit dem Begründer der modernen Ökonomie, Adam Smith, befreundet und zeitweise dessen Mentor (zur Biografie Humes vgl. Streminger, 2011).

Gegen den Rationalismus Hobbes hatte Hume in seiner Schrift argumentiert, dass der Mensch in seinen Handlungen vor allem *emotional motiviert* sei (vgl. Habermas, 2019, Bd. 2, S. 229). Die Moral sei z. B. weniger von der Vernunft des Menschen abhängig, sondern von seinem Mit-Gefühl (*Sympathy*) mit anderen Menschen (vgl. Precht, 2017, S. 330). Neben der Tatsache, dass der Mensch sich selbst liebt (*Self-Love*), leidet der Mensch mit seinen Mitmenschen mit. Dies gilt nicht nur für nahe Verwandte oder Freunde, sondern generell für den Menschen, aber auch für Tiere: Das Leiden oder den Tod auch fremder Menschen in noch so fernen Gegenden dieser Welt rührt den Menschen und treibt ihn dazu, sich hilfsbereit zu zeigen oder wildfremde Menschen zu trösten. Unvergesslich wird sicher das Foto des kleinen Jungen sein, der im Zuge der Flüchtlingskrise tot am Strand gefunden wurde. Viele Menschen waren angerührt von diesem Schicksal. Viele spendeten oder halfen Flüchtlingen, in Deutschland eine neue Heimat zu finden. Darüber hinaus engagieren sich viele Menschen ehrenamtlich etwa in der Trauerbegleitung im Hospiz oder in Alten- und Pflegeheimen oder setzen sich pro-aktiv für das Tierwohl und die Artenvielfalt ein.

In seinem ethischen Hauptwerk „eine Untersuchung über die Prinzipien der Moral" verweist Hume wiederum auf das Gefühl und die Neigung des Menschen, an das die Tugend rührt. Kein Mensch würde ohne Motiv moralisch handeln, es sei denn, es berührte ein inneres Gefühl oder eine bestimmte Neigung des Menschen, sich entsprechend zu verhalten (vgl. Hume, 2012, S. 158 f.). Der Verstand dagegen sei kühl und dem Schicksal anderer Menschen mehrheitlich gleichgültig gegenüber. Den Unterschied mache lediglich das Gefühl des Menschen. Hume stellt folglich das Gefühl (*sentiment*) dem Verstand (*reason*) gegenüber. Der Mensch fällt kein moralisches Urteil einzig anhand vernunftgemäßer Kriterien: Ist es gerecht, hungernden Menschen etwas Geld oder Nahrungsmittel zu spenden?

Vielmehr ist auch die gefühlsmäßige Übereinstimmung mit dem moralischen Urteil gefragt: Ich kann doch nicht wirklich diese Menschen (ver)hungern lassen. Häufig werden intuitive, gefühlsmäßige ethische Handlungen im Nachhinein rational gerechtfertigt (vgl. Precht, 2017, S. 330). Hume selbst erläutert das Verhältnis von Gefühl und Verstand anhand des Beispiels der Gymnastik (vgl. Hume, 2012, S. 158): Warum treibt der Mensch Gymnastik? Weil er damit seine Beweglichkeit und Gesundheit verbessern könne. Daraufhin ergibt sich die Frage, warum man generell die Gesundheit anstrebe? Weil man den Schmerz bzw. die Leiden hasse. Diese Fragen könnte man immer weitertreiben und das Treiben von Gymnastik immer weiter rational hinterfragen. Am Ende steht aber immer die Gesundheit, die um ihrer selbst willen geliebt wird und mit dem menschlichen Gefühl und der Neigung übereinstimmt, gesund und ohne Leiden leben zu wollen.

Hume war zeitlebens ein Skeptiker und löste moralische Überlegungen von den metaphysischen d. h. von der Orientierung an Gott. Die christliche Moral schrieb gemäß der Maxime „Gott sagt es so" bestimmte ethische Handlungen vor. Doch Hume zweifelt nicht nur an den Gottesbeweisen, sondern auch an der zwingenden Koppelung der Ethik mit der Religion, hier: dem Christentum. Der Mensch hat, so Hume, ein angeborenes Gespür für moralisch richtige Handlungen, verstärkt durch die Erziehung und die Sozialisation d. h. die Art und Weise wie er aufwächst (vgl. Habermas, 2019, Bd. 2, S. 276 Fußnote). Hume entwirft sogar einen bunten Strauß an Tugenden, an denen der Mensch sich zu orientieren hat wie etwa Besonnenheit, Fleiß, Willensstärke, Sparsamkeit etc. (vgl. Hume, 2012, S. 85 ff.). Doch sind alle diese Tugenden mehr oder minder aus emotionalen Wurzeln des Menschen abgeleitet, sei es das Mitgefühl oder die Selbstliebe (vgl. Habermas, 2019, Bd. 2, S. 274). Ethisches Handeln ist also eher eine *gefühlsabhängige, psychologische Grundkonstante* des menschlichen Lebens. Wir sind alle doch nur biologisch geprägte, soziale Wesen.

Sein Freund und Schüler *Adam Smith* führt den Gedanken Humes weiter (zur Biografie von Adam Smith vgl. Streminger, 2017). In seinem Werk über die *„Theorie der ethischen Gefühle"* untersuchte Smith die Frage, warum Menschen sich moralisch verhalten und vor allem unter welchen Bedingungen. Moralisches Handeln sei beim Menschen von Natur aus angelegt. Ähnlich wie Hume sah Smith vor allem die Gefühle als wesentliche Treiber ethischen Handelns. Wir leiden mit unseren Mitmenschen mit, empfinden Sympathie für sie und zeigen uns intuitiv hilfsbereit. Besonders intensiv beschäftigte sich Smith mit den Affekten an sich (vgl. Smith, 2010, S. 39 ff.). So können wir die Gefühlsregungen eines Freundes nachempfinden, trauern mit ihm mit, wenn etwa sein Ehepartner verstorben ist oder freuen uns mit ihm, wenn ein neues Enkelkind geboren wurde.

Neben unsozialen Effekten wie Hass und Vergeltungsgefühl existieren auch *soziale Affekte* beim Menschen wie etwa Edelmut, Menschlichkeit, Freundschaft, Mitleid etc. Dazwischen gibt es noch die egoistischen Affekte: Wir übertragen das Mitleid ganz egoistisch auch auf uns und freuen uns über den Lottogewinn eines Freundes mit. Gleichzeitig neiden wir ihm aber auch den plötzlichen Reichtum. Der Mensch deckt in seinem Verhakten ein breites Spektrum an Eigenschaften und Fähigkeiten ab. Dies reicht von Freundschaft, Solidarität, Sympathie und

Altruismus d. h. seine Bedürfnisse denen anderer Menschen unterzuordnen im positiven Sinne bis hin zu Neid, Missgunst und reinen Egoismus im negativen Fall. Die notwendige Grundlage menschlichen moralischen Handelns ist gemäß Smith die eigene Selbstbeherrschung *(„self-command“)*. Diese Tugend hilft dem Menschen, sein inneres und äußeres Gleichgewicht und seine natürlichen Affekte im Zaum zu halten.

In der berühmtesten Stelle seines ökonomischen Werkes zum „Wohlstand der Nationen“ beschreibt Smith, wie das Streben des Unternehmers nach dem Gewinn, gepaart mit dem Gewerbefleiß nicht nur seinen unternehmerischen Ertrag egoistisch steigert, sondern damit ungewollt auch den Wohlstand der ganzen Nation (vgl. Smith, 2009, S. 451). Smith verwendet dabei die weltberühmte Formulierung von der *„unsichtbaren Hand“* (invisible hand), die den Unternehmer in diesem Fall anleitet. Dies ist auch leicht einzusehen: Wenn der Unternehmer alles daranlegt, seinen Gewinn zu optimieren, wird er gleichzeitig alles tun was nötig ist, um möglichst viele Produkte mit möglichst hohem Gewinn und möglichst niedrigen Kosten zu verkaufen. Dadurch sichert und vermehrt er die Arbeitsplätze in seinem Unternehmen. Die Gehälter der Mitarbeiter kommen dann über Steuern und Konsum dann wieder der heimischen Wirtschaft zugute. Der Wohlstand der Nation wächst. Und dies, obwohl der Unternehmer egoistisch eigentlich nur seinen Gewinn im Auge hatte. Der wesentliche Punkt ist aber auch hier bei Smith: das ethisch planvolle Handeln – in diesem Fall das wohlstandfördernde – entspringt vor allem dem Antrieb und dem *egoistischen Gefühl* des Unternehmers, gepaart mit einer klaren, rational entwickelten Strategie.

Auch der letzte der hier zu beschreibenden Philosophen, der eine gefühlsbetonte Ethik vorlegt, ist *Arthur Schopen-*

hauer. In seinem Hauptwerk *„Die Welt als Wille und Vorstellung“* formuliert Schopenhauer auch die wesentlichen Elemente seiner Ethik. So geht er davon aus, dass, wie der Titel des Werkes bereits aussagt, der Mensch sich die Welt nach seinem Willen und seiner Vorstellung formt. Die äußere Welt wird vom Menschen und vor allem seinem Gehirn individuell gefiltert, sodass wir die Welt nur so sehen wie sie uns erscheint. Der Mensch wird nicht durch seine Vernunft, sondern vor allem *durch seinen Willen* zum Leben angetrieben. Wenn dem so ist, dann muss die Moral zwingend einen Platz darin finden (vgl. im Folgenden vor allem Volkelt, 1907, S. 324 ff.). Konkret bedeutet das, dass der Mensch zunächst in seinem Willen und Handeln frei sein muss. Nur ein freier Mensch kann sich zu einem moralisch-ethischen Leben und Handeln entscheiden. Dies allerdings ist natürlich auch abhängig von dem menschlichen Charakter, von seinen individuellen Tugenden, Lastern und Motivationen. Moralisches Handeln hängt dann nicht mehr von der Vernunft, sondern vom menschlichen freien Willen ab. Wenn mein freier Wille aber mein Leben und mein Handeln definiert, wie verhalte ich mich dann gegenüber meinen Mitmenschen?

Ganz einfach: Indem ich unterstelle, dass es meinen Mitmenschen genauso wie mir ergeht und sie alle nach ihrem freien Willen handeln. Dann habe ich prinzipiell zwei Möglichkeiten, entweder ich setze meinen Willen gegen den Willen meines Mitmenschen egoistisch durch oder ich habe Mitleid und helfe ihm oder ihr. Im ersteren Fall werde ich mein Gegenüber möglicherweise verletzen, unterdrücken oder im schlimmsten Fall vernichten. Schopenhauer, der von Hause aus eher ein Pessimist war, hat die Liebe des Menschen immer als Mitleid gesehen. Der einzige moralische Antrieb des Menschen ist die Liebe zu seinen Mitmenschen und die ist immer gleichbedeutend mit dem Mitleid. Erst die individuelle Einsicht des Menschen in die Leidensfähigkeit anderer lässt mich moralisch handeln. Dies gilt für alle Menschen und deren Würde unabhängig von ihren intellektuellen Fähigkeiten. Schopenhauer formuliert diesen Gedanken sehr klar in seiner Schrift *„Parerga und Paralipomena"* im Abschnitt über die Ethik in seiner *Mitleidsethik* (vgl. Schopenhauer, 1988, Bd. 2, S. 183).

Natürlich war Schopenhauer bewusst, dass ein solches Mitleid nicht allen Menschen gleichermaßen gegeben ist, sondern vom jeweiligen Charakter abhängt. Nur der Gerechte vermeidet es, anderen Menschen Leid anzutun und niemanden zu verletzen. Jeder Mensch müsse daher seinen natürlichen Willen zum Egoismus überwinden zum Wohle seiner Mitmenschen. Auch hier war Schopenhauer wieder realistisch genug zu erkennen, dass viele Menschen sich nicht diesem Ideal gemäß verhalten. Allerdings ist klar geworden, dass er bezogen auf ethische Fragestellungen mehr an das Mitleids-Gefühl des Menschen appelliert als an dessen Vernunft. Das haben alle drei exemplarisch dargestellten Philosophen gemeinsam. Keiner von ihnen war der Überzeugung, der Mensch handelte ausschließlich in ethischen Fragen nach seinem Gefühl. Dennoch räumten sie eindeutig den *emotionalen Motiven* moralischen Handelns einen höheren Stellenwert gegenüber den *rationalen* ein. Ganz anders verhielt es sich bei dem wohl bedeutendsten und einflussreichsten Philosophen der westlichen Philosophie: Immanuel Kant.

3.4 Ethik als Vernunft und inneres Pflichtgefühl

Immanuel Kant, einer der wohl wirkungsmächtigsten Philosophen der westlichen Welt, hat sich ebenfalls mit den Fragen der Ethik beschäftigt. Bei den berühmten drei Fragen: *Was kann ich wissen? Was soll ich tun? Was darf ich hoffen?* (Kant, 1995b, S. 652; alle drei Fragen kulminierten schließlich in der Frage: *Was ist der Mensch?*) wollen wir uns hier vor allem auf seine zweite Frage, *Was soll ich tun*, konzentrieren. Diese Frage beantwortet er vor allem in seinen Hauptschriften zur Ethik, der Metaphysik der Sitten und der Kritik der praktischen Vernunft. Da Kant seine Hauptwerke, die drei Kritiken, erst relativ spät im Leben veröffentlicht hat – Kant veröffentlichte sein bekanntestes Werk, die Kritik der reinen Vernunft erst 1781 im Alter von 57 Jahren –, hat sich in der Kant-Forschung eine Zweiteilung in eine vorkritische und kritische Phase in Kants Denken durchgesetzt. In seiner vorkritischen Phase geht Kant davon aus, dass *moralische Grundlagen unabhängig von Wissenschaft und Religion* existieren müssen (vgl. u. a. Geier, 2003, S. 247 ff.). Stattdessen prägten vor allem psychologische Ursachen und da vor allem *das Gewissen* des Menschen das moralische Handeln (vgl. Paulsen, 1899, S. 309). In seiner kritischen Phase konzentriert sich Kant stärker auf die Funktion der *Vernunft* für die Moral.

So geht Kant, im Gegensatz zu Hume und Smith davon aus, dass die Moral nicht auf einem Gefühl, sondern auf einem praktischen, allgemeingültigen Gesetz beruht, das seinen Ursprung in der *praktischen Vernunft* hat (vgl. Kant, 1995a). Der Mensch ist allgemein nur durch seine Vernunft und seinen freien Willen fähig, moralisch zu handeln. Er orientiert sich anhand seines Verstandes in der Welt und so erkennt er auch die Moral. Dies gelingt dem Menschen auch ohne erfahrungsbezogene Basis, in Kants Terminus *a priori*, im Gegensatz zu erfahrungsbasierten Erkenntnissen, *a posteriori*. Die Gesetze der praktischen Vernunft haben einen auffordernden Charakter: „Du sollst". Da sie allgemein und ohne Ausnahme gelten sollen, nennt Kant sie *kategorisch*. Einer der berühmtesten Sätze der Philosophiegeschichte ist sicher Kants *kategorischer Imperativ*, der die Maxime moralischen Handelns klar beschreibt. Er lautet in seiner Grundform (Kant, 1995a, S. 310):

> „Handle so, dass die Maxime Deines Willens jederzeit zugleich als Prinzip einer allgemeinen Gesetzgebung dienen könne."

Während Gesetze als rechtliche Rahmenbedingungen vom Staat erlassen werden, definiert die Ethik lediglich Maxime. Maxime sind quasi Grundsätze und Richtlinien des Handelns, die sich der Mensch selbst gibt. Konkret bedeutet dies, dass sich der Mensch vermöge seiner Vernunft den moralischen Kompass selbst erarbeitet und gibt, der ihn in seinem Handeln die Richtung vorgibt. Dabei steht weder das zu erwartende Glück, die Zufriedenheit oder die individuelle Nützlichkeit der Handlungen egoistisch im Zentrum moralischen Handelns, sondern nur das Streben nach dem Guten *um seiner selbst willen*. Was zählt, ist der gute Wille und nicht das Ergebnis des Handelns (vgl. Precht, 2017, S. 491 f.). In der Terminologie des berühmten Soziologen Max Weber handelt es sich hiermit um eine *Gesinnungsethik*, die nur auf die gute Absicht sieht, während die *Verantwortungsethik* auch die Konsequenzen des Handelns im Blick hat.

Kant präzisiert den guten Willen, indem er ihm *die Pflicht* beistellt: Der Wille ist nur dann gut, wenn er durch die Pflicht definiert ist (vgl. Paulsen, 1899, S. 310). Ich fühle in mir die innere Pflicht, mich als Staatbürger an alle

Gesetze zu halten und ärmeren Mitbürgern finanziell unter die Arme zu greifen. Dieser finanziellen Unterstützung liegt also nicht nur ein guter Wille zugrunde, sondern auch eine innere Pflicht des Menschen. Daher wird Kants Ethik auch häufig als *Pflichtethik* bezeichnet. In der Einleitung zu seiner Metaphysik der Sitten schreibt Kant entsprechend (Kant, 1995c, S. 259):

> „Wenn daher ein System der Erkenntnis a priori aus bloßen Begriffen Metaphysik heißt, so wird eine praktische Philosophie, welche nicht Natur, sondern die Freiheit der Willkür zum Objekt, eine Metaphysik der Sitten voraussetzen und bedürfen: d.i. eine solche zu haben ist selbst Pflicht, und jeder Mensch hat sie auch, obzwar gemeiniglich nur auf dunkle Art an sich; …"

Dabei betont Kant, dass es ihm in der Metaphysik der Sitten nicht um eine Summe praktisch-technischer Lebensregeln geht. Das wäre eine empirisch d. h. aus Erfahrung gewonnene *Physik der Sitten.* Solche praktischen Lebensregeln sind in der Realität zu beobachten und zu erkennen und lernen. Stattdessen soll die Metaphysik der Sitten etwas sein, was sich nur im Verstand, im reinen Willen des Menschen abspielt und so nicht direkt beobachtbar ist. Weder Gott noch die Gesellschaft definieren die moralischen Regeln, denen der Mensch zu folgen hat. Stattdessen definiert der Mensch sich über seine Vernunft die moralischen Gesetze und Maxime als autonomes und freies Wesen selbst. Damit ist die moralische Erkenntnis vollkommen von der erfahrbaren Realität abgelöst und *findet rein im Verstand* statt.

Kants Ethik ist aber nicht nur von der Vernunft, sondern auch vom Gedanken des Zwecks geprägt. So kann mich ein anderer Mensch zwar zwingen, bestimmte Dinge zu tun, die ich nicht möchte. Er benutzt mich quasi als Mittel zu seinem Zweck. Was er allerdings damit nicht erreichen kann, ist die Tatsache, dass *ich mir seinen Zweck zu eigen mache*. Zwingt etwa ein Bankräuber eine Kassiererin, die Taschen mit Geld zu füllen, nutzt der Bankräuber die Angestellte als Mittel zu seinem Zweck (nämlich so viel Bargeld wie möglich zu rauben und mitzunehmen). Er kann sie aber nicht dazu zwingen, sich diesen Zweck des Bargelddiebstahls selbst zu eigen zu machen. In seiner berühmten Formulierung skizziert Kant den Aspekt des Zweckes folgendermaßen (Kant, 1995c, S. 226):

> „Handle so, dass Du die Menschheit sowohl in Deiner Person, als in der Person eines jeden anderen jederzeit zugleich als Zweck, niemals bloß als Mittel brauchst."

Was damit konkret gemeint ist, erläutert Kant anhand des Selbstmords und der Selbstverstümmelung: Der Mensch ist kein Ding und darf niemals als Mittel gebraucht werden, sondern lediglich als Zweck. Die Menschheit ist ein Zweck an sich selbst. Man darf sich daher auch nicht als Mittel gebrauchen und sich etwas antun oder verstümmeln. In seiner Metaphysik der Sitten konkretisiert Kant die Tugenden und vor allem die Pflichten, die der Mensch zu berücksichtigen hat (vgl. Kant, 1995c, S. 506 ff.):

So darf der Mensch keinen Selbstmord begehen, sich nicht selbst verletzen, nicht übermäßig Nahrung zu sich nehmen, nicht lügen und nicht geizig sein. Der Mensch hat die Pflicht zur Wohltätigkeit, zum Mitleid mit seinen Mitmenschen und soll Neid, Hochmut, Undankbarkeit und üble Nachrede vermeiden. Zwar sei die Ethik und moralisches Handeln Teil der praktischen Vernunft des Menschen. Dennoch könne und müsse die Ethik auch gelehrt werden. Dies erfolgt zunächst in der frühkindlichen Erziehung, später in der Schule und im Umgang mit Gleichaltrigen und schließlich in der Gesellschaft. Während die mittelalterliche

Ethik sich, wie wir im vorherigen Kapitel gesehen haben, sehr stark an Gott ausgerichtet hat, gelingt es nun im Zeitalter der Aufklärung bei Kant, die menschliche Autonomie der Vernunft und des freien Willens in den Vordergrund zu rücken. Kant *entkoppelt Wissen und Glauben*, *Glauben und Vernunft* und entwickelt so eine Moralphilosophie unabhängig von religiösen Einflüssen (vgl. Habermas, 2019, Bd. 2, S. 344).

Moral ist alleine durch die Vernunft begründbar und kann auch ohne Erfahrungswissen gelingen. Damit grenzt er sich auch deutlich von Hume, Smith und Schopenhauer ab, die dem Gefühl bei der Moral einen höheren Stellenwert beigemessen hatten. Allerdings hat der Philosoph Jürgen Habermas recht, wenn er einräumt, dass sich der kategorische Imperativ zu aller erst an einzelne Individuen richtet. Ein kollektives, abgestimmtes Handeln einer Gemeinschaft im Sinne der Solidarität ist daher zusätzlich nötig (vgl. Habermas, 2019, Bd. 2, S. 357). Kant setzte mit seinen ethischen Überlegungen Standards für eine moderne Moralphilosophie, auf die viele namhafte Philosophen, vor allem die des Idealismus wie Fichte, Schelling und Hegel aufbauten (für eine Vertiefung deren Ethik vgl. u. a. Pietsch, 2021, S. 149 ff. und die dort angegebene Literatur). Einen anderen Weg als Kant gingen auch die sogenannten *Utilitaristen*, deren Ideen wir im nächsten Kapitel kurz aufgreifen wollen.

3.5 Ethik als Nützlichkeit

Jeremy Bentham und *John Stuart Mill* waren die Begründer des *Utilitarismus*, einer philosophischen Schule, die den (gesellschaftlichen) *Nutzen des ethischen Handelns* in den Mittelpunkt ihrer Überlegungen stellten. Bentham, der bereits mit 12 Jahren ein Studium der Philosophie und der Rechtswissenschaften an der Universität Oxford aufnahm und mit 21 bereits zugelassener Anwalt war, beschäftigte sich hauptsächlich mit der einzigen bedeutenden moralischen Frage aus seiner Sicht: Was muss ich tun, um das *„größte Glück für die größte Anzahl an Menschen"* (vgl. Bentham, 1776, S. 393) zu erreichen? Für Bentham zählte vor allem die Allgemeinheit, das gesellschaftliche Wohl, das er höher gewichtete als das individuelle. Dabei wird der Wert der ethischen Handlungen anhand der Konsequenzen für das allgemeine Wohl bewertet. Folglich nennt man diese Form der utilitaristischen Ethik auch *konsequentialistisch*. Bentham folgt daher weder der Antike mit Platon und Aristoteles und deren Tugendethik oder Kants Pflichtethik, sondern konzentriert sich auf den *Egoismus des Menschen*. Der Mensch folge bei seinen moralischen Handlungen eher einem Kosten-Nutzen Kalkül, demzufolge nur diejenigen ethischen Aktivitäten umgesetzt werden, die in dieser Abwägung den höchsten Nutzen stiften. Dass eine solche einseitig auf den Nutzen konzentrierte Ethik auch gefühllos und egoistisch herüberkommen könnte, war damals schon klar. Goethe etwa kritisierte die gefühllose Ethik Benthams. Diese Kritik ist auch heute noch gültig, vor allem wenn man sich ansieht, dass dem Menschen in der ökonomischen Theorie mit einer mathematischen Nutzenfunktion nicht beizukommen ist (vgl. dazu Precht, 2019, S. 146 f. und Pietsch, 2019, S. 294).

In die gleiche Richtung dachte und forschte auch John Stuart Mill, der ebenfalls wie Bentham ein Wunderkind war und u. a. im Alter von drei Jahren seine ersten Lateinisch- und Griechisch-Lektionen erhielt und bald darauf anfing, die antiken Klassiker zu studieren. Ausgelöst durch persönliche Krisen, ein Zusammenbruch und Depressionen – vermutlich infolge des kindlichen intellektuellen Drills –, maß Mill allerdings dem Glück und den Emotionen neben der Nützlichkeit eine hohe Bedeutung für moralische Handlungen bei. Was nützt dem Menschen seine ganze Ausbildung, seine intellektuellen Fähigkeiten und scine Bildung, *wenn er nicht glücklich ist*? Glück ist nicht ausschließlich eine Sache des Verstandes. Mill hatte schon verstanden, dass Menschen mit anderen Menschen mitleiden, nicht nur egoistisch, sondern auch selbstlos handeln können und aufeinander Rücksicht nehmen. Viele Menschen sind auf Anerkennung anderer genauso angewiesen wie Missbilligungen Handlungsmuster korrigieren können. Darüber hinaus verfügen alle Menschen auch über ein natürliches Gefühl von Gerechtigkeit. Genau dieses Gefühl führe aber dazu, dass die meisten Menschen mithelfen, eine gerechte Gesellschaft zu schaffen. Und genau für diese sei das allgemeine Wohl von höchstem Nutzen und sei entsprechend anzustreben. Vor allem, wenn wir uns die herausfordernden Themen unserer Zeit ansehen wie die zunehmende Ungleichheit auch im Rahmen der Globalisierung, die sich anbahnende ökologische Katastrophe und neue Themen wie die Digitalisierung und Pandemien aller Art. Moralisches Handeln und Ethik generell müssen, so scheint es, vor allem in unserer Wirtschaft auf neue Fundamente gestellt und kritisch überdacht werden. Dabei ist es ja nicht so, dass es hierbei keine Ansätze gäbe. Wir wollen uns im folgenden Kapitel einige ausgewählte Gedanken und Ideen ansehen.

3.6 Ethik für das 21. Jahrhundert

Beim Abfassen dieser Zeilen feiert einer der bedeutendsten politischen Philosophen des 20. Jahrhunderts seinen 100. Geburtstag: *John Rawls*. Sein Hauptwerk zur Theorie der

Gerechtigkeit prägt die ethische Diskussion der Gerechtigkeit noch heute und soll daher hier kurz skizziert werden. Für Rawls, Philosophieprofessor in Harvard, ist Gerechtigkeit die erste und wichtigste Tugend der Gesellschaft (vgl. Rawls, 2020, S. 19 und 25). Gegen den utilitaristischen Grundsatz des größten Glücks der größten Zahl (s. Bentham in Abschn. 3.5) setzte Rawls *die Gerechtigkeit als Fairness* (vgl. Rawls, 2020, S. 19). Rawls beschäftigte sich hauptsächlich mit der Frage, wie eine liberale demokratische Gesellschaft aufgebaut und die gesellschaftlichen Güter verteilt werden sollten, damit alle Mitglieder dieser Gesellschaft dies als gerecht anerkennen. Dabei war Rawls bewusst, dass jeder Mensch aufgrund seiner individuellen Ausgangslage in der Gesellschaft zu einer unterschiedlichen Bewertung der Gerechtigkeit kommen musste: Reich geborene oder Menschen mit einem außergewöhnlichen Talent, entsprechender Ausbildung und Leistungsfähigkeit werden eine andere Verteilung als gerecht empfinden als ärmere Menschen mit weniger Möglichkeiten. Während die einen die Leistung bejahen und z. B. weniger Steuern zu akzeptieren bereits sind, etwa Vermögenssteuer, höhere Erbschafts- und Einkommenssteuern, gilt dies mit umgekehrten Vorzeichen für den sozial schwächeren Teil der Bevölkerung.

Um diese unterschiedliche Ausgangslage auszugleichen, griff Rawls zu einem theoretischen Konstrukt, das er den *„Urzustand"* nannte. Geschützt durch einen *„Schleier des Nichtwissens"* sollten alle Menschen darüber nachdenken, wie die oben beschriebene Gerechtigkeit für alle herzustellen ist (vgl. Rawls, 2020, S. 29 ff.). Denn wenn in der Ausgangslage niemand weiß, welche Stellung er in dieser Gesellschaft einnehmen wird, wird er objektiver über eine gerechte Gesellschaft nachdenken können. Plant jemand in der Ausgangslage z. B. zu viele Freiheiten und Vorteile für die Reichen, Leistungsstarken dieser Gesellschaft zu Lasten der sozial Benachteiligten ein, so kann er nie sicher sein, sich nicht später selbst in der Menge der weniger Privilegierten wiederzufinden. Daher sollte eine gerechte Gesellschaft vor allem auf die *weniger Begünstigten* ausgerichtet sein und ihnen möglichst wenige bis keine Nachteile verschaffen. Rawls unterstellt dabei in seiner Reinform vernünftig und egoistisch handelnde Personen, die ihren Kooperationspartnern weder positive (Sympathie, Liebe etc.) noch negative (Abneigung, Neid etc.) Gefühle gegenüber hegen (vgl. Rawls, 2020, S. 38).

Wenn diese Bedingungen gegeben sind, dann werden sich die Menschen gemäß Rawls an zwei Gerechtigkeitsprinzipien orientieren (Rawls, 2020, S. 336):

> „Erster Grundsatz Jedermann hat gleiches Recht auf das umfangreichste Gesamtsystem gleicher Grundfreiheiten, das für alle möglich ist. Zweiter Grundsatz Soziale und wirtschaftliche Ungleichheiten müssen folgendermaßen beschaffen sein: (a) sie müssen unter der Einschränkung des gerechten Spargrundsatzes den am wenigsten Begünstigten den größtmöglichen Vorteil bringen, und (b) sie müssen mit Ämtern und Positionen verbunden sein, die allen gemäß fairer Chancengleichheit offenstehen."

Freiheit ist also der Gerechtigkeit vorgeordnet: Ohne gesellschaftliche Freiheit und Freiheit des Einzelnen ist alles nichts wert. Erst danach kommt die Gerechtigkeit. Dabei gilt das sogenannte *Differenzprinzip*: Wirtschaftliche und soziale Ungleichheiten müssen vor allem den am wenigsten Begünstigten, d. h. den Schwächsten der Gesellschaft, die größtmöglichen Vorteile bringen. Würde etwa eine Vermögenssteuer eingeführt und würden die Erträge den Ärmsten der Bevölkerung z. B. über ein *Bedingungsloses Grundein*kommen (BGE) zur Verfügung gestellt, dann würde diese nach wie vor bestehende wirtschaftliche Ungleichheit vor allem den am wenigsten Begünstigten zukommen. Eine Reduzierung der (progressiven) Einkommenssteuer dagegen würde die unteren sozialen Schichten unterproportional entlasten. Aus utilitaristischer Sicht würde dies bereits ausreichen, da alle von der Steuersenkung profitieren würden. Rawls wäre damit allerdings nicht zufrieden, denn hier werden die ärmeren Teile der Gesellschaft nicht überproportional begünstigt.

Wichtig ist Rawls vor allem der *Spargrundsatz*: Die jeweiligen Generationen müssen bei ihren Ausgaben immer an die nachfolgenden Generationen denken. Jede größere Staatsausgabe und sämtliche Staatsschulden werden automatisch an die nächste Generation vererbt. Wir erleben das gerade in den Zeiten der Corona-Pandemie: Der zum Schutz der Bevölkerung notwendige Lockdown inklusive der Schließung aller nicht systemrelevanten Geschäfte sorgte dafür, dass der Staat Ausgleichszahlungen an die Händler, Restaurants, Betriebe etc. leisten musste. Diese führte zu einer stark erhöhten Staatsverschuldung, die der heutigen Generation an Unternehmern richtigerweise zugutekommt. Die Schulden werden aber voraussichtlich nicht von dieser Generation allein abgetragen werden können, sondern an die nachfolgenden Generationen vererbt. Gleiches gilt mit umgekehrten Vorzeichen für fehlende Investitionen dieser Generation in den Klimaschutz und die Artenvielfalt. Alle diese unterlassenen Investitionen führen in der Zukunft dazu, dass die nachfolgenden Generationen diese – vermutlich zu einem deutlich höheren Preis! – nachträglich leisten müssen. Dies wäre gemäß Rawls ebenso wenig gerecht gegenüber den folgenden Generationen wie das Erbe der angehäuften Staatsschulden (vgl. Rawls, 2020, S. 319 ff.). Schließlich, so Rawls, müssen alle Menschen die *gleichen Chancen* haben, in sämtliche Ämter und Positionen der Gesellschaft zu gelangen. Diese Chancengerechtigkeit ist prinzipiell eine sehr gute Idee, ist aber in der *heutigen Gesellschaft so nicht gegeben* wie ich vor allem in Abschn. 4.2 darstellen möchte.

Der indische Wohlfahrtsökonom und Träger des Alfred Nobel Gedächtnispreises für Ökonomie, *Amartya Sen*, ergänzt die Gleichheit der Grundgüter von Rawls um seine *Gleichheit der Grundfähigkeiten* (vgl. Sen, 2020, S. 48). Jeder Mensch sei unterschiedlich und habe daher auch unterschiedliche Grundbedürfnisse basierend auf seinen individuellen Ausgangsbedingungen. So verfügen Menschen mit körperlichen und geistigen Behinderungen über andere Grundfähigkeiten und Bedürfnisse als gesunde Menschen. Die Grundausstattung eines mobilitätseingeschränkten Menschen ist von Hause aus aufwändiger und teurer (z. B. Rollstuhl, treppenlose Wohnung, behindertengerechtes Auto etc.). Daher sei bereits die Ausstattung mit Grundgütern von Hause aus unterschiedlich. Eine Gleichverteilung entsprechend ungerecht.

Sen, der die Armut in seinem Heimatland Indien hautnah erlebte – wiewohl nicht persönlich davon betroffen – beschäftigte sich in seinen Forschungen vor allem mit der Frage, wie Armut und (wirtschaftliche) Ungleichheit in der Gesellschaft zu beheben und somit ein glückliches Leben möglich sei. Die Messung der ökonomischen Wertschöpfung alleine, das Bruttosozialprodukt, reiche zur Messung des Glücks und des Wohlstands einer Gesellschaft nicht aus. Entsprechend schuf Sen gemeinsam mit seinem britischen Kollegen Meghnad Desai einen *Index der menschlichen Entwicklung* (Human Development Index), der nicht nur ökonomische Kenngrößen wie das Bruttosozialprodukt beinhaltet. Er berücksichtigt darüber hinaus u. a. die durchschnittliche Lebenserwartung der Bevölkerung, enthält einen Bildungsindex, etwa wie lange ein fünfjähriges Kind im Schnitt in die Schule geht etc. Dieser Index wird bereits seit Jahren von den Vereinten Nationen eingesetzt, um den Lebensstandard eines Landes zu messen. Vor allem aber, so das Credo von Sen, gehe es *in der Ökonomie um den Menschen* und sein Wohl (vgl. Sen, 2000, vor allem S. 9 ff.). Armut, Unterdrückung und Unfreiheit dürften in keinem Land der Erde existieren. Es muss daher die oberste Zielsetzung der Ökonomie sein, den Menschen ein auskömmliches Leben gewährleisten zu können.

Ich möchte dieses kurze Kapitel über die Geschichte ausgewählter ethischer Konzepte nicht schließen, ohne eine *kurze Zusammenfassung der wesentlichen Kerngedanken* vorzunehmen, die uns für die Beurteilung der aktuellen wirtschaftsethischen Herausforderungen hilfreich sein können. Von den Ideen der antiken Denker können wir mitnehmen, dass ethisches Handeln vor allem auf *bestimmten Tugenden* beruht, die zuvor natürlich als solche erkannt und gelebt werden müssen. Klugheit, Besonnenheit, in bestimmten Situationen Mut, aber auch Mäßigung sind sicherlich Eigenschaften, die wir für die Akteure der ethischen Wirtschaft genauer unter die Lupe nehmen müssen. Konkret: Führungskräfte und Unternehmer mit entsprechender Vorbildfunktion. Vom Mittelalter lernen wir, dass eine Ausrichtung an Gott, vor allem an dem normativ ethischen Vorbild von Jesus und sein Einsatz für die Armen, Schwachen, Ausgegrenzten und Abgehängten der Gesellschaft ein wesentliches Anliegen einer modernen Ökonomie sein sollte. Dabei spielt allerdings der Gedanke für die Ethik eine untergeordnete Rolle, ob Gott an sich existiert. Auch ohne einen theologischen Hintergrund lassen sich so klare ethische Prinzipien für die moderne Ökonomie ableiten.

Den Gedanken des Einsatzes für seine Mitmenschen und die Sorge um das Gemeinwohl greift nicht nur John Rawls in seiner Theorie der Gerechtigkeit auf, sondern auch

Schopenhauer mit seiner Mitleidsethik. Überhaupt geht der Streit der ethischen Konzepte in der Neuzeit vor allem darum, ob wesentliches Motiv moralischen Handelns eher das *Gefühl* oder die *Vernunft* und ein inneres Gesetz darstellen. Kants kategorischer Imperativ gibt klare Handlungsmaxime vor, die mit einem allgemeinen Gesetz konform gehen könnten und die sich jeder vernünftige Bürger selbst geben könnte. Hume, Smith und Schopenhauer zufolge handeln wir aber eher aus Mitleid und Mitgefühl mit unseren Mitmenschen moralisch und unterstützen diese. Das egoistisch-rationale Bild des *Homo oeconomicus* hat aus dieser Perspektive heraus ausgespielt zugunsten eines mitfühlenden, solidarischen und uneigennützig handelnden Menschen in der Wirtschaft. In die gleiche Richtung argumentiert auch der Ökonom und Philosoph Amartya Sen. Das Bild des nutzenmaximierenden Menschen, der gemäß der *utilitaristischen Position* nach dem größten Nutzen der größten Zahl an Menschen strebt, passt immer weniger dazu.

Mit Sicherheit liegt die Wahrheit in der *Kombination aus den verschiedenen Ansätzen*: Wir sind Menschen, die mit anderen Menschen mitleiden, ihnen aus der Not helfen wollen und uns nicht nur, aber auch uneigennützig verhalten. Viele Menschen arbeiten ehrenamtlich, setzen sich für ihre Gemeinden ein, unterstützen Flüchtlinge, arme und behinderte Menschen oder sammeln Spenden für karitative Zwecke. Auf der anderen Seite gibt es auch andere Menschen, die egoistisch nur ihre eigenen Ziele verfolgen, weniger auf ihre Mitmenschen achten und sich dem persönlichen Wohlergehen und der materiellen Gier unterwerfen. Vielfach findet man Facetten sowohl des einen wie des anderen Handelns in einer Person. Hart arbeitende und verhandelnde Investmentbanker können sich (und tun dies auch!) für sozial Benachteiligte einsetzen, spenden viel und kümmern sich um Belange des Klimaschutzes. Andererseits müssen auch ehrenamtlich Tätige an ihre Liebsten denken und müssen versuchen, in ihren Jobs nach oben zu kommen, um die Familie ernähren zu können. Egoistisch-rationales Handeln, das Streben nach Maximierung des eigenen Nutzens und uneigennütziges Verhalten können in einer Person verschmelzen, wiewohl in unterschiedlichen Tätigkeitsfeldern.

Nachdem wir nun die großen Linien der ethischen Positionen in aller Kürze kennengelernt haben, können wir uns nun, mit diesen Ideen ausgestattet, an die aktuellen Herausforderungen der ökonomischen Ethik wagen. Jeder von uns sollte versuchen zu überprüfen, inwieweit die dort beschriebenen aktuellen ökonomischen Herausforderungen mit den ethischen Überlegungen der einzelnen Denkschulen in Einklang zu bringen sind. Dies ist eine Aufforderung an uns alle!

Literatur

Anzenbacher, A. (1998). *Christliche Sozialethik.* Schöningh (UTB).

Aristoteles. (2007). *Nikomachische Ethik* (2. Aufl., übersetzt von Olof Gigon, Hrsg. von Rainer Nickel). Artemis & Winkler.

Barth, H.-M. (2009). *Die Theologie Martin Luthers. Eine kritische Würdigung.* Gütersloher Verlagshaus.

Bentham, J. (1776). A fragment on government. In J. H. Burns & L. A. Hart (Hrsg.), *A comment on the commentaries and a fragment on government* (The collected works of Jeremy Bentham, S. 391–551). University of London Athlone Press 1977.

Financial Islam. (2020). *Verbot von Riba.* Financial Islam online. http://de.financialislam.com/verbot-von-riba.html. Zugegriffen am 26.08.2020.

Flasch, K. (2013). *Das philosophische Denken im Mittelalter. Von Augustin zu Machiavelli* (3. Aufl.). Reclam.

Flashar, H. (2013). *Aristoteles. Lehrer des Abendlandes*. C.H. Beck.

Geier, M. (2003). *Kants Welt. Eine Biografie*. Rowohlt.

v Glasenapp, H. (1996). *Die fünf Weltreligionen. Hinduismus, Buddhismus, Chinesischer Universismus, Christentum, Islam*. Diederichs.

Habermas, J. (2019). *Auch eine Geschichte der Philosophie* (Bd. 2). Suhrkamp.

Hülser, K. (1991). *Platon. Sämtliche Werke in zehn Bänden. Griechisch und Deutsch*. Insel.

Hume, D. (2012). *Eine Untersuchung über die Prinzipien der Moral* (Hrsg. und übersetzt von Gerhard Streminger). Philipp Reclam jun.

Kant, I. (1995a). *Kritik der praktischen Vernunft und andere kritische Schriften* (Immanuel Kant, Werke in sechs Bänden, Band 3). Könemann.

Kant, I. (1995b). *Kritik der reinen Vernunft* (Immanuel Kant, Werke in sechs Bänden, Band 2). Könemann.

Kant, I. (1995c). *Die Religion innerhalb der Grenzen der bloßen Vernunft. Die Metaphysik der Sitten* (Immanuel Kant, Werke in sechs Bänden, Band 5). Könemann.

Kloft, M. (28. September 2017). Zinsen sind verboten. Geld anlegen nach Scharia. *Frankfurter Allgemeine Zeitung online*. https://www.faz.net/aktuell/finanzen/finanzmarkt/muslimische-kt-bank-arbeitet-als-erste-ohne-zinsen-15220758.html. Zugegriffen am 24.06.2020.

Küng, H. (1996). *Große christliche Denker. Taschenbuchausgabe*. Piper.

Küng, H. (2004). *Der Islam. Geschichte, Gegenwart, Zukunft*. Piper.

Paulsen, F. (1899). *Immanuel Kant. Sein Leben und seine Lehre* (2. Aufl.). Fr. Fromann's (E. Hauff).

Pietsch, D. (2019). *Eine Reise durch die Ökonomie. Über Wohlstand, Digitalisierung und Gerechtigkeit*. Springer.

Pietsch, D. (2021). *Die Ökonomie und das Nichts. Warum Wirtschaft ohne Moral wertlos ist*. Springer.

Precht, R. D. (2015). *Erkenne die Welt. Eine Geschichte der Philosophie. Band 1 Antike und Mittelalter*. Goldmann.

Precht, R. D. (2017). *Erkenne dich selbst. Eine Geschichte der Philosophie. Band 2 Renaissance bis Deutscher Idealismus.* Goldmann.

Precht, R. D. (2019). *Sei Du selbst. Eine Geschichte der Philosophie. Band 3 Von der Philosophie nach Hegel bis zur Philosophie der Jahrhundertwende.* Goldmann.

Rawls, J. (2020). *Eine Theorie der Gerechtigkeit* (22. Aufl.). Suhrkamp Taschenbuch.

Rohls, J. (1999). *Geschichte der Ethik* (2. Aufl.). Mohr Siebeck.

Schopenhauer, A. (1988). Zur Ethik. In L. Lütkehaus (Hrsg.), *Arthur Schopenhauers Werke in fünf Bänden. Die Welt als Wille und Vorstellung, 2 Bände. Kleinere Schriften. Parerga und Palipomena, 2 Bände.* Haffmanns.

Sen, A. (2000). *Ökonomie für den Menschen. Wege zu Gerechtigkeit und Solidarität in der Marktwirtschaft.* Hanser.

Sen, A. (2020). *Gleichheit? Welche Gleichheit?* (Hrsg. Ute Kruse-Ebeling). Philipp Reclam jun.

Smith, A. (2009). *Wohlstand der Nationen* (Nach der Übersetzung von Max Stirner, Hrsg von Heinrich Schmidt). Anaconda.

Smith, A. (2010). *Theorie der ethischen Gefühle* (Übersetzt von Walter Eckstein, neu herausgegeben von Horst D. Brandt). Felix Meiner.

Streminger, G. (2011). *David Hume: Der Philosoph und sein Zeitalter.* C.H. Beck.

Streminger, G. (2017). *Adam Smith. Wohlstand und Moral. Eine Biographie.* C.H. Beck.

Szlezák, T. A. (2021). *Platon. Meisterdenker der Antike.* C.H. Beck.

Theißen, G., & Merz, A. (2011). *Der historische Jesus. Ein Lehrbuch* (4. Aufl.). Vandenhoeck & Ruprecht.

Volkelt, V. (1907). *Arthur Schopenhauer. Seine Persönlichkeit, seine Lehre, sein Glaube* (Dritte, stark ergänzte Aufl.). Fr. Fromanns (E. Hauff).

4

Aktuelle Herausforderungen der ökonomischen Ethik

4.1 Armut und Ungleichheit in der Welt

Der Begriff des *Wohlstands* zieht sich durch die ökonomische Literatur wie ein roter Faden. So hat bereits Adam Smith (vgl. Smith, 2009) darüber nachgedacht, wie Nationen zu Wohlstand kommen können und hat sich mit den dahinterstehenden Ursachen und Maßnahmen zu dessen Erzielung beschäftigt (vgl. ausführlicher Pietsch, 2019, S. 39 ff.). Ludwig Erhard hat, anlässlich des ökonomischen Wiederaufbaus Deutschlands mit seinem Buch *„Wohlstand für alle"* (vgl. Erhard, 1964), das wirtschaftliche Motto der Aufbaujahre der neuen Bundesrepublik Deutschland und ihrer Sozialen Marktwirtschaft geprägt. Wohlstand ist ein Begriff, der einem intuitiv einleuchtet, doch bei genauerer Betrachtung einige Verständnisfragen aufwirft: Was genau verstehen wir denn unter Wohlstand? Wenn er für alle gelten soll, wie definiert man dann Wohlstand konkret? Ab wann kann ich sagen, nehmen alle am Wohlstand teil und

D. Pietsch, *Unsere Wirtschaft ethisch überdenken*,
https://doi.org/10.1007/978-3-658-37977-3_4

keiner muss Mangel leiden? Es scheint, dass wir uns einige Vorüberlegungen leisten müssen.

Zunächst einmal ist *Wohlstand relativ* und sicher *individuell* zu beantworten. Was für den einen Wohlstand, ist für den anderen bereits Luxus und umgekehrt: Was der eine als Mangel empfindet, ist für den anderen Teil eines zufriedenen und glücklichen Lebens. So existiert nicht nur in Deutschland eine Bewegung der sogenannten *„Frugalisten"*, deren Hauptziel es ist, mit möglichst wenig Geld ein sorgenfreies Leben zu führen und den Rest für die spätere Lebensphase zu sparen (vgl. etwa Wilke, 2019). Ihr Ziel ist es, ein gelingendes, sozial erfülltes Leben mit einem interessanten Beruf, Gesundheit und lebenslangem Lernen zu führen. So schränken sich Frugalisten während ihrer aktiven Berufsphase stark ein, verfügen etwa über kein Auto, fahren ein günstiges Fahrrad, leben in einer kleinen und günstigen Mietwohnung und verwenden möglichst viele Gegenstände des täglichen Bedarfs wie etwa Kleidung längere Zeit. Defekte Haushaltsgeräte werden nicht entsorgt, sondern repariert, wenn der Neuanschaffungspreis deutlich über dem Preis der Reparatur liegt. Frugalisten kaufen viele Dinge des täglichen Lebens wie Kleidung etc. gebraucht und verkaufen vieles wieder, wenn etwa die Kinder aus Kleidung, Spielsachen etc. herausgewachsen sind.

Generalstabsmäßig werden die täglichen und monatlichen Ausgaben nachvollzogen und wie bei Unternehmen üblich, gründlich nach Sparmöglichkeiten durchforstet. Bereits das Essen gehen in Restaurants wird auf ein absolutes Minimum reduziert ebenso wie Urlaubsreisen oder kulturelle Veranstaltungen und zahlungspflichtige Sportveranstaltungen (Fußballspiele live, Fitnesszentren etc.). Wenn diese überhaupt stattfinden, dann werden Urlaubsreisen etc. so kostengünstig wie möglich unternommen. Das im Monat gesparte Geld wird angelegt, in Zeiten niedriger Zinsen häufig verwendet, um idealerweise eine Immobilie abzuzahlen oder Geld am Kapitalmarkt anzulegen. Vielleicht ist, je nach Wohnort und finanzieller Möglichkeiten, sogar eine zweite Immobilie möglich, die später zu Mieteinnahmen führt. Dies hilft, im Alter mietfrei zu leben bzw. eine zusätzliche Einkommensquelle zu schaffen. Ziel der ganzen Übung ist es, spätestens mit 45 bis 50 Jahren, teilweise schon früher nicht mehr arbeiten zu müssen und aus dem Ersparten und einer kleinen Rente leben zu können. Selbstverständlich wird der Lebensstil auch nach der Erwerbsarbeit mit minimalem Budget weiterfortgeführt. Diesem Lebensmodell wird dann aber auch die gesamte Familie unterworfen.

Diesem Lebensmodell der Frugalisten liegt häufig eine bestimmte Lebensphilosophie zugrunde, das vor allem die *„Überflussgesellschaft"* und das ökonomische Prinzip des ständigen Wachstumszwangs mit seinem „höher, weiter, schneller, reicher" *kritisiert.* Einer ständig wachsenden Ökonomie stellen sie philosophisch eine „Postwachstumsökonomie" gegenüber (vgl. etwa Paech, 2012). Doch auch ein solches Lebensmodell muss man sich leisten können. Häufig sind Frugalisten akademisch ausgebildete Frauen und Männer, die gut bezahlte Jobs haben und ein solches sparsames Leben diszipliniert, aber auch mit Freude durchhalten können. Dies soll keine Kritik sein, sondern lediglich aufzeigen, dass dieses Modell sicherlich nicht für jeden geeignet ist. Dieses Bedürfnis der Frugalisten nach einem selbstbestimmten, erfüllten Leben ohne materielle Sorgen, aber auch ohne den jeglichen Überfluss ist letztlich Geschmackssache. Zur Beantwortung der Frage, was Wohlstand für alle genau bedeutet, kommen wir an dem Aspekt nicht vorbei, was Wohlstand individuell für die Menschen bedeutet. Das Beispiel der Frugalisten hat jedenfalls gezeigt, dass zumindest in dieser Gruppe sich der notwendige Wohlstand ein, materiell gesehen, auf relativ niedrigem, aber auskömmlichen Niveau bewegt.

Unstreitig für unsere Überlegungen scheint allerdings zu sein, dass sogenannte *Millionäre* als hochvermögende Personen in Deutschland und in der Welt sicherlich einen ausreichenden Wohlstand aufweisen sollten. Selbstverständlich wird es auch in dieser Gruppe jene geben, die mit dem Erreichten nicht zufrieden sind und nach immer mehr streben. Doch zumindest dürfte dieser Personenkreis nach menschlichem Ermessen einen ausreichenden Wohlstand aufweisen. Dies galt in Deutschland bis Ende 2019 für etwa knapp 1,47 Million Personen, knapp 2 Prozent der Bevölkerung, die mehr als eine Million Dollar Vermögen aufweisen konnten (das entspricht nach aktuellem Kurs gut 830.000 Euro, vgl. Rudnicka, 2020). Wohlstand ist natürlich auch eine Frage des eigenen Anspruchs oder auch des individuellen materiellen Bedarfs. So sind Menschen mit Behinderung, schweren Krankheiten oder auch anderen Einschränkungen stärker auf finanzielle Hilfe angewiesen, um etwa ihre Behinderung ausgleichen zu können (medizinische Apparate, Rollstühle, behindertengerechte Einrichtungen etc.). Der Weg zu ihrem individuellen Wohlstand dürfte materiell anspruchsvoller sein, zumal gleichzeitig Einschränkungen bei der Berufswahl und -tätigkeit gegeben sein dürften. Wie Amartya Sen zu Recht in seinem „Befähigungsansatz“ (s. Abschn. 3.6) festgestellt hat, definiert sich deren Wohlstand anders als der von Menschen ohne diese Einschränkungen.

Wir sehen also, dass das Empfinden von Wohlstand eine *individuelle* und *subjektiv empfundene Größe* ist, die einerseits von meiner Lebensphilosophie und entsprechenden Grundbedürfnissen (Frugalisten etc.), meiner aktuellen materiellen Ausstattung (Millionäre etc.) und meiner speziellen Gesundheitsstruktur, aber auch Lebensphase (mit und ohne Kinder, aus dem Haus oder noch unterhaltspflichtig etc.) und persönlichen materiellen Bedürfnissen abhängt. Es ist klar, dass das Empfinden von Wohlstand bei etwa 83 Millionen Deutschen vermutlich auch genauso variantenreich sein wird wie dargestellt.

Trotz aller individueller Unterschiede in der Definition des Wohlstands, muss es aber dennoch *objektiv gültige Kriterien* geben, anhand derer wir erkennen können, ob ein ausreichender Wohlstand gegeben ist oder Mangel vorherrscht. Als Hilfsgröße möchte ich auf die *Bedürfnispyramide von Abraham Maslow* zurückgreifen (vgl. im Folgenden Geppert, 2019). Maslow, US-amerikanischer Psychologe, hatte festgestellt, dass Menschen in ihrem Leben und Handeln durch fünf verschiedene Bedürfnisgruppen angetrieben werden (vgl. auch Pietsch, 2021, S. 247 ff.):

1. Die physiologischen Bedürfnisse
Hier geht es vor allem um die existenziellen Grundbedürfnisse des Menschen nach ausreichender Ernährung, Kleidung, dem Bedürfnis nach Schlaf und Sexualität etc. Maslow hatte festgestellt, dass die nächsthöheren Bedürfnisse erst dann zum Tragen kommen, wenn die Bedürfnisse auf der Stufe davor befriedigt wurden. Was hier leicht einzusehen ist: wenn die existenziellen Grundbedürfnisse des Menschen nicht befriedigt werden können, ist der Mensch von vorneherein zum Sterben verurteilt. Der Körper benötigt natürlich ausreichend zu Essen, zu Trinken, muss vor Erfrierungen und sonstigen körperlichen Vernachlässigungen geschützt werden.

2. Sicherheitsbedürfnisse
Sind mit der ersten Bedürfniskategorie die absolut überlebensnotwendigen Dinge des täglichen Lebens sichergestellt und der Mensch kann so überleben, stellen sich ihm die Fragen nach der langfristigen Absicherung dieser Themen. Das bedeutet vor allem, ein Dach über dem Kopf zu

haben, eine ausreichende Gesundheit zu bewahren bzw. wiederherzustellen, seinen Lebensunterhalt etwa durch einen festen Job zu bestreiten usw.

3. Soziale Bedürfnisse
Der Mensch kann nur schwer alleine überleben. Bereits Aristoteles hatte festgestellt, dass der Mensch von Natur aus ein soziales Wesen ist. So gründet er eine Familie, umgibt sich mit Bekannten und Freunden und lebt in einer sozialen Gemeinschaft in einer Stadt, einer Gemeinde und ist in ein berufliches Umfeld eingebunden. Dies macht Teil des Lebensmodells und des Glückes des Menschen aus. Ohne ein solches Netzwerk an sozialen Kontakten vereinsamt der Mensch und wird auf lange Sicht auch kaum überleben.

Maslow nannte diese ersten drei Bedürfniskategorien die *Defizitbedürfnisse*: Ohne die adäquate Befriedigung dieser grundlegenden Bedürfnisse ist ein Leben des Menschen nicht möglich. Der empfundene Mangel würde ob kurz oder lang zu ernsthaften körperlichen wie seelischen Beschwerden führen. Diesen Defizitbedürfnissen stellte Maslow die sogenannten *Wachstumsbedürfnisse* gegenüber.

4. Individualbedürfnisse
Hat der Mensch einmal seine körperlich und seelisch wichtigsten Bedürfnisse gestillt, dann erst kann er sich darüber Gedanken machen, was für ihn persönlich im Leben wichtig ist. Diese sogenannten Individualbedürfnisse sind vor allem das Streben nach Freiheit, Anerkennung, soziales Ansehen, aber auch nach Macht und Erfolg. Wie man unschwer erkennen kann, sind diese Bedürfnisse bei jedem Menschen unterschiedlich ausgeprägt: Die oben beschriebenen Frugalisten streben eher nach der Freiheit der Lebensgestaltung, frei von materiellem Druck und Zwang anderer als selbstgewählter Beschäftigung. Das Leben und

die Familie spielen eine größere Rolle als Aspekte des beruflichen und materiellen Erfolges. Macht und Ansehen sind für diese Menschen weniger wichtig. Andere wiederum sehen ihr Lebensglück in einer möglichst großen beruflichen Karriere, großem Wohlstand und größtmöglicher gesellschaftlicher Anerkennung. Sie stellen etwas dar und wollen es auch *nach außen zeigen*. Wieder andere schließlich freuen sich darüber, anderen, sozial und gesundheitlich benachteiligten Menschen helfen zu können und engagieren sich karitativ in Ehrenämtern, spenden viel und bringen sich über Vereine in die Gesellschaft ein. Sind auch diese individuellen Bedürfnisse befriedigt, dann erst gelangt der Mensch, so Maslow, zur höchsten Stufe der Bedürfnispyramide: der Selbstverwirklichung.

5. Selbstverwirklichung

Viele von uns kennen diese Stufe aus der eigenen Erfahrung: Das berufliche Leben nähert sich dem Ende, die letzte – hoffentlich noch lange währende – Lebensphase bricht an. Hier überlegt man sich, was man noch im Leben alles erreichen oder tun möchte: Die einen zieht es in wärmere Gegenden der Welt, sie kaufen eine Immobilie im sonnigen Spanien oder machen eine Weltreise (oder beides). Andere wiederum gehen ihren Hobbies nach wie Gartenpflege, schreiben Bücher, engagieren sich noch intensiver in ihren Gemeinden etwa für karitative Aufgaben. Wieder andere haben endlich Zeit, sich mit den Freunden und Bekannten zu treffen, oder sich den Enkeln zu widmen und vieles mehr. Hier sind natürlich der Fantasie keine Grenzen gesetzt. Eine solche Frage der Selbstverwirklichung ist natürlich keine Frage des Alters, wiewohl dies überproportional im letzten Lebensdrittel stattfindet. So kann man sich natürlich diesen Dingen auch in jüngerem Alter widmen. Manche empfinden auch eine berufliche Karriere oder das Gründen eines eigenen Unternehmens als Selbstverwirklichung oder nehmen berufliche Auszeiten, um mit ihrer Familie die Welt zu erkunden oder einfach gar nichts zu machen. Die Möglichkeiten sind genauso vielfältig wie Menschen, die sich *einen solchen Lebensstil leisten können.*

Jetzt werden Sie vielleicht fragen, was die Bedürfnispyramide von Maslow mit unserem eigentlichen Thema, dem Wohlstand zu tun hat oder mit der Kapitelüberschrift Armut und Ungleichheit in der Welt. Die Antwort ist relativ einfach, wenn wir uns ansehen, wie es in Deutschland und der Welt mit der Befriedigung der einzelnen Bedürfnisse aussieht, vor allem mit den wichtigsten Defizitbedürfnissen. Und darum ist es vergleichsweise schlecht bestellt. Doch der Reihe nach.

Aktueller Stand der existenziellen Bedürfnisse in Deutschland

Laut dem 5. Armutsbericht der Bundesregierung (vgl. im Folgenden Heidenfelder, 2019) gelten etwa *13 Millionen Menschen in Deutschland als arm.* Das sind 15,7 Prozent der gesamten Bevölkerung und bedeutet einen *Anstieg von 3 Prozentpunkten* im Vergleich zu 2002. Das Armutsrisiko beginnt bei 60 Prozent des durchschnittlichen Einkommens eines Landes und ist spätestens dann erreicht, wenn man nur maximal 50 Prozent des durchschnittlichen Einkommens zum täglichen Leben zur Verfügung hat. In Deutschland lag die Armutsgrenze 2018 bei einem Single bei einem verfügbaren Einkommen von 1135 Euro im Monat. Von der Armut betroffen sind vor allem alte und kranke Menschen, kinderreiche Familien oder Arbeitnehmer mit niedrigen Löhnen, Arbeitslose oder Alleinerziehende. Häufig beginnt der tägliche Kampf bei den betroffenen Menschen mit der Suche nach der Befriedigung existenzieller Bedürfnisse: Ausreichend zu essen, zu trinken zu bekommen und Kleidung zu haben, ein Dach über den Kopf. Der Teufelskreis der Armut ist schnell erreicht: Wenig Geld, eine mangelnde (oder zum Teil gar kein Gesundheitsversorgung), dazu mangelhafte oder nicht ausgewogene Ernährung mit entsprechenden Mangelerscheinungen. Die Bedingungen, unter denen diese Familien leben müssen hat die Journalistin Anna Mayr anschaulich und ergreifend geschildert (vgl. Mayr, 2020).

In Deutschland alleine, einem der reichsten Länder der Erde, müssen etwa *500.000 Kinder täglich Hunger leiden* (vgl. Deutsches Kinderhilfswerk, 2020). Es ist schon schlimm genug, dass diese Kinder täglich ein solches Schicksal erdulden müssen. Noch dazu kommt, dass durch eine solche Mangelernährung z. B. an Eiweiß nicht nur der Muskelaufbau gehemmt ist, sondern auch das Gehirn sich nicht immer normal entwickeln kann. Nicht ausreichende Ernährung führt so zu einer mangelnden Konzentration, häufigeren Krankheiten und einem entsprechenden Leistungsabfall in der Schule. Ganz zu schweigen von den langfristigen körperlichen und seelischen Schäden. Dabei haben wir noch nicht über diejenigen Kinder und Jugendliche gesprochen, die zu Zeiten der Corona-Pandemie an dem sogenannten „Home Schooling" nur eingeschränkt teilnehmen konnten, da ihnen jedwede Infrastruktur zu Hause fehlt: kein eigenes Zimmer, kein Laptop, keine Internetverbindung etc. Ich möchte dieses Thema separat im nächsten Kapitel unter dem Stichwort Chancengerechtigkeit aufgreifen. Hier haben wir über die Schwächsten in unserer Gesellschaft gesprochen, die Kinder. Ähnliche Schwierigkeiten, die existenziellen Grundbedürfnisse zu sichern, haben auch die vielen Obdachlosen in Deutschland. Trotz zahlreicher Unterstützungen etwa durch die Einrichtung der Tafeln, die kostenlos Lebensmittel an alle Bedürftigen verteilen oder die Unterkünfte für Obdachlose, müssen diese Menschen sich täglich dem Kampf um ihre existenziellen Bedürfnisse stellen.

Dabei ist Deutschland wie gesagt noch eines der reichsten Länder dieser Welt. Rund 10 Prozent der Weltbevölkerung, etwa *770 Millionen Menschen auf der Welt sind von absoluter Armut betroffen und müssen hungern* (vgl. Pietsch, 2020, S. 254). Sie haben im Durchschnitt weniger als 1,90 Dollar zum täglichen Leben zur Verfügung. In den ärmsten, vor allem afrikanischen Ländern wie Nigeria, Kongo, Malawi, Mosambik leben 77 Prozent der Bevölkerung in absoluter Armut: Wer hier seine existenziellen Bedürfnisse mit allen oben beschriebenen Nachteilen befriedigen kann, gehört zur absoluten Minderheit der Bevölkerung. In Madagaskar und im Kongo leben 97 Prozent der Bevölkerung von weniger als 5,50 Dollar am Tag. In Nigeria, dem bevölkerungsreichsten Land Afrikas mit 190 Millionen Einwohnern, müssen etwa 92 Prozent der Menschen mit diesem wenigen Geld auskommen. Diese Menschen sind in der untersten Stufe der Bedürfnispyramide von Maslow „hängen" geblieben und müssen täglich um ihr Überleben kämpfen. Für diese Menschen wäre Wohlstand sicher bereits relativ erreicht, wenn sie sich ausreichend ernähren können und sie den *täglichen Überlebenskampf nicht mehr ausfechten müssten.*

Sicherheits- und soziale Bedürfnisse

Die Sicherheitsbedürfnisse sind wie wir gesehen haben u. a. mit der Tatsache gekoppelt, dass Menschen zur Absicherung ihres Lebensstandards einen festen Job bzw. ein regelmäßiges Einkommen und dazu ein sicheres Dach über den Kopf haben sollten. Auch dies ist im reichen Deutschland nicht überall gegeben. So betrug die Arbeitslosenquote im Januar 2021 in Deutschland 6,3 Prozent. Das bedeutet, dass zu diesem Zeitpunkt in Deutschland gut 2,9 Millionen

Menschen ohne Arbeit waren (vgl. Kodzo, 2021). In diese Statistik fallen allerdings nur diejenigen Menschen, die sich persönlich bei einem Jobcenter als arbeitslos gemeldet haben. Zwar ist dies noch ein relativ niedriger Wert, gemessen an der Anzahl der Arbeitslosen seit 1995 (der höchste Wert war 2005 mit 11,7 Prozent). Er ist aber durch die Corona-Pandemie wieder um etwa 1,3 Prozentpunkte angestiegen (vgl. Kodzo, 2021). Diese fast drei Millionen Menschen alleine in Deutschland können die Sicherheitsbedürfnisse gemäß Maslow ebenfalls nicht erfüllen. Von einem Wohlstand sind auch diese Menschen weit entfernt. Gleiches gilt für die etwa 860.000 Menschen ohne gemieteten Wohnraum (vgl. Reuter, 2019; die Bundesarbeitsgemeinschaft Wohnungslosenhilfe ging 2018 sogar von einer inoffiziellen Zahl von 1,2 Millionen Wohnungslosen aus), die entweder vorübergehend bei Freunden, in Übergangswohnheimen, Notunterkünften und Frauenhäusern schlafen. 52.000 Menschen schlafen in Deutschland als Obdachlose auf der Straße. Von der Absicherung ihres Lebens Standards kann hier nicht die Rede sein, geschweige denn von Wohlstand.

Mit den fehlenden Sicherheitsbedürfnissen gehen die *mangelhaften sozialen Bedürfnisse* Hand in Hand. Wer sich dem täglichen Kampf um sein Überleben oder zumindest mit der Stillung der Grundbedürfnisse ausgesetzt sieht, der verfügt im Zweifel über kein soziales Netzwerk und hat andere Sorgen als sich um seine sozialen Bedürfnisse zu kümmern. Ganz zu schweigen von dem obersten Bedürfnis der Selbstverwirklichung. In der Summe können wir festhalten, dass selbst in einem der reichsten Länder der Erde, Deutschland, viele Bürgerinnen und Bürger bereits ihre existenziellen Grundbedürfnisse d. h. Defizitbedürfnisse gemäß Maslow, nicht oder nur mit Mühe befriedigen können. Es mag einige Personengruppen geben, für die solche Fragen keine hohe Relevanz besitzen, sei es, weil sie ihre eigene Lebensphilosophie darauf abgestellt haben (Frugalisten), sei es, dass sie genügend finanzielle Mittel aufweisen (Millionäre). Abgesehen davon, dass die Bedürfnisse der Menschen so individuell ausfallen wie die Menschen selber sind, können wir uns sicherlich darauf einigen, dass ein *bestimmter Standard an existenziellen Grundbedürfnissen im Leben zwingend gedeckt werden muss*. Damit haben wir aber noch nicht von Wohlstand gesprochen. Der Wohlstand selbst ist allerdings nicht nur in Deutschland, sondern auch weltweit ungleich verteilt. Geht man von der Zielsetzung aus, es sei der Wohlstand für alle zu schaffen, dann sind wir aktuell *von diesem Ziel weit entfernt*.

Gemäß einer Studie des Deutschen Instituts der Wirtschaft (DIW, vgl. DIW, 2020) vereinen die obersten zehn Prozent der vermögendsten Deutschen rund zwei Drittel des Nettovermögens, d. h. das gesamte Vermögen abzüglich der Schulden, auf sich. Das oberste Prozent der reichsten Deutschen verfügt über etwa 35 Prozent des gesamten Nettovermögens. In Deutschland genießen 1,5 Prozent der Erwachsenen den Vorzug, ein Nettovermögen von einer Million Euro zu besitzen. Fairerweise muss man hierbei feststellen, dass ein großer Teil des Vermögens in Unternehmen steckt, die Arbeitsplätze schaffen und so auch zum Wohlstand aller daran Beteiligten beiträgt. Weltweit vereinen *acht Personen* mit einem geschätzten Gesamtvermögen von mehr als 426 Milliarden Dollar mehr als die Hälfte des Vermögens der Weltbevölkerung auf sich, immerhin 3,8 Milliarden Menschen (vgl. Bönig, 2020). 2009 waren dazu noch 380 Dollar-Milliardäre weltweit nötig. Trotz der Corona-Krise stieg das Vermögen dieser Superreichen von 8 Billionen in 2019 auf 10,2 Billionen Dollar in 2020 (vgl. Spiegel Geld Nr. 3/2020, S. 4 f.). Im

Vergleich zu 2009 stieg die Anzahl der Dollar-Milliardäre in 2020 von 969 auf 2189.

Auch bei den Einkommen gibt es erhebliche Unterschiede, je nachdem in welcher Lebensphase man sich befindet, welche Ausbildung man absolviert hat und natürlich welchem Beruf man nachgeht (vgl. Brinkmann et al., 2019). Es ist schnell ersichtlich, dass Alleinerziehende, Rentner, Geringverdiener und Arbeitslose und Personen mit geringer Qualifikation tendenziell am unteren Ende der Vermögens- und natürlich Einkommensskala liegen. Eine Studie von Feld et al. (vgl. Feld et al., 2020) hat aufgezeigt, dass die Verteilung der Nettohaushaltseinkommen in Deutschland nach der Wiedervereinigung *tendenziell ungleicher* geworden ist. Seit 2005 ist dieser Wert der Ungleichheit, statistisch gemessen anhand des sogenannten *Gini-Koeffizienten* (0 bedeutet vollkommene Gleichverteilung der Einkommen, 1 bedeutet, dass alles Einkommen auf nur eine Person entfällt), in etwa stabil bei einem Wert von 0,48 geblieben. Nach der progressiven Besteuerung und den staatlichen Transferleistungen lag der Wert in Deutschland noch bei 0,29, was im internationalen Vergleich am unteren Ende der Skala liegt. Dies ist zwar prinzipiell gut und zeigt, dass gerade in Deutschland zahlreiche Umverteilungsmaßnahmen zu wirken scheinen. Dennoch können wir im Bezug der Zielsetzung *„Wohlstand für alle"* nicht zufrieden sein.

An dieser Stelle sei noch einmal betont, dass es mir *nicht darum geht, den Sozialneid zu schüren* oder ein *Schreckensbild* der weltweiten wirtschaftlichen Situation zu zeichnen. Im Gegenteil müssen wir feststellen, dass es uns in Deutschland wirtschaftlich gesehen noch vergleichsweise gut geht. Selbstverständlich ist der Anteil der sozial Benachteiligten oder derjenigen, die tatsächlich nicht ausreichend zu essen haben und hungern müssen Gott sei Dank vergleichsweise niedrig – wiewohl jeder Einzelne unter ihnen zu viel ist! Dennoch müssen wir uns fragen lassen, ob es ausreicht, ein reiches Land mit einem gut ausgebauten Sozialsystem zu sein und prinzipiell einen hohen Wohlstand zu haben. Müsste dieser Wohlstand nicht auch allen gleichermaßen zugutekommen? Nicht jeder hat, wie wir gesehen haben, die gleichen materiellen Grundbedürfnisse. Dennoch kann man sich auf *bestimmte Mindeststandards einigen* (die Defizitbedürfnisse von Maslow etwa), die wir jedem Menschen in Deutschland, aber auch weltweit zugestehen und entsprechend zukommen lassen müssen. Dabei will ich an dieser Stelle zunächst das Problembewusstsein schärfen und noch nicht gleich auf mögliche Lösungsansätze springen. Dies erfolgt in einem späteren Abschnitt dieses Kapitels (vgl. Abschn. 4.4). Stattdessen möchte ich im folgenden Abschnitt der Frage nachgehen, inwieweit alle Menschen, zumindest in Deutschland, die gleichen Chancen haben, zu Wohlstand zu gelangen und die oberste Spitze der Bedürfnispyramide von Maslow zu erklimmen, die Selbstverwirklichung. Ist dies tatsächlich möglich oder unterliegen wir da nicht einer Illusion, weil die „Gnade der richtigen Geburt" und die Sozialisation mehrheitlich den künftigen Lebensweg bestimmen. Ich wage zu behaupten: *Die Chancengerechtigkeit ist nur eine Mär und existiert so in Wirklichkeit nicht*! Diese These möchte ich im Folgenden Abschnitt näher erläutern.

4.2 Die Mär von der Bildungs- und Chancengerechtigkeit

Ich möchte meine These von der fehlenden Chancengerechtigkeit am Beispiel zweier fiktiver Lebensläufe verdeutlichen, die natürlich etwas plakativ und überzogen dargestellt werden, aber durchaus so in Deutschland ablaufen. Ich habe bei den beschriebenen Personen reale Vorbilder im Kopf. Gleichzeitig werde ich in die Beschreibungen der fiktiven Lebensläufe die aktuelle Statistik in Deutschland mit einfließen lassen, die die Unterschiede der Lebens- und Bildungschancen im Durchschnitt untermauern soll. Dadurch, so hoffe ich, werden wir uns trotz der Fiktionen der Darstellung an den real gegebenen Verhältnissen in Deutschland orientieren und ein durchaus realistisches Bild der aktuellen Verhältnisse zeichnen können.

Beginnen wir mit den Lebensläufen von Philipp und Sophia. Philipp wird als erstes von zwei Kindern in einem gutbürgerlichen Viertel einer deutschen Großstadt geboren. Er hat noch eine zwei Jahre jüngere Schwester Sophia. Die Eltern von Philipp und Sophia sind beide Akademiker: Die Mutter ist Kinderärztin und der Vater Rechtsanwalt. Der Vater entstammte einer Juristenfamilie und führt somit die erfolgreiche Familientradition in seiner Generation weiter. Nicht unwahrscheinlich, dass auch Philipp und Sophia diese Linie fortführen. Die Mutter kommt ebenfalls aus einer bürgerlichen Familie. Sie ist allerdings die erst Medizinerin in der Familie. Die Eltern haben sich an der Universität ihrer Heimatstadt kennen und lieben gelernt und wohnen heute in genau dieser Stadt. Sie wohnen alle in einem schönen Einfamilienhaus am Stadtrand und genießen den großen Garten und das geräumige Haus. Philipp und Sophia haben jeder ein eigenes Zimmer, das ihnen genügend Gelegenheit zum Rückzug gibt und vor allem die notwendige Ruhe, um sich für die Schule und später für die Universität vorzubereiten und zu lernen. Die Infrastruktur in Form von leistungsfähigem Internet mit entsprechenden Laptops und Computern ist selbstverständlich gegeben. Als sie klein waren, haben freundliche Au Pairs aus verschiedenen Teilen der Welt auf Philipp und Sophia aufgepasst und so die Eltern unterstützt. Durch sie haben sie von Kindheit an einen guten Einblick in unterschiedliche Kulturen, Religionen und Sprachen nehmen können und sind entsprechend aufgeschlossen.

Die Eltern haben es sich nicht nehmen lassen, ihren Kindern von klein auf regelmäßig vorzulesen oder mit ihnen zu spielen, sei es Puzzle oder Memory oder auch Kartenspiele und später Schach. Der Vater verfügt über eine gut sortierte, mehrere tausend Bände umfassende Bibliothek, aus der sich beide Kinder je nach Alter und Interesse jederzeit bedienen konnten. Die jeweiligen Au Pairs erzählten Philipp und Sophia Geschichten aus ihren Heimatländern und brachten ihnen auch einige Begriffe und Sprüche aus ihren Sprachen bei, seien sie nun georgisch, ungarisch oder spanisch. Der Zufall ihrer Geburt wollte es, dass Philipp und Sophia in diese gut bürgerlichen Verhältnisse hineingeboren wurden. Noch bevor sie die ersten Worte sprechen konnten, hat bereits die Genetik zugeschlagen: Gemäß den neuesten Studien der Intelligenzforschung werden 60 Prozent der Intelligenz vererbt (vgl. Winkels & Herzog, 2018). Da beide Eltern Akademiker sind, ist die Wahrscheinlichkeit einer hohen Intelligenz bei Philipp und Sophia ebenfalls sehr hoch. Neben der angeborenen Intelligenz spielt für den Bildungserfolg – und damit für den späteren Erfolg im Leben – auch die intellektuelle anregende Umgebung eine wesentliche Rolle.

So haben die Eltern beide Kinder durch das regelmäßige Vorlesen ebenso intellektuell angeregt wie durch die zahlreichen Kartenspiele und Ähnliches mehr. Sophia hat darüber hinaus Reit- und Klavierunterricht genossen, während Philipp sich eher dem Fußball zugewandt hat. Die intellektuelle Anregung durch die Au Pairs spielt hier ebenfalls mit hinein. Gegen eine moderate monatliche Gebühr im mittleren dreistelligen Eurobetrag pro Kind gehen Philipp und

Sophia bereits seit Kindesbeinen an in private Kitas und später in Privatschulen. Dort werden sie gezielt auf die Schule bzw. weiterführende Einrichtungen wie das Gymnasium vorbereitet. Fremdsprachen wie Englisch, aber auch Grundlagen einer weiteren Sprache werden hier spielerisch vermittelt. Die Eltern werden in regelmäßig stattfindenden Elternabenden über das pädagogische Konzept informiert. Sie können mitreden und mitgestalten. Der Übertritt auf das Gymnasium wird auch entsprechend gezielt vorbereitet. Sophia und Philipp haben dabei keinerlei Probleme, die Noten reichen dafür aus. Sie sind auch fleißig und lernen viel zum Teil auch unter Anregung und Anleitung der Eltern. Daher ist es auch keine Überraschung, dass beide Kinder mühelos die Aufnahme auf das Gymnasium schaffen. In Deutschland gehen im Durchschnitt 79 Prozent der Kinder von Akademikern auf das Gymnasium, während es Kinder von Nicht-Akademikern nur zu 27 Prozent schaffen (vgl. Himmelrath, 2018).

Das Gymnasium durchlaufen Sophia und Philipp ohne größere Probleme. Während Sophia ihre Stärken eher in den Sprachen und geisteswissenschaftlichen Fächern hat, ist Philipp eher den Naturwissenschaften und der Mathematik zugeneigt. Kurz vor dem Abitur lassen sie sich, organisiert durch ihre Eltern, das eine oder andere Mal in ihren jeweiligen schwächeren Fächern, d. h. Deutsch für Philipp, Mathematik und Physik für Sophia, von speziell geschulten Nachhilfelehrern („Coaches") gezielt auf die Abiturprüfungen vorbereiten. In manchen Fächern können sogar die Eltern noch mit ihrem Schulwissen beratend zur Seite stehen, etwa in den Fächern Geschichte oder Englisch. Die Infrastruktur zum Lernen könnte nicht besser sein, da sie beide über eigene Zimmer verfügen und einen leistungsfähigen Internetanschluss samt Laptop und Tablet. Das Abitur bestehen beide dann auch mit einer 1 vor dem Komma, wobei Sophia deutlich besser abschneidet als Philipp. Diese überdurchschnittlichen Noten beider Kinder entsprachen auch den Erwartungen und Hoffnungen der Eltern, die mit ihrer Leistungsorientierung nicht nur Vorbilder für ihre Kinder waren, sondern auch einen Lebensweg der Kinder mit Abitur anstrebten. Beide können mit ihren überdurchschnittlichen Abiturnoten auch ihrem Wunschstudium nachkommen. Philipp nimmt dann an der hiesigen Technischen Universität ein Studium des Maschinenbaus auf, während Sophia in die Fußstapfen des Vaters tritt und an der hiesigen Universität Jura studiert.

Da sich beide Kinder relativ schnell von den Eltern abnabeln wollen, organisieren sie sich jeweils eine Studentenwohnung in der Nähe der Universität. Die Miete übernehmen mehrheitlich die Eltern, obwohl beide durch studentische Jobs noch etwas dazuverdienen und somit noch etwas Taschengeld für den Monat zur Verfügung haben. Streng genommen müssten beide nicht arbeiten gehen, machen dies aber, um Berufserfahrungen zu sammeln und ihr erstes eigenes Geld zu verdienen. Die zahlreichen Praktika, die nicht nur vorgeschrieben, sondern auch empfohlen werden, organisieren sich Sophia und Philipp größtenteils selbst. Dabei können sie aber auch zusätzlich auf das hilfreiche Netzwerk der Eltern, sei es im Freundes- oder beruflichen Kreis zurückgreifen. An der Universität lernen beide auch ihre Lebenspartner kennen, Sophia auf einer der vielen Studentenpartys und Philipp in seiner Lerngruppe.

Beide heiraten auch kurz hintereinander nach einigen Jahren der Berufstätigkeit. Nach erfolgreichem und überdurchschnittlichem Abschluss des Studiums beginnt Philipp ein Traineeprogramm in einem internationalen Konzern und wird sich im Laufe der Jahre zielstrebig bis in die höheren Managementränge hocharbeiten. Die Zielstrebigkeit, den Ehrgeiz, aber auch den souveränen Auftritt im Beruf hat er sich u. a. bei seinen Eltern abgeschaut. Bereits auf der Abiturfeier hatte der Direktor zu Philipp gesagt, dass er neben seinem Engagement und dem Fleiß, aber auch gute Vorbilder in seinen Eltern hatte. Im Laufe der Zeit kann Philipp dann seine eigene Familie gründen, ein Haus bauen – das Startkapital hat er von seinen Eltern erhalten – und der Kreislauf geht von vorne los. Schließlich wartet in ferner Zukunft auf ihn und Sophia noch das entsprechende Erbe ihrer Eltern, das sie wiederum an ihre Kinder weitergeben können.

Sophia hat unterdessen nach ihrem ersten und zweiten juristischen Staatsexamen das Angebot von einem renommierten Professor erhalten (kein Bekannter des Vaters oder der Mutter immerhin), noch am Lehrstuhl zu promovieren. Ihr hatte dann die wissenschaftliche Arbeit so viel Spaß bereitet, dass sie nicht nur mit „summa cum laude", der besten Bewertung abschloss, sondern sich darüber hinaus noch habilitierte und schließlich einen Lehrstuhl für Strafrecht an einer bayerischen Universität erhielt. Auch sie gründete eine Familie und kaufte eine entsprechende Immobilie. Ihr Mann ließ sich in der gleichen Stadt als Rechtsanwalt nieder und wurde ebenso wie sie erfolgreich in seinem Beruf.

Was sich zugegebenermaßen etwas holzschnitzartig und plakativ anhört passiert so oder so ähnlich tausende Male in Deutschland. Mir geht es bei dieser Beschreibung zweier fiktiver Lebensläufe *nicht darum, den Sozialneid anzustacheln* oder die Eltern von Philipp und Sophia vorzuwerfen, das Beste für ihre Kinder gewollt und eingesteuert zu haben. Im Gegenteil: das versuchen vermutlich (fast) alle Eltern. Mir geht es in erster Linie darum aufzuzeigen, inwieweit sich bestimmte Lebensläufe durch *die Gnade der richtigen Geburt automatisch* und in vielen Fällen unbeeinflussbar auf bestimmten Lebensbahnen bewegen, die für andere nahezu unerreichbar bleiben. Rufen wir uns nur einige ausgewählte Weggabelungen von Philipp und Sophia in Erinnerung:

Von Hause aus d. h. genetisch mit einer gehörigen Portion Intelligenz ausgestattet, werden beide systematisch von ihren Eltern gefördert, sei es durch das Vorlesen oder die intellektuelle Anregung, sei es durch die zahlreichen Au Pairs aus verschiedenen Ländern oder sei es nur durch die interessanten Berufe der Eltern. Eltern sind für Kinder, wenn nicht etwas Schlimmes passiert oder zu viele negative Erfahrungen gemacht werden, in der Regel lebenslange Vorbilder für ihre Kinder. Dies bezieht sich nicht nur auf die Wahl des Berufs oder das Lebensmodell, sondern auch auf einzelne Charaktereigenschaften, die den Eltern bereits halfen, im Leben erfolgreich zu werden. Dazu zählen vor allem Ehrgeiz, Zielstrebigkeit, Fleiß, Ausdauer und vor allem Geduld und Willenskraft. Dass diese Eigenschaften sich im Leben später auszahlen, hat vor allem der sogenannte „Marshmallow-Test" des Persönlichkeitspsychologen *Walter Mischel* von der Columbia University gezeigt (vgl. dazu ausführlich Mischel, 2015):

In diesem berühmten Experiment, das von 1968 bis 1974 lief, bekamen Kinder im Alter zwischen vier und sechs Jahren ein Marshmallow – eine Schaumzuckerware mit u. a. Aroma- und Farbstoffen – vorgesetzt. Jedes Kind hatte die Wahl, ob es dieses Marshmallow sofort isst oder noch wartet, um später noch als Belohnung ein zweites zu bekommen. Dabei informierte der Versuchsleiter alle Kinder darüber, dass er nun den Raum verlassen würde. Sie könnten aber jederzeit eine Glocke betätigen und dann würde der Versuchsleiter zurückkommen. Dann würde jedes Kind ein zweites Marshmallow erhalten. Warten die Kinder allerdings, bis der Versuchsleiter von selbst (nach etwa 15 Minuten) zurückkehrt, sollten sie sogar zwei

Marshmallows zusätzlich erhalten. Was wird passieren, zugreifen oder warten? Vor allem beschäftigte sich Mischel mit der Frage, welche Auswirkungen diese Entscheidung für das spätere Leben der Kinder wohl haben wird. Mischel verfolgte die Kinder einige Jahre und stellte fest, dass:

Je länger die Kinder im damaligen Experiment gewartet hatten, im Durchschnitt 6–10 Minuten, desto kompetenter wurde sie als Jugendliche in schulischen und sozialen Bereichen wahrgenommen. Gleichzeitig konnten diese Kinder besser mit Frustration und Stress umgehen. Wissenschaftlich ausgedrückt waren diese Kinder, die mit dem „Belohnungsaufschub" besser umgehen konnten und damit höhere Selbstkontrolle zeigten, auch im Leben erfolgreicher. Dabei wirkten, so Mischel, Genetik und Umweltfaktoren zusammen (vgl. Mischel, 2015, Teil I, Abschn. 7).

Auch bei Sophia und Philipp wirken also die Genetik und die Umweltfaktoren positiv zusammen. Neben den vielen Fördermöglichkeiten (Privatschule, Hobbies etc.), den materiellen Möglichkeiten (eigenes Zimmer, entsprechende Infrastruktur, Möglichkeiten der Eltern zu helfen bis hin zur gezielten Nachhilfe, Finanzierung des Studiums etc.) helfen auch das Netzwerk der Eltern und das sie umgebende Milieu, in dem sie aufwachsen. Dies sind alles entscheidende Vorteile, die nicht allen Kindern so zur Verfügung stehen. Selbstverständlich haben Philipp und Sophia *auch einen eigenen Anteil an ihrem Erfolg*. Schließlich ist ihnen nicht alles in die Wiege gelegt worden. Lernen, studieren und später (hart) arbeiten müssen sie natürlich selber. Nur: Ihre Voraussetzungen von zu Hause aus waren entsprechend sehr günstig. Sehen wir uns ein anderes fiktives, aber lebensnahes Beispiel eines anderen Geschwisterpaares an: Karl und Maria.

Karl und Maria wohnen in der gleichen Großstadt wie Philipp und Maria, mit nur einem Unterschied: Sie wohnen mit ihren Eltern in einer beengten Dreizimmer-Wohnung in einem sozial schwachen Stadtteil zur Miete. Maria ist drei Jahre älter als Karl. Der Vater ist Arbeiter in einer Fabrik und die Mutter kocht halbtags in einer Behinderteneinrichtung. Die Familie kommt einigermaßen über die Runden, auch wenn am Ende des Monats kaum noch etwas bleibt, was gespart werden kann, da auch die Mieten in der Großstadt seit Jahren ständig gestiegen sind. Ein kleiner Notgroschen existiert allerdings, der ausreicht, um unvorhergesehene Ausgaben wie etwa eine kaputte Waschmaschine oder eine Reparatur in der Wohnung bezahlen zu können. Im günstigsten Fall bleibt noch so viel übrig, dass die Familie einmal im Jahr an die Ostsee fahren kann. Dort wird dann häufig eine günstige Pension gemietet, in der alle übernachten können. Besonders gut läuft es, wenn an Weihnachten noch genügend Geld vorhanden ist, um für alle ein schönes Geschenk zu kaufen.

Karl und Maria teilen sich ein Zimmer, ebenso wie die Eltern. Das Wohnzimmer nutzen alle gemeinschaftlich. Beide haben Glück und erhalten jeweils einen der in der Großstadt nicht selbstverständlichen Kindergartenplätze, zunächst Maria und später ihr Bruder Karl. Beide gehen dann auch auf in die nahegelegene Grundschule. Bei Hausaufgaben müssen sie aufeinander Rücksicht nehmen in ihrem kleinen Kinderzimmer. Maria schafft den Übertritt auf das Gymnasium, da sie sehr fleißig und ehrgeizig ist. Karl geht anschließend auf die Realschule, da er später eine handwerkliche Ausbildung machen möchte und ihm die Theorie nicht so liegt. Seine handwerklichen Fähigkeiten hat er gemeinsam mit seinem Vater bereits mehrfach unter Beweis stellen können, etwa als der Wasserhahn zu reparieren war oder die die Toilettenspülung defekt war. Beide teilen sich einen alten Computer, den Bekannte den Eltern geschenkt haben, um online fähig zu sein. Ein günstiger

WLAN-Anschluss macht es möglich. Bei den Hausaufgaben sind beide auf sich gestellt. Ihnen können weder die Eltern noch teure Nachhilfelehrer helfen. Sonder- oder sogenannte „Powerkurse“ wie an Privatschulen häufig angeboten, stehen ihnen nicht zur Verfügung.

Maria schafft als Erste in ihrer Familie das Abitur und ist natürlich überglücklich. Sie ist, wie wir vorhin gehört haben, eine von den 27 Prozent der Kinder von Nicht-Akademikerkindern, die das Abitur machen (vgl. Himmelrath, 2018). Karl gelingt es ebenfalls, seinen Realschulabschluss zu machen und erhält eine Ausbildungsstelle als Elektriker in einem nahen Familienbetrieb. Er ist froh, die Theorie und die Schule endlich hinter sich gebracht zu haben und freut sich über seinen tollen Ausbildungsplatz. Normalerweise stellt sein Arbeitgeber nur Abiturienten ein, aber Karl konnte beim Vorstellungsgespräch mit seinen handwerklichen Fähigkeiten und seinem bereits vorhandenen praktischen Wissen über Elektrik überzeugen. Seine Eltern sind natürlich ebenfalls stolz, dass er diesen Meilenstein erreicht hat. Karl wird später sogar noch seine Meisterprüfung erfolgreich absolvieren. Die gerade bei Elektriker Berufen relativ teure Meisterausbildung hat er sich einerseits mit Meister-Bafög und andererseits mit zusätzlichen Jobs nach Feierabend verdient. Später wird er entsprechend Chef von mehreren Elektrikern in dem Familienbetrieb, dem er die Treue hält und gründet eine Familie. Er zieht mit seiner Familie in das ländliche Umfeld der Stadt und mietet ein Reiheneckhaus. Seine Frau hat er in dem Familienbetrieb kennen- und lieben gelernt.

Maria studiert Sozialpädagogik an der örtlichen Pädagogischen Hochschule und wird später Sozialarbeiterin. Ihre Mutter hatte sie fasziniert mit ihrem Einsatz für die Menschen mit Behinderung und die sehr soziale Einstellung. Diesen Weg fand Maria auch für sich geeignet. Heute kümmert sie sich um Jugendliche aus sozial prekären Verhältnissen mit ihren Problemen. Sie geht ganz in ihrem Beruf auf und wird später nicht heiraten. Sie mietet eine schöne Altbauwohnung in einem Arbeiterviertel ihrer Heimatstadt.

Spätestens jetzt werden Sie sicher sagen, dass ich Stereotypen Vorschub leiste mit dieser Darstellung der fiktiven Lebensläufe von Maria und Karl. Natürlich sind die Namen und die Lebensgeschichte erfunden, nicht jedoch die Entwicklung der persönlichen und beruflichen Lebensläufe (vgl. dazu die zum Teil eindringliche und ernüchternde Darstellung mit realen Personen und Schicksalen von Julia Friedrichs, die zeigt, dass die von mir dargestellten fiktiven Personen von der Realität in der (unteren) Mittelschicht nicht weit entfernt sind, vgl. Friedrichs, 2021). Auch hier spielen wieder Genetik und Umwelt eine große Rolle. Maria und Karl fehlten im Vergleich zu Sophia und Philipp nicht nur die materiellen Voraussetzungen, sondern auch die Fördermöglichkeiten, das Netzwerk und das entsprechende Milieu, in das sie nicht hineingeboren wurden. Beide haben aber das Beste daraus gemacht und haben sehr ordentliche und vor allem im Fall von Maria gesellschaftlich wichtige Jobs bekommen und werden ein glückliches Leben führen können. Das ist gar keine Frage.

Die Ausgangsfrage war aber, hatten Karl und Maria, im Vergleich zu Sophia und Philipp, die *gleichen Chancen zur beruflichen und persönlichen Entwicklung*? Nein, hatten sie nicht. Sicher mag es Beispiele von Menschen geben, die es geschafft haben, aus einer Sozialwohnung zu hoch vermögenden Investmentbankern in London zu werden oder vergleichbare Karrieren. Die allermeisten aber bleiben in dem Milieu, in dem Umfeld, in das sie hineingeboren wurden. Sophia und Philipp haben ihr Haus gekauft und später auch dank des Erbes der Eltern vollständig abzahlen können, Karl und Maria wohnen heute immer noch zur Miete (was nichts Negatives sein muss, ganz im Gegenteil). Allerdings steigen in dieser beschriebenen Großstadt nicht nur die Mieten kontinuierlich an, sondern auch die Immobilienpreise generell. Karl und Maria werden mit diesen steigenden Mieten leben müssen inklusive als Rentner bzw. Rentnerin, während Sophia und Philipp dies aufgrund ihrer Jobs und des Erbes das nicht müssen. Sie profitieren vom ständig steigenden Wert ihres Eigenheims.

Die Zeit Journalistin Anna Mayr bringt es in ihrem anschaulich und exzellent geschriebenen Buch „Die Elenden" auf den Punkt, wenn sie schreibt (Mayr, 2020, S. 172):

> „Wenn wir bei ungleichen Lebensbedingungen von „Chancengleichheit" sprechen, dann bedeutet das erhöhte Anerkennung für diejenigen, die im Bildungssystem gewinnen. Denn wir gehen ja in unserer *sozialpolitischen Traumwelt* davon aus, dass alle von der gleichen Startlinie starten – was die Gewinner zu den schnellsten und tollsten Schülern macht, ohne dass wir uns anschauen, unter welchen Voraussetzungen wer an den Start gegangen ist. Von den jungen Leuten, mit denen ich Abitur gemacht habe, sind viele an der Hochschule gescheitert." (Kursivsetzung durch den Autor, DP)

Mayr wuchs als Kind von zwei Beziehern von Hartz-IV-Leistungen auf und schildert eindrucksvoll auch die unterschiedliche mentale Einstellung von Kindern aus sozial benachteiligten Familien im Vergleich zu den bürgerlichen. Dies führe auch u. a. dazu, sich an der Hochschule nicht zu Hause, nicht berechtigt zu fühlen und breche häufiger das Studium ab. Der mentale Unterschied sei nämlich vor allem folgender (Mayr, 2020, S. 173):

> „Wer dagegen mit dem Gefühl aufwächst, dass jede Forderung eine Forderung zu viel ist, jeder Wunsch zu groß, der

wird an der Universität eher scheitern – aus Angst, nach Hilfe zu fragen, aus Angst, etwas falsch zu machen."

Der Lebensweg, hier der Studienerfolg, ist also auch eine Frage der Einstellung, erlernt am Vorbild der Eltern und erlebt im Rahmen der Sozialisation d. h. die Art und Weise, wie wir aufwachsen. Wie aber kann man diesen Kreislauf der Lebensläufe versuchen aufzubrechen? Viele Dinge wird man nicht oder nur unwesentlich ändern können, etwa die Genetik oder die Art und Weise, wie Kinder aufwachsen. Dennoch gibt es auch hier Ansätze, die zu überdenken sinnvoll wären, hier aber nur skizziert werden können. So könnte eine materielle und intellektuelle Förderung von begabten Kindern bereits im jungen Alter erfolgen: Warum nicht leistungsfähige, begabte Kinder aus sozial benachteiligten Haushalten fördern wie das in späteren Jahren durch das Bafög erfolgt, etwa durch private Stipendien oder *staatliche Förderungen bereits in Kindergärten, Grundschulen und weiterführenden Schulen*. Eine monatliche Unterstützung zur Anschaffung und Finanzierung von Computern, Laptops oder Internet für Kinder aus armen Familien oder auch bestimmte Förderklassen, die gezielt zum Gymnasium oder zum Abitur führen.

Man könnte auch an eine Kindergrundsicherung (wie sie jetzt Gott sei Dank in der Diskussion ist) oder eine *Kinderrente* denken, die allen oder besonders sozial benachteiligten Kindern zugutekommt, die damit ihre nötigsten Bedürfnisse nach ausgewogener Ernährung, aber auch Lernmitteln oder sogar Bildungsausflügen der ganzen Klasse nachkommen können. So könnten gezielt Kinder gefördert werden, die ansonsten vielleicht keine oder nur geringe Chancen hätten, die in vielen Fällen vorgezeichnete Lebensbahn zu verlassen. Speziell geschulte Lehrkräfte könnten diese Kinder gezielt fördern, deren verborgene Fähigkeiten freilegen und vor allem das Selbstvertrauen vermitteln, es im

Leben aus eigener Kraft nach oben zu schaffen. Ich bin kein Bildungsexperte, denke aber, dass man sicher durch eine solche gezielte Förderung von Kindern und Jugendlichen aus sozial benachteiligten Verhältnissen einiges leisten kann, um auch Ihnen eine bessere Chance auf ein gelungenes, erfolgreiches Leben zu geben. Diese Kinder könnten so auch für sich und die nächsten Generationen ein Netzwerk Gleichgesinnter aufbauen, die sich gegenseitig im Leben unterstützen. Sie haben alle „unten" angefangen und haben sich aus eigener Kraft hochgearbeitet. Wiewohl, und das muss an dieser Stelle betont werden, sich Erfolg im Leben nicht (nur) an materiellen Maßstäben oder an einer beruflichen Position messen lässt. Wir haben an früherer Stelle anhand der Frugalisten gesehen, dass auch ein anderes Modell zu einem glücklichen Leben führt. Allerdings mit dem einen entscheidenden Unterschied, dass sich jeder sein Lebensmodell auf Basis der verbesserten materiellen Umstände *frei wählen kann.*

Ansätze zur Verbesserung der Situation für arme Kinder gibt es zahlreiche (vgl. exemplarisch Butterwegge & Butterwegge, 2021, vor allem S. 235 ff.):

So sind karitative Einrichtungen wie die Tafeln oder die „Arche" mit dem kostenlosen Verteilen von Lebensmitteln bzw. gratis Mittagstischen für Kinder bereits gute und hilfreiche Ansätze. Analog sind die Kindergrundsicherungen zu sehen. Hilfreicher und gezielter seien, so die Autoren, allerdings eine Verteilung staatlicher Hilfen nach der jeweiligen individuellen Bedürftigkeit von Familien und Kindern. Konkrete Maßnahmen umfassen u. a. den freien Zugang zu den Bildungseinrichtungen, die gezielte Förderung von benachteiligten Kindern, die Organisation von speziellen Betreuungs- und Bildungsangeboten für diese Kinder und Jugendliche und weitere Vergünstigungen zur Stärkung der sozialen Infrastruktur (Lernmittelfonds, kostenlose

Nutzung von Freizeiteinrichtungen wie Schwimmbäder, öffentliche Nahverkehre etc.). Ferner die Einrichtung von öffentlichen Ganztageseinrichtungen mit kostenlosem gemeinsamem Frühstück und Mittagessen vor allem für Kinder aus sozial schwachen Haushalten, finanziert vom Staat. Dies alle sollte idealerweise flankiert werden durch die Beseitigung der finanziellen Bedürfnisse armer Familien allgemein wie ein höherer Mindestlohn (mehr als 12 Euro), Ausweitung des öffentlichen (sozialen) Wohnbaus und einem subventionierten Mietwohnungsbau mit Vorzug für sozial benachteiligte Familien. Ansätze und Ideen gibt es viele. Nur umsetzen müsste man sie.

Wir haben gerade gesehen, dass der Lebenslauf vieler Menschen quasi durch die Geburt in vielen Bereichen bereits vorgezeichnet ist. Leider mussten wir auch feststellen, dass vor allem die *materielle Ausstattung von Haushalten* einen wesentlichen Unterschied hinsichtlich des künftigen Lebenswegs von Kindern und Jugendlichen ausmacht. Daher wollen wir uns im folgenden Abschnitt dem Thema der immer stärkeren „Ökonomisierung" der Gesellschaft widmen.

4.3 Ökonomie und Gesellschaft: Eigennutz vor Solidarität?

Die Ökonomie ist eine Sozialwissenschaft und hat mit dem Menschen und seinem Handeln zu tun. Folglich ist sie eingebettet in andere soziale Systeme wie den Staat mit seiner Infrastruktur, dessen politische Systeme, aber auch rechtliche Rahmenbedingungen und natürlich der Gesellschaft als solches (vgl. auch Pietsch, 2021 S. 358 ff.). Konkret setzt der Staat den rechtlichen Rahmen für das gedeihliche Zusammenleben seiner Bürger, definiert in Form seiner

Hauptakteure, der Politiker, gemeinsam mit den Experten die adäquate Wirtschaftsform – so wie zu Beginn der Bundesrepublik die Soziale Marktwirtschaft im Zusammenspiel zwischen Ludwig Erhard und Alfred Müller-Armack – und legt so wesentliche Grundlagen für eine gesamte Gesellschaft. Alle drei Bereiche werden in der Wissenschaft in getrennten Bereichen behandelt: Die Ökonomie in der Wirtschaftswissenschaft, getrennt nach Volks- und Betriebswirtschaftslehre, die Gesellschaft in der Soziologie und der Staat und sein Politikbetrieb in der Politologie. Dabei sind alle drei Sphären nicht so getrennt voneinander zu betrachten und sind untereinander stark miteinander verwoben.

Bereits der renommierte deutsche Soziologe Max Weber hatte gesehen, dass die Bereiche *Wirtschaft und Gesellschaft* – so der Name seines Monumentalwerks, (vgl. Weber, 1980) – untrennbar miteinander verbunden sind. So verweist Weber im zweiten Teil seines Werkes (vgl. Weber, 1980, S. 181 ff.) ausdrücklich auf die Wirtschaft in Abhängigkeit seiner gesellschaftlichen Ordnungen (vgl. Weber, 1980, Zweiter Teil, Kap. 1, S. 181 ff.) und die Arten der Gemeinschaften in Beziehung auf die Wirtschaft (vgl. Weber, 1980, Zweiter Teil, Kap. 3, S. 212 ff.). Dabei scheinen die Rollen klar verteilt zu sein: Die Wirtschaft soll die materielle Existenz der Bevölkerung sichern, dabei ihre Bedürfnisse nach lebenswichtigen Gütern und Dienstleistungen befriedigen und für Wohlstand sorgen. Dies alles sollte möglichst effizient in einem optimalen Mix aus Input und Output, Bedarf und Bedarfsdeckung erfolgen und den Ertrag für alle maximieren. Die Gesellschaft eines Landes, also wir alle, sollte nach bestimmten Regeln gedeihlich zusammenleben, sich gegenseitig unterstützen und in Frieden und Freiheit leben und arbeiten. Die Politik setzt dabei die Rahmenbedingungen, seien es Gesetze, die Bereitstellung öffentlicher Güter und Infrastruktur wie Kultureinrichtungen, Parks, Straßen etc. Schließlich soll uns der Staat, repräsentiert durch die Funktionsträger wie Minister etc. vor äußeren Gefahren schützen oder unsere Anliegen auch international durchsetzen.

Was aber passiert, wenn die getrennt voneinander wahrgenommenen Bereiche sich nicht nur überlappen, sondern gegenseitig durchdringen und zum Teil sogar widersprechen. Ich möchte das anhand von drei konkreten Fragen und Problemkreisen diskutieren.

1. Was passiert, wenn die *Gesellschaft*, also wir alle(!), zunehmend dazu übergeht, *in ökonomischen Kategorien zu denken* und jede soziale Aktivität mit einem Kosten/Nutzen-Kalkül versieht und jede einzelne, jeder einzelne nach ihrem und seinem persönlichen maximalen Ertrag schielt? Sind dann noch wertschätzende Freundschaften, soziale Kontakte, aber auch karitative Tätigkeiten möglich? Wo bliebe in einer solchen Gesellschaft die Solidarität, die gegenseitige Hilfe und vor allem die Unterstützung der Ärmsten und Schwächsten?
2. Wie ist aber umgekehrt *eine solidarische Gesellschaft*, die ähnliche Ziele verfolgt z. B. Bekämpfung der Pandemien, Schaffung von Wohlstand für alle etc., möglich, die ein Pendant in der Wirtschaftsordnung sucht?

   Konkret: Wie ist eine Ökonomie vorstellbar, die den Menschen und sein soziales Umfeld in den Mittelpunkt rückt und alle an einem Strang ziehen, die sich solidarisch zeigt und gemeinsam nach dem Wohlstand für alle streben? Eine solche Wirtschaft muss keine Sozialutopie bleiben. Wir sollten uns einzelne Elemente ansehen und deren Möglichkeiten skizzieren und diskutieren.
3. Was passiert, wenn der *Staat stärker* als bisher üblich *in die Gesellschaft*, aber vor allem in *die Ökonomie eingreift*?

Wir haben es in der Pandemie hautnah erlebt, dass Bürgerrechte eingeschränkt wurden, die Geschäfte, Restaurants und Sport- und Kultureinrichtungen auf unbestimmte Zeit schließen mussten und die Wirtschaft daniederlag und durch den Staat zum Teil gerettet werden musste. So haben wir alle noch die staatliche Beteiligung der Lufthansa im Kopf oder die vielen Milliarden, die zur Stützung der Wirtschaft abgesichert werden mussten. Doch leider konnten nicht alle Unternehmen gerettet werden, ganz zu schweigen von den vielen tausenden von Arbeitsplätzen. Hier geht es allerdings weniger um die Frage, ob die einzelnen Aktivitäten des Staates während der Corona-Pandemie richtig oder falsch waren, richtig oder falsch dosiert. Vielmehr möchte ich mit Ihnen die Frage diskutieren, was passiert, wenn *der Staat sich dauerhaft in Wirtschaft und Gesellschaft einmischt*? Kommen wir dann unweigerlich zu einem „Staatskapitalismus"? Wo beginnt er und wo endet er dann? Welche Form des staatlichen Eingriffs sollen wir künftig zulassen und welchen ablehnen? Gibt es hierzu, wenn schon keine einheitliche Meinung, dann zumindest ein paar Grundsätze, die wir beachten sollten?

Lassen Sie uns mit der Diskussion *der ersten Frage* beginnen, was würde passieren, wenn die Gesellschaft künftig hauptsächlich in ökonomischen Kategorien dächte? Das ökonomische Prinzip beruht vor allem darauf, mit gegebenen Mitteln das maximal mögliche Ergebnis zu erzielen oder umgekehrt, ein vorgegebenes Ziel bzw. Ertrag mit möglichst geringem Mitteleinsatz zu erreichen. Autos sollen zu möglichst geringen Kosten pro Stück entwickelt und produziert werden, Amazon optimiert die Logistikkette und versucht, überflüssige Kosten aus dem System zu nehmen, Händler versuchen möglichst günstig einzukaufen und dann teurer an den Endkunden weiterzuverkaufen.

Dies steigert der Unternehmensgewinn, erhöht die Dividende der Aktionäre und schafft in aller Regel sichere Arbeitsplätze. Dagegen ist prinzipiell nichts einzuwenden. Wenn ich dieses Prinzip allerdings auf die Gesellschaft übertrage, dann wird es schnell kritisch. Wir können uns das an einem Beispiel schnell deutlich machen.

Eine Freundschaft zwischen zwei Menschen beruht in erster Linie darauf, dass man sich gegenseitig unterstützt, vor allem in großer materieller, aber auch seelischer Not die Sorgen und Nöte teilen kann und in aller Regel auch Hilfe durch den Freund oder die Freundin erhält. Ratschläge, finanzielle Unterstützung oder auch Hilfe beim Umzug, bei der Organisation von Geburtstagsfeiern, Kinderfesten etc. wird vor allem kostenlos im Rahmen der Freundschaft gewährt. Natürlich ist es immer ein Geben und ein Nehmen, doch alles geschieht freiwillig und kostenlos. Was wäre aber, wenn jeder in der Freundschaft oder auch der Partnerschaft anfängt zu überlegen, welche Gegenleistung er oder sie für eine bestimmte Freundschaftsleistung vom jeweiligen Gegenüber zu erwarten hätte? Ich habe ihn jahrelang beruflich gecoacht und Ratschläge gegeben, beim Umzug geholfen, im finanziell aus der Klemme geholfen etc. *Was müsste dabei dann für mich herausspringen?* „Do ut des", ich gebe damit Du gibst, war in der römischen Antike die Formel, nach der eine Opfergabe für die Götter unweigerlich einen Gegendienst nach sich ziehen sollte. Noch heute dient diese Formel für gegenseitige Verträge in der Rechtswissenschaft.

Der US-amerikanische Ökonom und spätere Träger des Alfred Nobel Gedächtnispreises der Ökonomie, *Gary Becker*, hat sich vor allem mit den ökonomischen Kriterien menschlichen Verhaltens auseinandergesetzt (vgl. Becker, 1993). Gerade der Heiratsmarkt, ein zutiefst sozialer und intimer zwischenmenschlicher Bereich, sei in erster Linie ein nach rationalen Erwägungen konzipiertes ökonomisches Verhältnis. Jeder versuche, seinen eigenen Nutzen zu maximieren und einen Partner zu finden, mit dem er möglichst zu einem hohen Wohlstand gelange und sie gemeinsam „Güter produzieren" könnten, die sie alleine nicht hinbekämen. Der Lebenspartner solle dann möglichst erfolgreich, gut gebildet und möglichst gutaussehend sein. Die gemeinsamen Kinder sollten dann auch entsprechend einen hohen *„Return on Investment"* erzeugen d. h. das in sie investierte Kapital möglichst hoch verzinsen, indem sie ebenfalls erfolgreich würden. Natürlich ist Becker kein weltfremder Forscher und ihm ist natürlich bewusst, dass Paare in der Regel aus Liebe heiraten und ihre Kinder aus Lebensfreude bekommen: sie wollen Kinder, weil sie sich an ihnen erfreuen, stolz auf sie sind und sie lieben. Dennoch sieht Becker nicht zu Unrecht auch die eine oder andere Analogie zu Ökonomie. Tatsächlich mag es viele Menschen geben, bei denen bei der Partnerwahl das Vermögen und der berufliche Status des Gegenüber eine hohe Rolle spielt und die zumeist ein bis zwei Kinder einen möglichst großen Erfolg in vielen Bereichen des Lebens erzielen sollten. Der Ehrgeiz der Eltern wird dann auch auf die Kinder und später Enkel übertragen.

Was für die Familie und Freundschaften gilt, dass das ökonomische Kalkül und Kosten-Nutzen-Überlegungen das beherrschende Prinzip werden kann, kann für eine gesamte Gesellschaft noch einen größeren Schaden anrichten. So beruht die Arbeit fast aller ehrenamtlich Tätigen, seien sie sozial, karitativ oder kirchlich motiviert, auf dem Willen der Beteiligten, etwas an die Gesellschaft „einzuzahlen", ohne etwas zurückzufordern. Natürlich kann eine solche Tätigkeit, etwa die Mitwirkung an der kostenlosen Essensverteilung an arme Mitbürgerinnen und Mitbürger im Rahmen der Tafel oder die aktive Beteiligung an Vereinen etc. äußerst befriedigend sein und damit eine gewisse Gegenleistung darstellen, was auch absolut in Ordnung ist. Freundschaften werden eingegangen, weil man die gleichen Interessen oder die Sicht auf das Leben teilt und sich gegenseitig sympathisch findet. Freunde helfen sich gegenseitig aus der Not und machen dies alles unentgeltlich und freiwillig. *Eine Gesellschaft verliert, wenn jeder nur nach einem rationalen ökonomischen Kalkül heraus egoistisch handelt und nur seinen eigenen Vorteil im Kopf hat.* Wo kämen wir als Gesellschaft hin, wenn wir uns nicht solidarisch zeigten mit den Ärmeren, Schwächeren, Alten und den an den Rand gedrängten Menschen? Wo nur noch der harte, kompromisslose Leistungswettbewerb herrscht und die Stärkeren gewinnen und die Schwächeren zurücklassen?

Verstehen Sie mich nicht falsch: Ich mochte nicht für eine Sozialutopie plädieren, bei der wir alle gegenseitig uns in jeder Lebenslage unterstützen und der ökonomische Wettbewerb um die beste Lösung als negativ bewertet wird. Im Gegenteil: Wettbewerb ist eine ständige Grundkonstante unseres Lebens, sie fängt mit der Schule an über die Suche nach dem richtigen Partner bis hin zur richtigen beruflichen Position. Doch kann es auf die Dauer *nicht gesund sein, eine Gesellschaft voller Egoisten zu sein*, der seinen eigenen Nutzen beständig auf Kosten der anderen optimiert und sich nicht auch gegenseitig unter die Arme greift. Die Corona-Pandemie hat beide Seiten der Medaille gezeigt:

Der Wettbewerb um den besten Impfstoff hat dazu geführt, dass die besten Pharmaunternehmen auf diesem Gebiet darum gerungen haben, wer als erster den am besten wirkenden Impfstoff auf den Markt bringt und damit einen wirksamen Schutz gegen das Virus bereithält. Gleichzeitig aber hat sich die Gesellschaft auch in Deutschland solidarisch gezeigt und hat mehrheitlich den Lock down und seine harten Regeln befolgt und damit tausende von

Menschenleben gerettet. Wir dürfen nicht zulassen, dass ökonomische Kriterien sukzessive in der Gesellschaft die Oberhand gewinnen und wir uns nur noch um uns selbst, unser Fortkommen und Gesundheit kümmern, uns aber zu wenige Gedanken machen um die Menschen um uns herum, die unsere Hilfe dringend benötigen: Arme, Ausgegrenzte und Kranke. In diesem Fall wäre ein Kosten-Nutzen-Kalkül nicht nur fehl am Platz, sondern sogar kontraproduktiv. Sie führte unweigerlich zu einer *Ökonomisierung der Gesellschaft*, die wir unter allen Umständen vermeiden müssen (vgl. dazu auch Leendertz, 2017).

Betrachten wir nun die *zweite Frage*: Was würde passieren, wenn der Gedanke der solidarischen Gesellschaft in das Gebiet der Ökonomie „hinüberschwappen" würde? Konkret: Wie müsste man sich eine Wirtschaftsordnung vorstellen, in der nicht das Wohl des Einzelnen, sondern das Wohl aller in der Gesellschaft aktiven im Zentrum der Überlegungen stünde? Das käme vermutlich dem Credo Ludwig Erhards des „Wohlstands für alle" am nächsten. Der österreichische Autor Christian Felber hat vor einigen Jahren den Gedanken einer *Gemeinwohl-Ökonomie* in die Diskussion mit eingebracht, einer Ökonomie die sich dem Wohl aller Menschen in einer Gesellschaft verpflichtet fühlt (vgl. Felber, 2010). Daraus hat sich in den letzten Jahren eine gleichnamige Bewegung etabliert, die in über 20 Ländern aktiv ist. Der Kerngedanke dabei ist, dass die Ökonomie auf bestimmten Werten beruht wie etwa Vertrauen, Wertschätzung, gegenseitige Kooperation und Solidarität. Eine *Gemeinwohl-Bilanz* unterstützt bei der Bewertung von ökologischen und sozialen Aktivitäten eines Unternehmens.

Ein konkretes Beispiel bietet die Sparda Bank in München (vgl. Im Folgenden Sparda Bank, 2020). Alle wesentlichen Unternehmensaktivitäten werden im Rahmen eines Audits bewertet und in einem Testat festgehalten. So werden etwa im Rahmen eines ethischen Beschaffungsmanagements nur recycle-fähiges Büropapier eingekauft, nur Ökostrom verwendet, der Fuhrpark nur mit Elektrofahrzeugen ausgestattet und Handtücher bei den örtlichen Behindertenwerkstätten eingekauft. Lieferanten werden angehalten, *eine schriftliche Umweltschutzerklärung ihrer wesentlichen Aktivitäten zu unterschreiben* und verpflichtet, bestimmte Sozialstandards wie etwa existenzsichernde Grundeinkommen zu zahlen, für die Gesundheit der Mitarbeiter zu sorgen, Diskriminierungen zu vermeiden etc.

Die Sparda Bank investiert nicht in den Rohstoffhandel, der ausgewählte Lebensmittel für arme Länder verteuern könnte, natürlich nicht in Waffen, nicht in Länder mit eingeschränkten Menschenrechten oder in denen bestimmte Bevölkerungsgruppen diskriminiert werden. Sie finanziert keine Investitionen von Unternehmen, die bestimmte Arbeitsstandards nicht einhalten oder ihre Gewinne in Steueroasen zur Steuervermeidung auslagern. Mitarbeiter werden wertschätzend und mit Vertrauen behandelt. Alle genießen die gleichen Rechte und Pflichten, werden je nach Job, Ausbildung und Leistung *unabhängig vom Geschlecht gleich bezahlt*. Die Arbeit wird möglichst gleich auf alle Schultern verteilt und alle Mitarbeiterinnen und Mitarbeiter werden zur Solidarität und zum ökologischen Verhalten angehalten. Ziele werden auf Teamebene vereinbart und sollen gemeinschaftlich erbracht werden. Die Gesundheit der Mitarbeiterinnen und Mitarbeiter wird durch umfangreiche Sportangebote und Seminare zur Gesundheit gefördert. So sind alle Aktivitäten der Sparda Bank auf das Gemeinwohl nicht nur der Mitarbeiterinnen und Mitarbeiter, sondern auch der Kundinnen und Kunden ausgerichtet.

Was für die Sparda-Bank als einzelnes Unternehmen im Kleinen (die Sparda-Bank steht nur exemplarisch für viele

Unternehmen, die sich in ihren Aktivitäten in die gleiche Richtung orientieren. Es werden stetig mehr), sollte auch für die Ökonomie als Ganzes gelten: Ein Schritt hin in Richtung einer *solidarischen, nachhaltigen und gemeinwohlorientierten Wirtschaft*. Auf der Internetseite der Gemeinwohl-Ökonomie (vgl. Gemeinwohl-Ökonomie, 2021) werden die einzelnen Anliegen dieser Wirtschaftsform näher erläutert. So ist das Ziel der Gemeinwohl-Ökonomie das gute Leben für alle. Geld dient lediglich als Mittel des Wirtschaftens. Das Wachstum der Wirtschaft ist durch die endlichen Ressourcen der Erde gedeckelt: Ökonomie und Ökologie müssen zwingend zusammengesehen werden. Analog zur Finanzbilanz sollen Unternehmen eine Gemeinwohl-Bilanz analog des Beispiels der Sparda Bank erstellen. Wenn sich alle Unternehmen an diese sozialen und ökologischen Standards ausrichten und regelmäßig danach bewertet werden, dann kann in der Summe eine Wirtschaft entstehen, die uns allen und der Gesellschaft nützt. Über 300 Unternehmen in Europa und Amerika haben sich bereits dieser Initiative angeschlossen und haben eine Gemeinwohl-Bilanz erstellt. Im Gegenzug für die überdurchschnittlichen Leistungen zum Gemeinwohl sollen die beteiligten Unternehmen Vorteile bei Steuern, öffentlichen Aufträgen, Krediten, aber auch im internationalen Handel erhalten.

Selbst wenn man unterstellt, dass der Weg noch weit ist in diese Richtung der Gemeinwohl-Ökonomie, lohnt es sich sicher darüber nachzudenken, ob eine stärkere Abkehr von der wettbewerbsintensiven, egoistischen Wirtschaft nicht auch gesamtgesellschaftlich mehr Chancen als Risiken mit sich brächte. Wir werden diesen Gedanken im nächsten Kapitel (vgl. Abschn. 4.4) wieder aufgreifen. Wenden wir uns nun abschließend der dritten Frage zu: Was bedeutete es langfristig für die Ökonomie, wenn sich der Staat (wie in zu Zeiten der Corona-Pandemie geschehen) stärker als bisher dauerhaft in die wirtschaftlichen Aktivitäten einmischt?

Die *dritte Frage* lässt sich durch eine Kernfrage auf den Punkt bringen: Wie viel Staat verträgt die Wirtschaft? Die Bandbreite der Einwirkungen des Staates auf das Wirtschaftsgeschehen ist prinzipiell groß: Von der Etablierung eines Ordnungsrahmens und der Definition der Wirtschaftsordnung bis hin zu konkreten Eingriffen in den Marktmechanismus z. B. im Rahmen der Preisgestaltung ist prinzipiell alles denkbar. In der Ökonomiehistorie herrschte im letzten Jahrhundert vor allem ein Streit zweier Schulen vor: auf der einen Seite der eher staatsbetonte Kurs des großen britischen Ökonomen *John Maynard Keynes* (vgl. vertiefend Pietsch, 2019, S. 175 ff.) und auf der anderen Seite der Ansatz des marktliberalen Ökonomen der Chicagoer Schule *Milton Friedman* (vgl. Pietsch, 2019, S. 200 ff.).

Konkret erkannte Keynes auf Basis historischer Untersuchungen, dass der Arbeitsmarkt nicht automatisch zum Gleichgewicht kommt und bei entsprechender Lohnhöhe Angebot und Nachfrage nach Arbeitsplätzen identisch sind. Es kann auch passieren, dass ein solches Gleichgewicht auf dem Arbeitsmarkt zustande kommt allerdings zu dem Preis, dass nicht alle Arbeitssuchenden einen entsprechenden Job bekommen. Arbeitslosigkeit ist die Folge. Den Hauptgrund sah Keynes in einer *fehlenden gesamtwirtschaftlichen Nachfrage*: Private und öffentliche Haushalte, aber auch Unternehmen benötigen nicht genügend Waren und Dienstleistungen bzw. investieren nicht ausreichend. In der Folge werden auch weniger Arbeitskräfte nachgefragt. Zur Behebung der Arbeitslosigkeit und zur Belebung der Konjunktur empfahl Keynes ein *staatliches Ausgabenprogramm*. Der Bau von Autobahnen, Gebäuden, Einrichtung von

Parks oder die Investition in Einrichtungen wie Kultur, Bildung etc. schafft neue Arbeitsplätze und belebt den Umsatz der beteiligten Unternehmen. In der Folge sichern die Unternehmen die Arbeitsplätze, erzielen einen Gewinn und die Mitarbeiter konsumieren einen Teil ihres Verdienstes wieder und vervielfältigen so den konjunkturellen Impuls. Ein solches milliardenschweres Konjunkturprogramm haben wir nicht nur in der Zeit der Corona-Pandemie in wesentlichen Teilen der Welt erlebt, etwa in Deutschland und den USA unter Joe Biden, sondern auch nach der Finanzmarktkrise 2008 unter Barack Obama in den USA. Der Staat half so mit einem hohen Anteil an eigenen Investitionen in die Wirtschaft, die Konjunktur anzukurbeln und den Arbeitsmarkt zu entlasten.

Auf der anderen Seite des gedanklichen Spektrums stand Milton Friedman. Friedman, Ideengeber der Ökonomie in den 1980er-Jahren unter US-Präsident Ronald Reagan und Großbritanniens Premierministerin Margaret Thatcher, scheute den Staat buchstäblich wie der Teufel das Weihwasser: Der Markt mit seinen Prinzipien und dem freien Spiel der Kräfte solle möglichst *ohne staatliche Eingriffe* wieder zu einem Gleichgewicht bei Vollbeschäftigung zurückfinden. Anstelle von Steuererhöhungen zur Finanzierung von staatlichen Eingriffen sollten die *Steuer eher gesenkt werden*, um den Haushalten ein höheres verfügbares Einkommen zu ermöglichen, damit sie mehr konsumieren und damit Arbeitsplätze schaffen können. Die *Freiheit des Einzelnen* stand für Friedman im Vordergrund seiner Überlegungen. Dies sei aber nur mit einer freien, kapitalistischen Wirtschaftsform möglichst ohne staatliche Eingriffe möglich (vgl. sein Hauptwerk „Kapitalismus und Freiheit“, vgl. Friedman, 2016).

Dem Staat bleibe im Wesentlichen die Aufgabe, den Schutz der Bürger sicherzustellen, sie nach außen zu repräsentieren und hoheitliche Aufgaben wie Polizei, Militär wahrzunehmen und die öffentliche Infrastruktur bereitzuhalten. Ein *„Staat light"-Prinzip* in Reinform sozusagen. Gegenüber dem staatlichen Konjunkturprogramm von Keynes wand Friedman ein, dass dieser die Wirkung der Geldpolitik sträflich vernachlässige: Ein solches milliardenschweres Konjunkturprogramm des Staates sei sinnlos und würge die Konjunktur sogar eher ab. Das Geld für diese staatlichen Investitionen müsste entweder auf dem Kapitalmarkt aufgenommen werden, was die Zinsen ansteigen lässt und damit die (Unternehmens)Kredite verteuert. Alternativ wird das nötige Geld über höhere Steuern erwirtschaftet, was wiederum im Durchschnitt alle Haushalte belastet und den Konsum abbremst (vgl. Pietsch, 2019, S. 211).

Diese beiden Denkschulen beherrschen auch heute noch die ökonomischen Diskussionen: *mehr Staat oder weniger Staat.* Die Diskussion entfaltet sich quer über alle politischen Parteien, wiewohl man grob vereinfacht sagen kann, dass je konservativer eine Partei ist, desto stärker tendiert sie zu einem freien Marktprinzip und umgekehrt d. h. Parteien im linken demokratischen Spektrum setzen sich eher für einen starken Staat ein, der die Schwachen vor der Härte des Marktes schützen soll. Trotz aller kontroversen Diskussion im Einzelnen sind einige Eckpunkte der staatlichen Aktivität unstrittig (vgl. auch Pietsch, 2020, S. 97 ff.): Hoheitliche Aufgaben wie Polizei, Militär, Gerichte etc., die Bereitstellung öffentlicher Güter wie Parks, kulturelle Einrichtungen wie Theater, Museen etc. Relativ klar sind auch staatliche Aufgaben wie die Sicherstellung der Bildung, die soziale Absicherung der Alten und Schwachen über die Rente und die Sozialleistungen und der soziale Wohnbau. In der Zeit der Corona-Pandemie haben wir allerdings erleben müssen, dass das Pendel staatlicher Investitionen und Stützungsmaßnahmen eindeutig in Richtung *stärker in Richtung Staatsinterventionismus* ausgeschlagen ist. Der Staat beteiligte sich direkt an privaten Firmen wie etwa die Lufthansa oder dem Pharmahersteller CureVac, um sie so zu retten bzw. vor einer ausländischen Übernahme zu bewahren. Milliardenschwere Überbrückungszahlungen waren notwendig, um weite Teile der Wirtschaft vor einem nahezu sicheren Ruin zu bewahren. Stand heute (im Herbst 2021) ist noch nicht abzusehen, wie vielen Unternehmen nach dem Ende der staatlichen Unterstützungsleistungen der Konkurs droht. Alleine in Deutschland sind Schätzungen von Wirtschaftsforschern zufolge 25.000 Unternehmen aufgrund der Corona-Krise vom Konkurs bedroht (vgl. Erhardt, 2021).

Es steht sicher außer Frage, dass es sinnvoll ist, kurzfristig ohne eigenes Verschulden in eine ökonomische Schieflage geratene Unternehmen vor dem sicheren Konkurs zu retten (etwa Unternehmen in der Luftfahrtbranche, die Messebauer oder die Tourismusindustrie). Dennoch mehren sich kritische Stimmen, die bereits von einem *„Staatskapitalismus“* sprechen (vgl. Neßhöver, 2020). Der Staat übernehme zunehmend das unternehmerische Risiko, halte zum Teil insolvente Unternehmen am Leben („Zombie-Unternehmen“, vgl. Bernau, 2020). Es bestehe dabei das Risiko, dass längst notwendige strukturelle Veränderungen so künstlich aufgehalten würden. Tatsache scheint allerdings zu sein, dass ohne staatliche Hilfe, Überbrückungshilfen und Instrumentarien wie das Kurzarbeitergeld viele Branchen und vor allem Unternehmen nicht überlebt hätten. Daher war diese staatliche Investition sicherlich zu diesem Zeitpunkt wichtig und richtig. Die legitime Frage ist jetzt allerdings, wann diese Hilfen auslaufen sollten und wie es gelingen kann, die Wirtschaft nach der Corona-Pandemie wieder zu beleben. Gleichzeitig darf man aber auch die drängenden Themen der Vor-Corona-Zeit wie die der zunehmenden Ungleichheit in Einkommen und Vermögen, die Vereinbarkeit von Ökonomie und Ökologie oder die Herausforderungen von Globalisierung und Digitalisierung nicht vernachlässigen. Wir wollen uns im Folgenden solche Eckpfeiler einer „ethischen" Wirtschaft näher ansehen.

4.4 Das ethische System der Wirtschaft

Der Kapitalismus als Wirtschaftssystem steht schon seit geraumer Zeit unter Beschuss (vgl. exemplarisch Piketty, 2014, 2020; Collier, 2019; Dönhoff, 1997). Die Kritik richtet sich in erster Linie an die Mitleidlosigkeit des Systems, vor allem den Starken zu nützen und die Schwachen zu vernachlässigen: Der Kapitalismus „beute die Menschen aus und entfremdet sie" (Marx, 2009, S. 210 ff.), er „tötet" (Papst Franziskus, 2013, S. 95), schüre Egoismus und gesellschaftliche Kälte und untergrabe die Solidarität der Menschen untereinander. Kalt, egoistisch und ungerecht, so die provokanten und zugespitzten Formulierungen. Dabei ist eine solche Pauschalkritik natürlich in dieser Form nicht korrekt und zu wenig differenziert. Andererseits zeigt bereits das Beispiel des Kommunismus, dass die Wirtschaft ohne den Kapitalismus auch nicht auskommen kann (vgl. den entsprechenden Titel von Ulrike Herrmann „Kein Kapitalismus ist auch keine Lösung", vgl. Herrmann, 2016). Die Wahrheit liegt sicherlich irgendwo in der Mitte. Lassen Sie uns in der gebotenen Kürze einige Punkte des Für und Wider eines kapitalistischen Wirtschaftssystems erläutern.

Zunächst ist es notwendig, uns klar zu machen, was eigentlich unter Kapitalismus zu verstehen ist. Hier hilft ein Blick in das Wirtschaftslexikon (vgl. Sauerland, 2021). Der Begriff bezeichnet Marktwirtschaften, die mehrheitlich durch das Privateigentum an den Produktionsmitteln, die dezentrale Planung der Wirtschaft über den Preis (basierend auf Angebot und Nachfrage) und freie Unternehmer gekennzeichnet sind. Vielfach dominieren Großbetriebe, die vorherrschende Einstellung ist die des Erwerbsprinzips, der Rationalität und des Individualismus. Die Ergebnisse werden im Zusammenspiel von Unternehmerinnen, Unternehmern und Mitarbeiterinnen und Mitarbeitern erzielt, die sich häufig durch eine rationale Arbeitsorganisation auszeichnen. So viel zur reinen Theorie. Tatsache ist allerdings, dass im Vordergrund des unternehmerischen Handelns der maximale Gewinn steht, der u. a. durch ein klares Geschäftsmodell und Strategie, sich vom Wettbewerb differenzierende Produkte und Dienstleistungen, effizientes, rationales Kostenmanagement und begeisterte Kunden und Mitarbeiter entsteht. Die aktiven Teilnehmer der Wirtschaft wollen im Gegenzug auskömmlich leben können, ihren Wohlstand mehren und im Sinne der Bedürfnispyramide von Maslow (vgl. Abschn. 4.1) zumindest ihre Defizitbedürfnisse decken können. Die Frage ist nun, in welcher Wirtschaftsform ist dies am besten möglich? Welche dieser im Folgenden kurz skizzierten Wirtschaftsformen kommt unserem Ideal einer „ethischen" Wirtschaft am Nächsten?

Zunächst müssen wir uns darauf verständigen, dass jeder Wirtschaftsform ein *bestimmtes Menschenbild* zugrundliegt (ich nehme im Folgenden Anleihen an mein Werk „Grenzen des ökonomischen Denkens. Wo bleibt der Mensch in der Wirtschaft?", vgl. Pietsch, 2017, vor allem S. 167 ff.). Zur Auswahl steht *einerseits* ein Bild von einem selbstbestimmten Menschen, der aufgrund seiner Fähigkeiten und Ausbildung jederzeit in der Lage ist, autonom für sich und seine Familie zu entscheiden. Dieser Typus benötigt weder Hilfe bei der Bildung noch ein umfangreiches Sozialsystem, sorgt im Laufe des Lebens für sich und die Seinen selbst und kann auch für sein Alter entsprechend vorsorgen. Er ist leistungs- und wettbewerbsorientiert, zielstrebig und autonom. Am besten passt auf diesen Menschentypus die Charakterisierung „jeder ist seines eigenen Glückes Schmied". Vom Staat werden nur absolute Härtefälle abgesichert, etwa Schutz vor dem Tod, Unterstützung bei Krankheit und Pflegebedürftigkeit im Alter. Der Rest unterliegt dem freien Spiel der Kräfte, in das nicht ohne Not eingegriffen wird. Der Staat hält sich auch weitgehend aus dem Leben der Menschen heraus und regelt nur das Notwendigste, etwa die Versorgung mit öffentlichen Gütern, die Landesverteidigung, die Repräsentanz des Landes nach außen etc., (s. Abschn. 4.3). Ein solches autarkes Menschenbild passt am besten zu einer *freien Marktwirtschaft*, in der der Staat bestenfalls den Rahmen setzt (analog dem Gedanken des Ordoliberalismus, vgl. Pietsch, 2019, S. 220 ff.). *Freiheit* ist hier das höchste Prinzip.

Diesem autonom handelnden Menschen steht *andererseits* ein Menschenbild gegenüber, der eher unselbstständig ist, aufgrund mangelnder Fähigkeiten in einzelnen Bereichen geschützt und unterstützt werden muss, sei es aufgrund eingeschränkter körperlicher, geistiger und anderer Fähigkeiten. Dieser Menschentypus ist weniger rational egoistisch und vor allem selbstgesteuert unterwegs. Der Kerngedanke ist dabei, dass die vom Leben und sozial Benachteiligten in unserer Gesellschaft die Hilfe von allen Mitgliedern benötigen und durch eine Vielzahl an Maßnahmen unterstützt werden müssen. Dazu gehört der Schutz vor Armut, die Sicherung eines gewissen Lebensstandards, das Anrecht auf einen selbstbestimmten Beruf bei angemessener Bezahlung von der man leben kann und ein Dach über den Kopf. Menschen mit körperlichen und geistigen Behinderungen müssen solidarisch durch die Gesellschaft geschützt und gefördert werden. Alle Menschen sind unterschiedlich. Das gilt auch für ihre Fähigkeiten, Kenntnisse, Ausbildungen etc. Entsprechend sind (wirtschaftliche) Unterschiede basierend auf unterschiedlicher Leistungsfähigkeit und -willen in Ordnung, *dürfen aber nicht zu unüberbrückbarer Ungleichheit führen.*

Chancen sollten idealer Weise für alle gleich vorhanden sein (was sie de facto nicht sind, wie Abschn. 4.2 nachdrücklich gezeigt hat). Die Sicherung des Lebensstandards, die Bereitstellung von bezahlbarem Wohnraum, einträglicher Arbeit und eine – bei allen Unterschieden – nicht zu große Ungleichheit ist vor dem Hintergrund dieses Menschenbildes am besten durch einen starken Staat zu gewährleisten. So sind Renten und alle Arten der sozialen Grundsicherung inklusive einem denkbaren bedingungslosen Grundeinkommen ebenso vom Staat zu finanzieren wie ein auskömmlicher Mindestlohn und eine bezahlbare Bildung für alle. Die Finanzierung erfolgt durch eine Besteuerung nach Leistungsfähigkeit in Einkommen und Vermögen. Während das erste Menschenbild einer maximal möglichen Freiheit im Sinne einer freien Entfaltung des Menschen folgt, ist das zweite Modell stärker dem Aspekt der *Gleichheit unter den Menschen* verpflichtet. Diesem Menschenbild korrespondiert eine Marktwirtschaft, die mehr oder minder durch *soziale Maßnahmen* in ihrer Freiheit eingeschränkt ist.

Dieser Zweiteilung des Menschenbildes nach mehr Freiheit oder mehr Gleichheit sind entsprechend unterschiedliche Wirtschaftsformen zugeordnet, die heute bereits so in der Praxis existieren bzw. wie im Falle des Kommunismus so existiert haben. Ich werde versuchen im Folgenden, die einzelnen „Schattierungen“ der Wirtschaftsform in ihren grundlegenden Ausprägungen zu skizzieren. Nacheinander möchte ich so die in den USA und Großbritannien vorherrschende freie Marktwirtschaft skizzieren. Im Anschluss daran werde ich die Soziale Marktwirtschaft in Deutschland porträtieren, gefolgt vom skandinavischen Modell und schließlich den Kommunismus, wie er in der DDR und der früheren Sowjetunion existierte. Darauf aufbauend möchte ich gemeinsam mit Ihnen überlegen, in welche Richtung unsere ideale „ethische“ Wirtschaft zielen sollte und welche Elemente dabei unentbehrlich sind. Wie bereits in Abschn. 4.3 skizziert, werden in diesem Modell auch einige Aspekte der zuvor beschriebenen „Gemeinwohlökonomie“ wiederzufinden sein. Beginnen wir nun mit dem US-amerikanischen Wirtschaftssystem, das sich dem Ideal der Freiheit in der Wirtschaft am ehesten verpflichtet hat (vgl. zu den unterschiedlichen Spielarten der Wirtschaftsordnung im Folgenden auch Pietsch, 2017, S. 60 ff.).

Die Amerikaner fühlen sich traditionell dem *„Pursuit of Happiness“*, den Streben nach Glückseligkeit verpflichtet. Die frühen Einwanderer suchten auf dem neuen Kontinent nicht nur ihr Glück und Auskommen, sondern wollten häufig auch das Beste aus ihrem Leben machen. Häufig aus den ärmeren Schichten im „alten“ Europa entstammend (vgl. die glänzend beschriebene Darstellung der US-amerikanischen Geschichte von Jill Lepore, vgl. Lepore, 2020), suchten die Einwanderer in ihrer neuen Heimat jenseits des Atlantiks ein neues zu Hause, eine einträgliche Arbeit und vor allem den sozialen Aufstieg. Sie wollten aus eigener Kraft einen materiellen Wohlstand für sich und ihre Familienmitglieder schaffen. Dabei sollte der Staat ihnen so wenig wie möglich im Wege stehen, das freie und profitorientierte Streben der Unternehmer und Angestellten stand dabei im Vordergrund. Dem Staat begegneten sie traditionell skeptisch (vgl. Banerjee & Duflo, 2020, S. 397 ff.), da sie eine maximal mögliche Freiheit der wirtschaftlichen Entfaltung für sich beanspruchten.

So war es denn auch kein Wunder, dass in den Achtziger Jahren des letzten Jahrhunderts der damalige US-Präsident Ronald Reagan mit seiner neoliberalen Reformagenda, *„Reaganomics"* genannt (aus Reagan und Economics, englisch für Volkswirtschaftslehre) allgemein Anklang fand. Kernideen seiner Wirtschaftspolitik waren vor allem (vgl. Niskanen, 2020):

1. Deutliche Senkung der Staatsausgaben
2. Senkung der Steuern auf Arbeit und Kapital: Der Grenzsteuersatz d. h. die Steuern auf die letzte Einheit wurde von 70 auf 28 Prozent abgesenkt, der Unternehmenssteuersatz von 48 auf 24 Prozent reduziert.
3. Verschlankung bürokratischer Prozesse und
4. die Begrenzung der Inflationsrate durch eine restriktive Steuerung des Geldangebots.

Ganz im Sinne der Idee des wirtschaftsliberalen Milton Friedman wurden somit die Staatsaktivitäten heruntergefahren, der Anteil der Unternehmen in privater Hand erhöht („Privatisierungswelle"). Bezeichnend für die Ablehnung des Staates war auch die starke Ablehnung der vorgeschriebenen staatlichen Gesundheitsvorsorge, die viele Amerikaner als staatliche Bevormundung ansahen und der damalige US-Präsident Barack Obama einführen wollte („Obamacare").

Eine solche Wirtschaftspolitik wie die von US-Präsident Reagan hat vor allem dafür gesorgt, dass die Bezieher höherer Einkommen überproportional entlastet wurden, gleichzeitig die Altersversorgung und die Sozialhilfe auf ein Minimum reduziert wurden. Die Staatsquote d. h. der Anteil der

Ausgaben des Staates an den Gesamtausgaben, beträgt heute in den USA lediglich 35,7 Prozent (Zahl für 2019, vgl. Urmersbach, 2021). Zusammengefasst kann man sagen, dass einer solchen Wirtschaftspolitik der freien, uneingeschränkten Marktwirtschaft das Prinzip des „swim or sink" d. h. „schwimme oder ertrinke" zugrunde lag: Es wird so wenig wie möglich staatlich organisiert, von der Bildung über Gesundheits- oder Altersvorsorge. Steuern werden gesenkt und die daraufhin fehlenden Steuereinnahmen durch geringere Staatsausgaben kompensiert. Das hier zugrunde liegende Menschenbild eines freien, leistungsstarken, sich selbst helfenden Menschen ohne großes Solidarnetz ist hier deutlich zu erkennen. Ein tendenziell ähnliches Bild kann man auch in Großbritannien erkennen, deren Wirtschaftspolitik ebenfalls durch neoliberale Akzente gekennzeichnet ist (vgl. u. a. Pietsch, 2020, S. 80; der damalige US-Präsident Ronald Reagan und die britische Premierministerin Margaret Thatcher lieferten sich in den Achtziger Jahren des letzten Jahrhunderts ein Rennen um die (neo)liberalste Wirtschaftsagenda).

Unter dem neuen US-Präsidenten Joe Biden ist allerdings eine *deutliche Abkehr* dieser neoliberalen Agenda der Vergangenheit zu erleben (vgl. im Folgenden Bidder & Sauga, 2021, S. 69). Das klare Ziel der neuen Regierung ist es, den langen Abstieg der Mittelschicht zu beenden und die seit einigen Jahren steigende Ungleichheit zu reduzieren. Der Wohlstand soll auch in diesen Schichten ankommen, nicht nur bei den oberen zehn Prozent der Bevölkerung. So plant die Regierung, den Mindestlohn auf 15 Dollar mehr als zu verdoppeln, die horrenden Studiengebühren vor allem für die Kinder aus der Mittel- und Unterschicht zu streichen und in den nächsten zehn Jahren alle Amerikaner krankenversichert zu haben (vgl. Bidder & Sauga, 2021, S. 69). Gleichzeitig plant Joe Biden mit seiner

Mannschaft ein mehrere Billionen schweres staatliches Investitionsprogramm analog der Wirtschaftspolitik von Keynes, von dem 1,3 Billionen US-Dollar in eine bessere Infrastruktur d. h. Straßen, Schulen, öffentliche Gebäude, Klimaschutz etc. und 2 Billionen US-Dollar in saubere Energie fließen sollen. Finanziert soll das Ganze durch höhere Spitzensteuersätze und Unternehmenssteuern werden. Dennoch bleiben etwa im Vergleich zu Deutschland die staatlichen sozialen Absicherungsmaßnahmen relativ schwach ausgeprägt. Das Menschenbild des freien, selbstbestimmten Individuums schimmert auch hier wieder durch.

In Deutschland begannen die Wirtschaftswunderjahre in dem Jahrzehnt nach dem Zweiten Weltkrieg und mit der Errichtung einer Sozialen Marktwirtschaft. Ziel dieser Sozialen Marktwirtschaft (vom Ideengeber Alfred Müller-Armack immer mit dem großen S geschrieben, vgl. im Folgenden Müller-Armack, 1990) war es, „*... die marktwirtschaftliche Ordnung auf ihre Vereinbarkeit mit jenen wirtschaftlichen und sozialpolitischen Zielen zu überprüfen, die wir heute zum Grundbestand aller staatlicher Gesinnung rechnen.*" (Müller-Armack, 1990, S. 67). Kern dieser damals neuen Wirtschaftsordnung war eine konstruktive Wettbewerbspolitik, die einen fairen und geordneten Wettbewerb ermöglicht und die Wettbewerbsbeschränkungen wie Kartelle, Monopole etc. verhindert. Neben den marktwirtschaftlichen Prinzipien wie der freien Preisbildung aus Angebot und Nachfrage, dem privaten Eigentum und dem Unternehmertum, sollte der Staat allerdings nicht nur den rechtlichen Rahmen setzen.

So sah die Konzeption Müller-Armacks bereits damals einen Mindestlohn vor (vgl. Müller-Armack, 1990, S. 119), eine progressive Besteuerung d. h. höhere Besteuerung hoher Einkommen, Kinderbeihilfen, Miet- und

Wohnungsbauzuschüsse und legte Wert auf die Förderung kleiner und mittelständischer Betriebe (vgl. Müller-Armack, 1990, S. 119 ff.). Sogar eine staatliche Begrenzung der Mieterhöhung war als Möglichkeit konzeptionell vorgesehen (vgl. Müller-Armack, 1990, S. 125). Zur Förderung der Vollbeschäftigung diente auch eine aktive Geld-, Kredit- und Währungspolitik: Günstige Kredite für Unternehmen zur Investition oder auch staatliche Investitionen, unterstützt durch ein entsprechendes Wachstum der Geldmenge und eine Währung (damals die D-Mark), die im Vergleich zu den anderen Währungen nicht zu hoch bewertet wird, was die Exporte erschwert. In der Summe kann man sagen, dass die damalige Konzeption der Sozialen Marktwirtschaft *viele Elemente der sozialen Absicherung der Bevölkerung* vorsah.

Vollbeschäftigung ist die beste Sozialpolitik, aber auch ein ausgeprägtes, solide finanziertes Sozialsystem mit Sozialleistungen aller Art, etwa die Sozial- und Pflegeleistungen, oder auch eine auskömmliche Rente. Gerade auch das Instrument der Kurzarbeit, das so in den meisten anderen Ländern nicht existiert, hat während der Zeit der Corona-Pandemie viele Arbeitsplätze gerettet. Dieser Wirtschaftspolitik liegt eher das Menschenbild eines schützenswerten Menschen zugrunde, der nicht immer und zu aller Zeit, etwa im Alter, sein Leben wirtschaftlich ohne Hilfe des Staates bestreiten kann. Dass hier allerdings mittlerweile in Deutschland noch Luft nach oben ist und eher eine *Soziale Marktwirtschaft 2.0* gefordert ist, werden wir an anderer Stelle noch einmal vertiefen. Diese neugestaltete Soziale Marktwirtschaft sollte auf jeden Fall die Herausforderungen der Globalisierung, des Klimawandels und der Digitalisierung in ihre Überlegungen integrieren (vgl. dazu auch Schäuble, 2021, S. 129).

Ein noch stärker staatlich abgefedertes Wirtschafts- und Sozialsystem weisen die *skandinavischen Länder* auf. Kulturell ist es in den skandinavischen Ländern eher verpönt, sich von der Masse zu differenzieren und seine Leistungsfähigkeit und Reichtum proaktiv zur Schau zu stellen. Das schwedische Prinzip des *„Jante"*, frei übersetzt mit Sozialneid, gibt den Bürgern als Norm vor, möglichst nicht den Neid der Mitmenschen zu erregen (vgl. Pietsch, 2017, S. 63). Natürlich gibt es auch in Schweden Reichtum, nur wird dieser weniger zur Schau getragen als anderswo. Traditionell sind die Skandinavier stärker von den *Werten der Gleichheit, der Gemeinschaft und der Solidarität* geprägt (vgl. im Folgenden Pietsch, 2020, S. 74 ff.). Frauen und Männer sind stärker gleichberechtigt, was sich an der gemeinsamen Erziehung der Kinder und gleichzeitiger Berufstätigkeit zeigt. Die sogenannte Work Live Balance, die ausgewogene Balance zwischen Arbeit und Freizeit, ist hier deutlich stärker ausgeprägt. Auszeiten von der Berufstätigkeit wie etwa Sabbaticals oder kürzere Arbeitszeiten während des Tages sind hier normal. Gleichzeitig existiert ein umfassendes Netz an staatlichen Kindertagesstätten („Dagis") und ein staatlich finanziertes Gesundheitssystem. Dafür werden zehn Prozent der Einkommenssteuer von jedem Arbeitnehmer einbehalten. Eine private Zusatzversicherung ist allerdings möglich.

Die Staatsquote liegt zum Teil über 50 Prozent (Finnland 51 Prozent, Dänemark fast 52 Prozent; Deutschland zum Vergleich liegt bei knapp 44 Prozent). Die Bildung wird staatlich subventioniert und ist fast ausschließlich in staatlichen Händen. Die skandinavischen Länder nehmen regelmäßig in den PISA-Bildungsstudien die vorderen Plätze ein. Die Einkommen liegen näher beieinander als etwa in den USA oder Deutschland. Ein „gender pay gap" zwischen Männern und Frauen existiert ebenfalls zu einem deutlich geringeren Maße als etwa in Deutschland (vgl. Raskopf, 2021). Das Menschenbild der Gleichheit der Individuen zeigt sich in dem skandinavischen Modell noch deutlicher als in Deutschland. Bevor wir uns mit einer, aus ethischer Sicht, „idealen" Wirtschaftsordnung befassen, lassen sie uns noch einen kurzen Blick auf planwirtschaftliche Wirtschaftsordnungen und deren Charakteristika werfen, wie sie vor allem in der untergegangenen Sowjetunion und der DDR galten (vgl. im Folgenden Pietsch, 2020, S. 81 ff.).

Im Gegensatz zu dem marktwirtschaftlichen Prinzip von Angebot und Nachfrage, das über den Preis die Versorgung mit Gütern sicherstellt, wurden die angebotenen Mengen an Gütern in der damaligen Deutschen Demokratischen Republik (DDR) in einem zentralen Fünfjahresplan staatlich festgelegt. Verantwortlich dafür war eine Staatliche Plankommission. Basis dafür waren Statistiken über den Verbrauch bestimmter Güter des täglichen Bedarfs wie etwa Lebensmittel aus der Vergangenheit. Ehemals privat betriebene Betriebe wurden in Staatsbetriebe umgewandelt. Es entstanden so die Landwirtschaftlichen Produktionsgenossenschaften (LPG), die Volkseigenen Betriebe (VEB), die Handelsorganisationen (HO) und die Produktionsgenossenschaften des Handwerks (PGH). Ein zentraler staatlicher Plan stellte ebenfalls sicher, dass jede Bürgerin und jeder Bürger einen Arbeitsplatz fand („Recht auf Arbeit"). Die Ausbildung und der Einsatz der Arbeitskräfte war ebenfalls zentral staatlich geregelt. Die Preise der Güter und Löhne wurden staatlich fixiert. Zwar existierten in der DDR auch kleinere und mittelständische Betriebe, doch unterlagen diese ebenfalls der staatlichen Steuerung.

Das Ziel des etablierten Wirtschaftssystems war dem Gedanken der *Gleichheit der Menschen* untergeordnet: Die Löhne und Gehälter unterschieden sich nicht wesentlich, ganz egal, ob es sich um einen akademischen Beruf oder einen Arbeiterjob handelte. Der Arbeiter bzw. die Arbeiterin an sich genoss ein hohes Ansehen. Lohn- und Gehaltsunterschiede existierten ebenfalls kaum zwischen den Geschlechtern und den einzelnen Hierarchieebenen. Es galt als vollkommen selbstverständlich, dass sowohl der Mann als auch die Frau einer ganztägigen Arbeit nachgingen, auch wenn später Kinder dazukamen. Als Ausgleich für die berufliche Tätigkeit beider Elternteile erhielt jedes Kind einen Platz in einer ganztägigen Kindertagesstätte, die ebenfalls vom Staat finanziert wurde. Der Staat subventionierte Wohnungen, deren Zuteilung von dem Familienstand und der Kinderzahl abhängig waren und die sich im Wesentlichen durch ihre Wohnfläche unterschieden.

Die Folge dieses kommunistischen, planwirtschaftlichen Systems war eine *Mangelwirtschaft*: Einerseits konnte die staatliche Planung das Marktgeschehen im Sinne einer realen Nachfrage im Vergleich zum verfügbaren Angebot nicht oder nur unzureichend abbilden. Es fehlten die marktbedingten Preise, die die Knappheit eines Gutes signalisierten und den unternehmerischen Anreiz auf zusätzlichen Gewinn vermissen ließen. Gleichzeitig fehlte eine Orientierung darüber, wie viele Güter einer entsprechenden Art zur Verfügung zu stellen sind und ein Wettbewerb mehrerer konkurrierender Unternehmen, die um die besten Erfolgschancen am Markt rangen. Die fehlende Profitorientierung und Suche nach der besten (Kunden)Lösung führte auch zu einer im Vergleich zu den westlichen Marktwirtschaften viel geringeren Produktivität. Schließlich gab es ja auch klare Vorgaben hinsichtlich der maximalen Anzahl an Gütern einer bestimmten Art, die produziert werden sollten.

Das wohl berühmteste Beispiel hierfür ist das Automodell „Trabant“, liebevoll „Trabbi“ genannt, auf dessen Lieferung man zumeist warten musste, bis der Sohn oder die Tochter volljährig war – wenn man bereits zur Geburt des Kindes die Bestellung aufgab. Die Produktauswahl generell war eingeschränkt und staatlich definiert, da die reale

Nachfrage nach Art und Umfang durch den zentral vorgegebenen Preis nicht zu ermitteln war. Gleichzeitig wurden viele Produkte aus dem Westen d. h. Westdeutschland, den USA und weiteren europäischen Ländern eingekauft, die mit ausländischer Währung (Devisen) zu bezahlen waren. Gleichzeitig war die Ost-Mark, die offizielle Währung der DDR, nicht in westliche Währungen konvertibel d. h. tauschbar. Die daraus resultierende Aufnahme von Devisen ließ die Verschuldung des Staates dramatisch ansteigen.

Das Wirtschaftssystem der ehemaligen Sowjetunion unterschied sich in ihrer Form kaum von der Zentralverwaltungswirtschaft der DDR, zumal es ja als Vorbild für letztere Wirtschaftsform diente. Die Produktion und das Angebot von Gütern aller Art wurden von der kommunistischen Staatspartei definiert, die auch die Preise und Löhne festlegte. Die einzelnen Unternehmen und deren Produktionsmittel d. h. die Maschinenparks, Geräte und Einrichtungen zur Fertigung der unterschiedlichen Güter lagen in Staatshand. Die Landwirtschaft war in staatlichen Betrieben, den Sowchosen, oder in genossenschaftlich organisierten Betrieben, den Kolchosen, organisiert. Das Eigentum an den Kolchosen gehörte dem Kollektiv, d. h. allen an der Genossenschaft beteiligten Männern und Frauen (die „Genossen"). Eigentum war nur in privater Hand erlaubt. Ähnlich wie das planwirtschaftliche System der DDR war auch die Wirtschaft der Sowjetunion durch den Import von Gütern der westlichen Staaten überschuldet und litt an einer Mangelwirtschaft aufgrund geringer Orientierung an der realen Nachfrage.

Die kurze Skizzierung unterschiedlicher Wirtschaftsformen in den letzten Abschnitten diente vor allem dazu, aufzuzeigen, welche Möglichkeiten in der Praxis existieren, um einerseits einem Menschenbild der Gleichheit oder der maximalen Freiheit zu folgen. Während das US-amerikanische Wirtschaftssystem vor allem unter Präsident Ronald Reagan oder das britische unter Premierministerin Margaret Thatcher eher der Freiheit des Menschen verpflichtet war, deutete das bundesrepublikanische oder auch das skandinavische Modell auf eine stärkere Betonung des sozialen Elements in der Wirtschaft hin. Eine Extremform der Gleichheit des Menschen in der Wirtschaft verkörperten die zuletzt beschriebenen Wirtschaftsformen der planwirtschaftlichen Zentralverwaltungswirtschaft ostdeutscher bzw. sowjetischer Prägung. Diese Modelle sollen uns als Anregung gelten, wie eine ideale Wirtschaftsform aus ethischer Sicht aussehen könnte. Welches sind also die Elemente einer ethischen Wirtschaft? Lassen sie uns diese im Folgenden in aller gebotenen Kürze skizzieren.

Wir haben am Beispiel des planwirtschaftlichen Ansatzes gesehen, dass der Staat, repräsentiert durch ausgewählte Funktionsträger, nicht in der Lage ist (und sein kann), die Bedürfnisse der Bevölkerung nach einzelnen ausgewählten Gütern zu treffen bzw. exakt vorauszusagen. Eine Orientierung an den Vergangenheitswerten des Konsums führt nur dazu, bereits historische, staatlich fixierte Mengen in die Zukunft fortzuschreiben. Eine reale Abbildung von Angebot und Nachfrage ist so nicht möglich. *Es fehlt die Signalwirkung des Preises, die die Knappheit eines Gutes angibt* und durch seine Höhe die nachgefragte Menge bestimmt. Wie viel von einem Gut, etwa einer teuren Handtasche oder einem Auto will und kann ich mir leisten? Hier ist der Markt in seiner Prognosequalität bezüglich der angebotenen Menge eindeutig im Vorteil. Zudem führt ein geordneter Wettbewerb – das ist ein Wettbewerb, der nicht verzerrt wird etwa durch langanhaltende Monopole oder einer Oligopol-Situation und bei dem keine Absprachen der Anbieter bezüglich eines abgestimmten Verhaltens, eines Preises stattfinden etc. – dazu, dass sich der Anbieter mit dem besten Preis-Leistungsverhältnis am Markt durchsetzt. Wettbewerb und die Aussicht auf Gewinn führen dazu, dass die Unternehmen um die beste Lösung ringen und versuchen, die schnellsten und besten am Markt zu sein. Dieses Wettbewerbsprinzip gilt auch für den Wettbewerb um die begehrtesten Arbeitsplätze bzw. aus Sicht der Unternehmen das Ringen um die besten Mitarbeiterinnen und Mitarbeiter. Der Preis des Arbeitsmarktes d. h. der Lohn ergibt sich auch hier wieder wie auf allen Märkten anhand von Angebot und Nachfrage und wird nicht staatlich festgelegt. Entsprechend gibt es auch keine feste Zuteilung der Arbeitnehmerinnen und Arbeitnehmer auf die einzelnen Arbeitsplätze.

Ebenso hat sich bewährt, Unternehmen mehrheitlich in privater Hand zu lassen. Unternehmer sind auf der Suche nach unentdeckten Gewinnpotenzialen, nutzen ihre Kreativität und ihren Antrieb dafür, über ständige Verbesserungen ihrer Produkte und Dienstleistungen aus Sicht des Kunden den Ertrag zu steigern. Sie schaffen und sichern damit die Arbeitsplätze ihrer Mitarbeiterinnen und Mitarbeiter. Ein kollektives Eigentum führt tendenziell eher dazu, dass der Anreiz zu Verbesserungen oder die Notwendigkeit, sorgsam damit umzugehen, eher geringer ausfällt. So gut die Idee des „Sharings“ d. h. des Teilens von Autos, Wohnungen etc. ist, es bleibt die Gefahr des „Free Riders“ d. h. desjenigen, der das geteilte Gut zulasten des jeweils anderen nicht sorgfältig behandelt (die Zustände der hinterlassenen Car Sharing-Autos sprechen in dieser Hinsicht für sich). Die freie Wahl der Ausbildung ist ebenso ein individuelles Recht wie die Wahl des Lebenspartners oder die der Wohnung oder des Arbeitsplatzes. Allerdings hat die Geschichte gezeigt, dass ein Staatskommunismus genauso gescheitert ist wie ein Liberalismus, der die Marktkräfte ungehemmt walten lässt (vgl. Precht, 2021, S. 110). Die Frage ist daher: Wo versagt das Marktprinzip und wo sollte der Staat, sollten wir als Gesellschaft stärker in das Marktgeschehen eingreifen und Fehlentwicklungen korrigieren?

Wohlstand ist nur dann ein Wohlstand, wenn er bei allen ankommt. Natürlich kann niemand erwarten, dass er ohne eine entsprechende Vorleistung in Genuss aller Privilegien kommt und ein hohes Einkommen erzielen kann. Selbstverständlich sind eine gute Ausbildung und ein entsprechender Einsatz eine Grundvoraussetzung für einen beruflichen Erfolg. Dennoch haben wir gesehen (s. Abschn. 4.2), dass es die Startvoraussetzungen ungleich sind und trotz aller Bemühungen Unterschiede in Einkommen und Vermögen nicht ausbleiben werden. Dennoch muss es das Ziel einer „ethischen" Wirtschaft sein, *diese Ungleichheiten eher zu verringern*, anstelle sie immer weiter ansteigen zu lassen. Ansatzpunkte dazu gibt es einige und sie sind schon seit langem bekannt und werden bereits seit geraumer Zeit immer wieder kontrovers diskutiert. So wird in erster Linie die *Vermögenssteuer* genannt, die vor allem die reichen Mitbürgerinnen und Mitbürger treffen und für eine höhere Gleichheit der Ausstattung aller Haushalte sorgen soll. Während sich trefflich über die zu besteuernde Höhe des Vermögens und den Steuersatz streiten lässt (etwa ab 2 Millionen Euro Vermögen jährlich 1 Prozent Abgabe, vgl. Programm der Partei Bündnis 90/Die Grünen zur Bundestagswahl, 2021), ist die Erhebung einer solchen Steuer sicher nicht unkritisch zu sehen (vgl. etwa Fuest, 2019): Einerseits *trifft sie auch Unternehmen* und kann zu einer kontraproduktiven Besteuerung des notwendigen Betriebsvermögens führen. Andererseits führt die Erhebung und Bewertung aller Vermögensgegenstände zu einem *erheblichen administrativen Aufwand*, der

der Ertragswirkung dieser Steuerart bis zu einem gewissen Grad entgegenläuft.

In die gleiche Richtung zielen Überlegungen zur Erhöhung des Erhebungssatzes der Erbschaftssteuer und/oder die Reduzierung der steuerfreien Freibeträge bei der Vererbung an Ehepartner und Kinder. Ferner existieren gerade in skandinavischen Ländern Luxussteuern, die auf Luxusartikel wie etwa Premiumautos gezahlt werden müssen. Steuern also, die man nur zahlen muss, wenn man in der privilegierten Lage ist, sich einen Luxusartikel zu leisten. Ähnliches gilt für die sogenannten Kapitalertragssteuern. Dies sind Steuern auf Kapitalerträge wie sie etwa bei Dividendenzahlungen auf Aktien oder Firmenanteile zu verrichten sind. Diese werden derzeit mit einem pauschalen Steuersatz von 25 Prozent belegt und nicht mit dem jeweiligen persönlichen Einkommenssteuersatz (der zumeist deutlich höher liegt). Bezüglich der Ungleichheit der Einkommen gibt es prinzipiell die Möglichkeit, die bereits existierende *progressive Besteuerung* – je höher das Einkommen, desto höher der Steuersatz – weiter zu erhöhen. Dies kann in zweierlei Hinsicht geschehen:

Einerseits kann der Steuersatz an sich für die sogenannten „Besserverdiener" oder „Spitzenverdiener" um einige Prozentpunkte erhöht werden und andererseits kann der Schwellenwert, ab dem der nächsthöhere Steuersatz greift, reduziert werden. Derzeit greift bei einem Einkommen von gut 57.000 Euro (2020, vgl. Einkommenssteuerrechner, 2020) der höchste Grenzsteuersatz („Spitzensteuersatz") von 42 Prozent. Ab einem Einkommen von derzeit etwa 270.000 Euro für Alleinstehende und 540.000 Euro bei Ehepaaren gilt die „Reichensteuer" mit einem Steuersatz von 45 Prozent. Dies betrifft dann noch 0,2 Prozent der Steuerpflichtigen in Deutschland. Zur Erhöhung der Besteuerung kann entsprechend sowohl der Schwellenwert als auch der Steuersatz angehoben werden (so schlägt etwa die Partei Bündnis 90/Die Grünen einen „Reichensteuersatz" von 48 Prozent vor; Die Linke schlug in ihrem Wahlprogramm 2017 sogar 60 Prozent vor). Nach oben sind den Überlegungen keine Grenzen gesetzt, wenn man etwa zu unseren Nachbarn Frankreich hinübersieht, wo der sozialistische Politiker Jean-Luc Mélenchon einen Spitzensteuersatz von 90 Prozent (!) für Einkommen ab 400.000 Euro vorschlug (vgl. Pietsch, 2020, S. 247).

Die so freiwerdenden Gelder könnten dann genutzt werden, um die sozial Benachteiligten in Deutschland zu unterstützen. In Kapitel 4.2 haben wird gesehen, dass gerade Kinder aus armen Familien von einem „Bildungsstipendium" profitieren könnten, damit sie alle mit den nötigen Lern- und Hilfsmitteln ausgestattet und gezielt gefördert werden können. Ganz zu schweigen von dem Teil der Kinder, die immer noch hungrig in die Schule gehen müssen. Gleichzeitig könnte eine *„Kinderrente"* vor allem für sozial benachteiligte Kinder zur Verfügung gestellt werden, die es diesen Kindern erlaubt, stärker als bisher am sozialen Leben in den Schulen teilnehmen zu können, etwa an Schulausflügen, die bei ärmeren Kindern häufig die Familien vor unlösbare Aufgaben stellt.

Die Frage, was ethisch in einer Ökonomie geboten ist, ist nicht leicht zu beantworten. Was sagen diejenigen Bürgerinnen und Bürger, die ein hohes Vermögen geerbt haben, auf das sie plötzlich höhere Erbschaftssteuern und vielleicht noch zusätzlich eine Vermögenssteuer zahlen sollen? Das Vermögen ihrer Vorfahren wurde ja *bereits mehrfach besteuert*, bei der Entstehung als Einkommens- oder Kapitalsteuer oder sonstige Abgaben. Durch die Erbschafts- und Vermögenssteuer werden diese Gelder ein zweites Mal – und im Fall der Vermögenssteuer jedes Jahr – besteuert. Im Falle eines selbst erarbeiteten Vermögens werden die erfolgreichen und vielleicht sparsamen Bürger doppelt bestraft, da sie neben den bereits hohen progressiven Steuern auch noch für ihr angespartes Vermögen ein zweites Mal besteuert werden. Andererseits, so argumentiert „die Gegenseite", sei ein ererbtes Vermögen keine eigene Leistung und letztlich der „Gnade der richtigen Geburt" zu verdanken. Ein glücklicher Umstand, der so nicht stehen bleiben dürfte. Die gleichen Fragen kann man hinsichtlich der Höhe des Einkommensteuersatzes ab einem gewissen Schwellenwert stellen. Oder aber die Frage, welche Gehaltsunterschiede lässt man in der Gesellschaft zu – zwischen den Geschlechtern sollte bei gleicher Ausbildung, Job, Erfahrung und Leistung kein Unterschied existieren! – zu. Stichworte sind hier Vorstände und Geschäftsführer im Vergleich zum einfachen Arbeiter, gemessen an der Multiplikationsformel z. B. der Geschäftsführer sollte nicht mehr als das x-fache des durchschnittlichen Arbeiters erhalten, und die Gehälter für „systemrelevante" Berufsgruppen wie die der Kranken- und Altenpflegerinnen und Altenpfleger.

Während beide Seiten in ihrer Argumentation nachvollziehbar sind, dürften *einige Rahmenbedingungen einer „ethischen" Wirtschaft unstrittig sein*: So sollten alle Bürgerinnen und Bürger in Deutschland ein Anrecht auf ein Dach über den Kopf haben, ein einklagbares Bürgerrecht, das ein Mindeststandard des Menschen darstellen sollte. Es sollte bezahlbar sein und im Zweifel für die Ärmsten vom Staat zum Teil oder vollständig subventioniert werden. Die Ökonomie sollte sich an dem Gemeinwohl der Gesellschaft ausrichten: Nicht der Wohlstand einiger weniger Mitbürgerinnen und Mitbürger ist das Ziel, sondern ein auskömmliches Leben möglichst aller.

Was heißt in diesem Sinne konkret „auskömmlich"? Jeder sollte seine physischen Bedürfnisse nach ausreichender Ernährung und Kleidung genauso stillen können wie ein erschwingliches zu Hause und noch Zeit, seinen Interessen nachzugehen. Wiewohl es strittig ist, ob der Staat oder jeder Einzelne für sein persönliches Glück selbst verantwortlich ist, sollte gerade in einem reichen Land wie Deutschland *eine Grundsicherung für alle* möglich sein. Konkret bedeutet dies eine *Kinderrente für alle* und ein *Bildungsstipendium für begabte Kinder aus ärmeren Schichten.* Zusätzlich wäre ein bedingungsloses Grundeinkommen von mindestens 1000 Euro pro Monat hilfreich, um die Existenz im Zweifel auch ohne Arbeit absichern zu können. Wenn dann der einzelne Bürger, die einzelne Bürgerin dann lieber der Muße oder den Hobbies nachgeht, dann ist das so. Zur Finanzierung dieser Vorschläge existieren schon länger Ideen wie etwa die Einführung einer Finanztransaktionssteuer auf Aktien etc. oder auch freiwillige Spendenleistungen (vgl. Precht, 2018, S. 135 ff. und Pietsch, 2019, S. 390 f.).

Stattdessen könnten sich die Menschen unabhängig von ihrer Lebensphase mit ihren Ideen und Fähigkeiten in den Dienst der Gemeinschaft einbringen, in Ehrenämter, seien sie karitativer oder sonstiger Art z. B. in Sportvereinen. In der ethischen Ökonomie geht es nicht mehr „Jeder gegen jeden" im Sinne des Hobbe'schen Credos des *„bellum omnia contra omnes"* (des Krieges von jedem gegen jeden), sondern um ein Miteinander und gegenseitige Solidarität. Das ist *keinesfalls eine unsinnige Sozialutopie*, sondern zum Teil schon gelebte Praxis, wenn die Alten die Jungen unterstützen, etwa „Rent a Omi" zum Vorlesen von Kleinkindern oder Hausaufgabenbetreuung. Dies sollte noch viel häufiger geschehen. Es gibt in Deutschland viele ältere Menschen, die sich gerne für die Jugend engagieren würden und viel Geduld, Lebenserfahrung und Kompetenzen mitbringen. Andererseits gibt es genügend sozial, aber auch bildungstechnisch benachteiligte Jugendliche, die sich über eine Unterstützung, eine Motivation und ein Vorbild älterer Mitbürgerinnen und Mitbürger an ihrem Leben freuen würden. Manche Jugendliche sehnen sich einfach nur nach Anerkennung, nach Gehört- und Gesehen-Werden mit ihren ganz individuellen Fähigkeiten und Leistungen.

Eine ethische Ökonomie sollte sicherlich marktwirtschaftliche Elemente beinhalten – wir haben die Vorteile dieses Wirtschaftssystems vorhin diskutiert – aber noch viel stärker als das bislang der Fall ist, durch *freiwillige soziale Elemente der Zivilgesellschaft ergänzt werden.* Was meine ich damit konkret? Die Handreichung zwischen jung und alt habe ich gerade angesprochen. Da sind sicherlich viele Modelle denkbar wie einzelne Treffen, ein regelmäßiger Erfahrungsaustausch bis hin zu einem lebenslangen Coaching von Jugendlichen durch lebens- und berufserfahrene ältere Erwachsene bzw. Rentnerinnen und Rentner. Davon würden beide Seiten profitieren: Die Jungen von den gemachten Erfahrungen und vor allem den Fehlern der Älteren und den konkreten Lebenstipps, die anderen von der Sicht der jungen Generation auf das Leben, die Herausforderungen, mit denen diese aktuell zu kämpfen haben. Und wenn es nur der Umgang mit den sozialen Medien, dem Internet oder der Themen rund um die Digitalisierung ist.

Wie viel mehr könnte damit in Deutschland erreicht werden mit einer solchen Symbiose aus alt und jung? Die einen könnten ihre Erfahrungen sinnvoll weitergeben und diese würden nicht auf ewig verloren gehen. Die anderen, die jüngeren, könnten davon profitieren und deren Fehler nicht wiederholen und vor allem den Glauben an sich selbst und ihre Fähigkeiten stärken. Der Philosoph Richard David Precht schlägt zu Recht zwei soziale Pflichtjahre vor (vgl. Precht, 2021, S. 144 ff. inklusive der dort angegebenen Rahmenbedingungen): eins für junge Leute nach der Ausbildung anstelle der ausgesetzten Wehrpflicht und ein zweites im Rentenalter. So könnten beide Altersgruppen einen wichtigen Beitrag zur Solidargemeinschaft leisten.

Ein weiteres Beispiel ist das *Zusammenspiel zwischen reich und arm.* Aufgrund der zunehmenden Vermögens- und Einkommenskonzentration in Deutschland werden die Barrieren zwischen den einzelnen Milieus, den einzelnen Schichten immer höher als niedriger. Was wäre, wenn man diese Barrieren einreißen würde, indem man arme und reiche Familien zusammenbringt oder erfolgreiche Menschen mit weniger erfolgreichen zusammenspannt und sich gegenseitig unterstützt und Tipps gibt? Konkret könnte ein „Selfmade Millionär" einer ärmeren Mitbürgerin bzw. Mitbürger erklären, wie er oder sie es geschafft hat, so erfolgreich und wohlhaben zu werden. Das bedeutet nicht, dass man den unwahrscheinlichen Versuch machen wollte, die Erfolgsformel des Einen auf den Anderen zu übertragen. Vielmehr geht es darum, die Einstellungen, die Vorgehensweise und die „Erfolgsformeln" mit den weniger Erfolgreichen zu teilen: Eine Unternehmerin, ein Unternehmer könnte erläutern wie er oder sie zu der Geschäftsidee gekommen ist, welches das Erfolgsrezept war und welche Einstellungen dahinterstehen. Beide Seiten könnten voneinander lernen, sich gegenseitig besser verstehen und so Stereotype abbauen. Es gibt nicht „die Reichen" da oben und „die Armen" da unten. Häufig war der materielle Erfolg hart erarbeitet und die ärmere Seite würde erkennen, welche Voraussetzungen nötig waren. Andererseits kann die Unternehmerin, der Unternehmer lernen, wie der jeweils andere in die schwierige finanzielle Lage gekommen ist.

Dies gilt für alle Alterskategorien. Erfahrene Unternehmerinnen und Unternehmer oder erfolgreiche Top Managerinnen und Top Manager könnten sich als Coach für benachteiligte Jugendliche aus schwierigen finanziellen Verhältnissen zur Verfügung stellen, sie betreuen und ein Stück ihres Weges begleiten. Jugendliche aus finanziell potenten Elternhäusern könnten Paten werden von ärmeren Kindern, sie betreuen, auf ihren schulischen Weg begleiten oder aber nur Zeit mit ihnen verbringen. Sie könnten gemeinsam etwas unternehmen, Hobbies betreiben oder auch nur eine Pizza zusammen essen gehen. Warum sollten sich Jugendliche darauf einlassen? Warum eigentlich nicht? Die Jugendlichen von heute sind viel solidarischer mit einem wachen Blick für ihre soziales Umfeld unterwegs als gemeinhin unterstellt wird. Ich kenne einige Jugendliche in meiner Umgebung, die diesen Weg der Unterstützung sozial benachteiligter Jugendlicher schon lange gehen und dadurch eine hohe Befriedigung erzielen. Möglichkeiten der gegenseitigen Unterstützung gibt es viele. *Es muss nicht immer alles staatlich verordnet werden*, es gibt viele Menschen mit guten Ideen, wie die gesellschaftliche Solidarität stärker gelebt werden könnte. Gleichzeitig werden gegenseitige „Feindbilder" abgebaut und eine gegenseitige Atmosphäre geschaffen von der alle profitieren können.

Ich möchte noch ein letztes Beispiel anführen, das eine Welle der gesellschaftlichen Solidarität eindrücklich unter Beweis stellen könnte. Anstelle einer immer wieder umstrittenen – und möglicherweise nie eingeführten (vgl. den aktuellen Stand der „Ampel-Diskussion") – Vermögenssteuer könnte man sich ganz pragmatisch damit helfen, dass man eine freiwillige Abgabe aller Bürgerinnen und Bürger bei der jährlichen Steuererklärung einführt. Konkret könnte das so aussehen, dass einfach in der Steuererklärung ein zusätzliches Feld eingeführt wird, in dem eine freiwillige Spende eingetragen wird. Die Höhe bestimmt jeder Bürger selbst, könnte aber als Referenzwert z. B. zwischen 0,1 und 1 Prozent des Bruttojahreseinkommens oder auch des Vermögens betragen. Wobei jeder noch so kleine Betrag bereits hilft. Dieses Geld könnte dann als eine Art „Schatten-

Sozialhaushalt“ von den Gemeinden zur Unterstützung der Ärmsten der Armen genutzt werden, sei es für die Tafel, karitativen Einrichtungen oder einfach zur Subvention von Mieten etc. Die konkrete Verwendung nach der Notwendigkeit und dem Bereich mit dem größten Bedarf sollte *ein kommunales Gremium treffen, zusammengesetzt aus ehrenamtlichen Experten*, die dann die Verteilung der Mittel bestimmen und überwachen. Ein transparentes Berichtswesen, das allen öffentlich zugängig ist, sorgt dann dafür, dass die Mittelverwendung jederzeit nachlesbar ist. So könnte die gesellschaftliche Solidarität zwischen den wohlhabenderen und den eher benachteiligten Menschen einer Gemeinde konkrete Realität werden. Bevor man dieses Verfahren bundesweit ausrollt, könnte man es in einigen Gemeinden freiwillig pilotieren. Einen Versuch wäre es sicher wert!

Der Traum von einer realisierbaren ethischen Ökonomie umfasst – ohne Anspruch auf Vollständigkeit – auch ein Leben *ohne exzessive Kapitalmärkte*, auf denen eher Finanzierungen von realen Unternehmen und Vorhaben unterstützt werden als durch „Zockereien“ kurzfristig den Gewinn zu maximieren, die aber produktiv nichts leisten, etwa Wetten auf sinkende Kurse, Aktien, die man nicht besitzt oder auf Lebensmittelpreise. Eine Ökonomie, in der für *gleiche Leistung das gleiche Gehalt bezahlt wird*, unabhängig von der Herkunft, dem Geschlecht etc. In der *keine Diskriminierungen* stattfinden, *kein Mobbing*, Monopole und wettbewerbsverzerrende Oligopole zerschlagen werden und der Wettbewerb nicht auf Kosten der Schwachen stattfindet. Stichworte sind hier *mehr Kooperationen und Solidarität der Menschen untereinander*, vermehrt Kooperationen der Unternehmen und eine erhöhte Chancengleichheit der Kinder und Jugendliche. Was sich wie eine Utopie anhört, könnte zumindest als Leitbild, als überfälliges *„Narrativ“* dienen, an denen wir uns alle orientieren können. Bei einem früheren Chef habe ich einmal den Spruch aufgeschnappt *„geht nicht gibt es nicht“*. Wenn der Wille da und stark genug ist, dann gibt es auch immer einen Weg, dieses Ziel zu erreichen! Dies soll zur Skizze einer ethischen Ökonomie zunächst genügen. Eine solche Wirtschaft ist künftig allerdings nur dann sinnvoll, wenn sie vor allem das Thema Umwelt immer mitdenkt. Daher wollen wir uns im folgenden Kapitel mit den ethischen Fragen beschäftigen, die die Ökologie für die Ökonomie bereithält.

Literatur

Banerjee, A. V., & Duflo, E. (2020). *Gute Ökonomie für harte Zeiten. Sechs Überlebensfragen und wie wir sie besser lösen können*. Penguin.

Becker, G. (1993). *Der ökonomische Ansatz zur Erklärung menschlichen Verhaltens* (Einheit der Gesellschaftswissenschaften, Band 32). Mohr Siebeck.

Bernau, P. (29. November 2020). Muss der Staat wirklich alles retten? *Frankfurter Allgemeine Zeitung* Nr. 48, S. 23.

Bidder, B., & Sauga, M. (13. März 2021). Der Arbeiterpräsident. *Der Spiegel* Nr. 11, S. 68–70.

Bönig, J. (2020). *Acht Männer besitzen mehr als die Hälfte die ärmere Hälfte der Weltbevölkerung*. lunapark 21 online. https://www.lunapark21.net/tag/vermoegensverteilung/. Zugegriffen am 05.10.2020.

Brinkmann, B., Endt, C., & Unterhitzenberger, S. (2019). *Einkommensverteilung. Alleinerziehende, Rentner, Einwanderer: Wer wie viel Geld hat*. https://projekte.sueddeutsche.de/artikel/wirtschaft/einkommensverteilung-in-deutschland-wer-hat-wie-viel-e557028/. Zugegriffen am 05.10.2020.

Bündnis 90/Die Grüne. (2021). *Deutschland. Alles ist drin. Programmentwurf zur Bundestagswahl 2021*. https://www.gruene.de/grundsatzprogrammprozess/. Zugegriffen am 19.04.2021.

Butterwegge, C., & Butterwegge, C. (2021). *Kinder der Ungleichheit. Wie sich die Gesellschaft ihrer Zukunft beraubt*. Campus.

Collier, P. (2019). *Sozialer Kapitalismus! Mein Manifest gegen den Zerfall unserer Gesellschaft*. Siedler.

Deutsches Kinderhilfswerk. (2020). *Die Ernährungssituation von Kindern in Deutschland*. Deutsches Kinderhilfswerk online. https://www.dkhw.de/schwerpunkte/kinderarmut-in-deutschland/gesunde-ernaehrung/ernaehrungssituation-von-kindern-in-deutschland/. Zugegriffen am 04.10.2020.

DIW/dpa. (15. Juli 2020). Vermögensverteilung. Studie. Reichste zehn Prozent besitzen gut zwei Drittel des Vermögens. *Handelsblatt online*. https://www.handelsblatt.com/politik/deutschland/vermoegensverteilung-studie-reichste-zehn-prozent-besitzen-gut-zwei-drittel-des-vermoegens/26006588.html?ticket=ST-3315382-XHENLAYPPKuCcQyt5bj0-ap6. Zugegriffen am 05.10.2020.

Dönhoff, M. (1997). *Zivilisiert den Kapitalismus. Grenzen der Freiheit*. Deutsche Verlagsanstalt.

Einkommensteuerrechner. (2020). *Lohn- und Einkommensteuerrechner des Bundesministeriums für Finanzen*. https://www.bmf-steuerrechner.de/ekst/eingabeformekst.xhtml. Zugegriffen am 10.11.2021.

Erhard, L. (1964). *Wohlstand für alle, bearbeitet von Wolfram Langer* (8. Aufl.). https://www.ludwig-erhard.de/wp-content/uploads/wohlstand_fuer_alle1.pdf. Zugegriffen am 07.06.2020.

Erhardt, M. (2021). *Corona-Pleitewelle: 25.000 Unternehmen vor dem Aus?* Deutsche Welle online. https://www.dw.com/de/corona-pleitewelle-25000-unternehmen-vor-dem-aus/a-56745156. Zugegriffen am 10.03.2021.

Felber, C. (2010). *Die Gemeinwohl-Ökonomie: Das Wirtschaftsmodell der Zukunft* (9. Aufl.). Deuticke.

Feld, L. P., Fries, J. L., Preuß, M., & Schmidt, C. M. (2020). Verteilungsfragen in Deutschland: Herausforderungen der

Messung und der zielgerichteten Umverteilung. *Wirtschaftsdienst, Zeitschrift für Wirtschaftspolitik, 4*(100), 233–237.

Friedman, M. (2016). *Kapitalismus und Freiheit* (Mit einem Geleitwort von Horst Sieber, 11. Aufl.). Piper.

Friedrichs, J. (2021). *Working Class: Warum wir Arbeit brauchen, von der wir leben können*. Berlin Verlag.

Fuest, C. (2019). Armut und Reichtum. Kosten und Nutzen einer deutschen Vermögensteuer. *Frankfurter Allgemeine Zeitung online*. https://www.faz.net/aktuell/wirtschaft/armut-und-reichtum-kosten-und-nutzen-einer-deutschen-vermoegensteuer-16415511.html. Zugegriffen am 10.11.2019.

Gemeinwohl-Ökonomie. (2021). *Gemeinwohl Ökonomie. Ein Wirtschaftsmodell mit Zukunft*. https://www.ecogood.org/de/. Zugegriffen am 07.03.2021.

Geppert, M. (2019). *Die Rolle von Bedürfnissen für das menschliche Handeln*. Herder Verlag online. https://www.herder.de/leben/lebensberatung-und-psychologie/maslowsche-beduerfnispyramide/. Zugegriffen am 03.10.2020.

Heidenfelder, C. (2019). *Armut in Deutschland*. Planet Wissen online. https://www.planet-wissen.de/gesellschaft/wirtschaft/armut_in_deutschland/index.html. Zugegriffen am 04.10.2020.

Herrmann, U. (2016). *Kein Kapitalismus ist auch keine Lösung. Die Krise der heutigen Ökonomie oder Was wir von Smith, Marx und Keynes lernen können* (3. Aufl.). Westend.

Himmelrath, A. (09. Mai 2018). Bildungserfolg. Auf die Eltern kommt es an. *Spiegel online*. https://www.spiegel.de/lebenundlernen/uni/bildung-in-deutschland-arbeiterkinder-studieren-seltener-als-akademikerkinder-a-1206959.html. Zugegriffen am 11.12.2020.

Kodzo, J. (03. Februar 2021). Arbeitslosenquote. Wie hoch ist die Arbeitslosenquote in Deutschland? *Wirtschaftswoche online*. https://www.wiwo.de/politik/konjunktur/arbeitslosenquote-wie-hoch-ist-die-arbeitslosenquote-in-deutschland/26609230.html. Zugegriffen am 19.02.2021.

Leendertz, A. (2017). *Für eine Geschichte der Gegenwart: Historische Perspektiven auf die Ökonomisierung der Gesellschaft*. Max

Planck Gesellschaft online. https://www.mpg.de/11881049/mpifg_jb_2017. Zugegriffen am 29.11.2020.

Lepore, J. (2020). *Diese Wahrheiten. Geschichte der Vereinigten Staaten von Amerika* (S. 5). C. H. Beck.

Marx, K. (2009). *Das Kapital. Kritik der politischen Ökonomie* (Ungekürzte Ausgabe nach der zweiten Aufl. von 1872). Anaconda.

Mayr, A. (2020). *Die Elenden. Warum unsere Gesellschaft Arbeitslose verachtet und sie dennoch braucht.* Carl Hanser.

Mischel, W. (2015). *Der Marshmallow-Effekt. Wie Willensstärke unsere Persönlichkeit prägt* (3. Aufl.). Siedler.

Müller-Armack, A. (1990). *Wirtschaftslenkung und Marktwirtschaft. Sonderausgabe.* Kastell.

Neßhöver, C. (2020). Die neue Staatswirtschaft. *Manager Magazin, 12*(2020), 110–116.

Niskanen, W. A. (2020). *Reaganomics.* https://www.econlib.org/library/Enc1/Reaganomics.html. Zugegriffen am 17.03.2021.

Paech, N. (2012). *Befreiung vom Überfluss. Auf dem Weg in die Postwachstumsökonomie.* Oekom.

Papst Franziskus. (2013). *Die Freude des Evangeliums. Das Apostolische Schreiben „Evangelii Gaudium" über die Verkündigung des Evangeliums in der Welt von heute.* Herder.

Pietsch, D. (2017). *Grenzen des ökonomischen Denkens. Wo bleibt der Mensch in der Ökonomie?* Eul.

Pietsch, D. (2019). *Eine Reise durch die Ökonomie. Über Wohlstand, Digitalisierung und Gerechtigkeit.* Springer.

Pietsch, D. (2020). *Prinzipien moderner Ökonomie. Ökologisch, ethisch, digital.* Springer.

Pietsch, D. (2021). *Die Ökonomie und das Nichts. Warum Wirtschaft ohne Moral wertlos ist.* Springer.

Piketty, T. (2014). *Das Kapital im 21. Jahrhundert.* C. H. Beck.

Piketty, T. (2020). *Kapital und Ideologie.* C. H. Beck.

Precht, R. D. (2018). *Jäger, Hirten, Kritiker. Eine Utopie für die digitale Gesellschaft.* Goldmann.

Precht, R. D. (2021). *Von der Pflicht. Eine Betrachtung.* Goldmann.

Raskopf, C. (07. März 2021). Diese europäischen Länder haben den größten Gender Pay Gap. *Capital online.* https://www.capital.de/wirtschaft-politik/diese-europaeischen-laender-haben-den-groessten-gender-pay-gap. Zugegriffen am 17.03.2021.

Reuter, T. (14. Februar 2019). Obdachlosigkeit. Bald könnte es 1,2 Millionen Menschen ohne Wohnung geben. *Die Zeit online.* https://www.zeit.de/wirtschaft/2019-02/obdachlosigkeit-wohnungslose-sozialpolitik-zuwanderung-wohnungsnot-deutschland-faq Zugegriffen. am 19.02.2021.

Rudnicka, J. (15. Dezember 2020). Millionäre in Deutschland bis 2019. statista.com. https://de.statista.com/statistik/daten/studie/162277/umfrage/millionaere-in-deutschland-us-dollar/. Zugegriffen am 17.02.2021.

Sauerland, D. (2021). *Kapitalismus.* Gabler Wirtschaftslexikon online. https://wirtschaftslexikon.gabler.de/definition/kapitalismus-37009. Zugegriffen am 11.03.2021.

Schäuble, W. (2021). *Grenzerfahrungen. Wie wir an Krisen wachsen.* Siedler.

Smith, A. (2009). *Wohlstand der Nationen* (Nach der Übersetzung von Max Stirner, Hrsg von Heinrich Schmidt). Anaconda.

Sparda Bank. (2020). *Gemeinwohl-Bilanz 2015–2017. Sparda Bank München eG.* https://www.sparda-m.de/internetauftritt/downloads/pdf/vierter-gemeinwohlbericht.pdf. Zugegriffen am 09.12.2020.

Spiegel Geld. (2020). *Das Finanzmagazin* Nr. 3.

Urmersbach, B. (16. März 2021). Staatsquote in den USA bis 2025. *Statista online.* https://de.statista.com/statistik/daten/studie/158267/umfrage/staatsquote-in-den-usa/. Zugegriffen am 17.03.2021.

Weber, M. (1980). *Wirtschaft und Gesellschaft: Grundriss der verstehenden Soziologie.* (Besorgt von Johannes Winckelmann. 5., rev. Aufl., Studienausgabe). Mohr.

Wilke, F. (28. Dezember 2019). Vorbild Dagobert Duck. Wie lebt ein Frugalist? *Süddeutsche Zeitung online.* https://www.sueddeutsche.de/wirtschaft/frugalisten-etf-depot-1.4736245. Zugegriffen am 14.02.2021.

Winkels, R., & Herzog, L. (20. September 2018). „Die Debatte": Intelligenz. Schlau geboren oder schlau geworden? *Frankfurter Allgemeine Zeitung online*. https://www.faz.net/aktuell/wissen/intelligenz-sind-gene-oder-die-erziehung-verantwortlich-15797270.html. Zugegriffen am 11.12.2020.

5

Die Zerstörung der Umwelt als ethische Herausforderung

5.1 Klimawandel: Es ist eine Sekunde nach zwölf

Der Klimawandel ist nicht erst seit den „Fridays for Future"-Bewegungen rund um die schwedische Aktivistin Greta Thunberg in aller Munde. Mittlerweile ist (fast) allen Menschen auf der Welt klar, dass es so nicht weitergehen kann und unser Planet einem düsteren Szenario entgegengeht. Die Frage ist allerdings Stand heute, im Jahr 2021, ob es anstelle von einer Sekunde *vor* zwölf nicht schon eine Sekunde *nach* zwölf ist und wir einer irreversiblen Entwicklung des Weltklimas hinterherlaufen. Gemäß dem neuesten Gutachten des Deutschen Wetterdienstes von 2021 (vgl. im Folgenden Adrian et al., 2021) ist trotz der weltweiten Pandemie und verringerter globaler Mobilität die Kohlendioxid-Konzentration in der Atmosphäre auch im Jahr 2020 wieder gestiegen. Es sieht nach derzeitigem Stand danach aus, dass *die Temperaturerhöhung im globalen Durchschnitt* im Vergleich zum vorindustriellen Niveau sich

D. Pietsch, *Unsere Wirtschaft ethisch überdenken*,
https://doi.org/10.1007/978-3-658-37977-3_5

bis zum Jahr 2100 in einem Korridor von *3 bis 4 Grad* bewegen wird. Das Pariser Klimaabkommen hatte eine Begrenzung dieser Temperaturerhöhung auf „deutlich unter zwei Grad" beinhaltet. Die Jahresmitteltemperatur ist seit Ende des 19. Jahrhunderts in Deutschland um 1,6 Grad angestiegen, global sind es 1,1 Grad. Die Folgen lassen sich am besten anhand konkreter Wetter- und Umweltphänomene beobachten. So *schmolz die Meereseisfläche* auf den zweitniedrigsten Wert nach 2012. In einzelnen Regionen der Welt wie etwa in der Sahel-Zone, aber auch in Indien, Pakistan und China lag der Niederschlag zum Teil bis zu *500 Prozent über dem langjährigen Durchschnitt.* Im Nordatlantik wurden mehr als doppelt so viele Stürme, nämlich 30, registriert als zu normalen Zeiten.

Mit Hilfe von Szenarien können die Einflüsse des Menschen auf die Umwelt mittlerweile relativ gut isoliert werden (vgl. Adrian et al., 2021). So konnte festgestellt werden, dass die langandauernde Dürre im Nordosten Deutschlands im Jahr 2018 im Wesentlichen auf die Folgen des Klimawandels zurückzuführen ist. Künftig wird sich die Wahrscheinlichkeit solcher Dürren verdoppeln und gleichzeitig die Intensität verstärken. 2020 war mit einer mittleren Temperatur von 10,4 Grad Celsius in Deutschland das zweitwärmste Jahr seit Beginn der Wetteraufzeichnungen im Jahr 1881. Die Landwirtschaft litt unter der zu hohen Trockenheit, vor allem Obstgehölze, Wein, aber auch Zuckerrüben und Grünland. Die Wälder erhielten zu geringe Niederschläge und die Gefahr des Waldbrandes stieg deutlich an. Der Deutsche Wetterdienst rechnet auch in Zukunft mit häufigeren Klima- und Wetterextremen: Hitze, Trockenheit und Starkniederschläge werden sich künftig regelmäßig zu Lasten gemäßigter Wetterbedingungen abwechseln (vgl. Adrian et al., 2021).

Auch die junge Generation warnt zu Recht mit drastischen, aber gut belegten Szenarien vor einer Klimakatastrophe, die nach Meinung der Autoren bereits heute schon da ist (vgl. Heinisch et al., 2019, S. 31 ff.):

Bis zum Jahr 2100 wird über die Hälfte der Gletscher auf der Nordhalbkugel abgeschmolzen sein, Permafrostböden tauen rasant ab und setzen riesige Mengen an Treibhausgasen frei. Der Meeresspiegel steigt unaufhörlich und könnte nach der kompletten Schmelze des Grönland-Eises um bis zu 7,2 Meter angehoben sein. Dies bedeutet, um es plastisch zu machen, dass *in einigen Jahrzehnten ganze Landstriche von unseren Landkarten verschwinden werden*, von den vielen Inselstaaten und Küstenregionen ganz zu schweigen. Ganze Städte und Länder wie etwa Bangkok, Jakarta oder etwa die Malediven könnten so im Wasser untergehen (vgl. Heinisch et al., 2019, S. 32). Überschwemmungen, Stürme und Dürren werden an der Tagesordnung sein. Kaum ein Land oder eine Region auf der Welt wird von dieser Klimakatastrophe ausgenommen werden. *Es wird uns alle betreffen*. Schätzungen zufolge werden bis zum Jahr 2050 mindestens Dutzende, wenn nicht sogar im Extremfall Hunderte Millionen Menschen aufgrund der Klimakatastrophe ihre Heimat verlassen müssen. Welche Folgen das für die betroffenen Menschen und die aufnehmenden Länder bedeuten kann, kann man sich noch nicht einmal richtig vorstellen, sondern nur erahnen.

Folgt man einem *fiktionalen*, futuristischen, aber *nicht vollkommen utopischen Szenario* des Geologen und Klimaforschers James Powell (vgl. Powell, 2020, S. 43), dann wird bis zum Jahr 2100 das Amazonasbecken um fünf bis acht Grad Celsius erwärmt, der Niederschlag wird sich um zwanzig Prozent verringern und 95 Prozent des Regenwaldes werden verschwunden sein. Bis aus ein paar wenige verstreute Flecken wird dann alles abgebrannt sein. Alle positiven Effekte des Amazonas für das Ökosystem gingen damit unwiederbringlich verloren: Sämtliche Säugetier-, Fisch-, Baum- und Vogelarten. Die Aufnahme von Hunderten Milliarden Tonnen Kohlendioxid wäre ebenso wenig möglich wie die acht Billionen Tonnen Wasser, die der Amazonas-Regenwald jedes Jahr verdampft. Weitere Dürre und Trockenheit sind die Folge. Gleichzeitig, so das erschreckende Szenario Powells, lässt die globale Erwärmung den Meeresspiegel ansteigen und große Teile New Yorks (vgl. Powell, 2020, S. 75 ff.) überfluten. Ebenso von dem Anstieg des Meeresspiegels betroffen seien Miami und die Keys, große Teile von Ägypten, Vietnam und Bangladesch. Ganze Städte wie Rotterdam gingen gemäß diesem Szenario in den Fluten unter (vgl. Powell, 2020, S. 124 ff.). Gletscher werden abschmelzen und erhöhen in der Folge weiter die durchschnittliche Erdtemperatur.

Powell sagt *Kriege um Grundnahrungsmittel* in Regionen wie Ägypten, Israel, aber auch in Kanada voraus (vgl. Powell, 2020, S. 149 ff.). Der Klimawandel beschwört riesige globale Migrationsbewegungen herauf, angetrieben vom Zug in klimatisch und nahrungstechnisch noch (über) lebenswerte Regionen. Schließlich beschreibt er in wahren Horrorszenarien die gesundheitlichen Folgen des Klimawandels für den Menschen (vgl. Powell, 2020, S. 204 ff.): von dem Anstieg der Unterernährung aufgrund fehlender natürlicher Nahrungsmittel über verstärkte Verbreitung von tödlichen Krankheiten wie Malaria oder Tode als Folge zahlreicher Kriege um Nahrung und Wasservorräte (vgl. Powell, 2020, S. 151 ff.). Hoffentlich, so werden Sie jetzt sagen, wird es letztlich nicht soweit kommen oder Sie zweifeln dieses Horrorszenario einfach an. Das ist legitim, wiewohl Powell die Daten des Klimawandels von heute einfach in die Zukunft fortgeschrieben hat. Er unterstellt dabei natürlich, dass nichts oder zu wenig rechtzeitig gegen den Klimawandel getan wurde. Natürlich ist auch viel Spekulation mit dabei. Nichtsdestotrotz: Eindringlicher kann man das durch den Klimawandel drohende Szenario nicht vor

Augen führen. Selbst wenn es „nur“ in abgeschwächter Form oder tendenziell so käme, wäre es schon verheerend genug!

Wie aber kommt es überhaupt zum Klimawandel (vgl. im Folgenden vor allem Deutsches Klimakonsortium, 2021, S. 4 ff.)? Es gibt auf der Erde einen *natürlichen Treibhauseffekt*, der durch einige Treibhausgase wie u. a. Wasserdampf, Kohlendioxid, Methan verursacht wird. Diese sogenannten „Spurengase“ in der Lufthülle der Erde sorgen dafür, dass ein Teil der Energie der Sonneneinstrahlung als Wärmeenergie in der Atmosphäre verbleibt. Ohne diese Treibhausgase wäre es auf der Erdoberfläche im Durchschnitt nur etwa minus 18 Grad Celsius kalt. Diese Wärmepufferung, der Treibhauseffekt, sorgt für die Steigerung der durchschnittlichen Erdtemperatur um 32 Grad Celsius auf 14 Grad Celsius und macht so die Erde für uns Menschen erst bewohnbar. Seit Beginn der Industrialisierung vor gut 200 Jahren nimmt die Konzentration der Treibhausgase in der Erdatmosphäre ständig zu (vgl. Deutsches Klimakonsortium, 2021, S. 4). Ursache hierfür sind vor allem das Verbrennen fossiler Energieträger wie Kohle, Erdöl und Erdgas, die vor allem Kohlendioxid freisetzen und somit die Treibhausgasmenge erhöhen und den Wärmepuffer-Effekt verstärken.

Gleichzeitig werden riesige Waldgebiete auf der Erde gerodet, etwa am Amazonas, was die Aufnahme von Treibhausgasen aus der Atmosphäre deutlich verringert. Die dadurch erzeugte zusätzliche Wärmeeinstrahlung auf die Erde wird aber nicht nur an die Lufthülle der Erde in Form erhöhter Temperatur abgegeben. Etwa 93 Prozent (!) der überschüssigen Energie fließt in die Weltmeere und sorgt für einen *deutlich steigenden Wärmeinhalt* mit entsprechenden Konsequenzen für die darin sich befindlichen Lebewesen. Gleichzeitig *erhöht sich der Säuregrad des welt-*

weiten Meeres durch die Verbindung von Kohlendioxid mit Meerwasser zu Kohlensäure. Der pH-Wert zur Messung des Säuregrades des oberflächennahen Meerwassers liegt aktuell bei 8,1. Das bedeutet eine Senkung gegenüber der vorindustriellen Zeit um 0,1 Grad. Was sich nach einer sehr geringen Veränderung über mehr als 200 Jahre hinweg anhört, bedeutet aber eine Zunahme des Säuregrades des Weltmeeres im Durchschnitt um 26 Prozent (vgl. Deutsches Klimakonsortium, 2021, S. 11). Dieser erhöhte Säuregrad bedroht vor allem Korallen, Muscheln und Krebse. Das Deutsche Klimakonsortium kommt zu einem eindeutigen Befund (Deutsches Klimakonsortium, 2021, S. 6):

> „Die vielfältigen Forschungen haben natürliche Ursachen für den aktuellen, sehr schnellen und steilen Temperaturanstieg seit Beginn der Industrialisierung ausgeschlossen. Er ist durch die *menschengemachte* Verstärkung des Treibhauseffekts erklärbar." (Kursive Hervorhebung durch den Autor, DP)

Der Klimawandel hat aber nicht nur gesundheitliche Folgen für die Menschen und ihre Lebensbedingungen, sondern auch handfeste *Konsequenzen für die Wirtschaft*. So rechnet der jüngste Klimabericht der Europäischen Kommission damit, dass die Wasserknappheit sich negativ auf die Landwirtschaft, den Tourismus und die Binnenschifffahrt oder etwa die Kühlung von Kraftwerken auswirken wird (vgl. EU-Strategie für die Anpassung an den Klimawandel, 2021, S. 1). Die wirtschaftlichen Verluste innerhalb der EU durch die Erderwärmung alleine – angenommen wird eine Erhöhung der globalen Durchschnittstemperatur um 3 Grad Celsius gegenüber dem vorindustriellen Niveau – werden konservativen Schätzungen zufolge mindestens 170 Mrd. Euro betragen, was 1,36 Prozent des aktuellen

Bruttoinlandsproduktes entspricht (vgl. EU-Strategie für die Anpassung an den Klimawandel, 2021, S. 2).

Eine weltweite Studie der Unternehmensberatung McKinsey in 105 Staaten der Erde berechnet die Folgen des Klimawandels für die globale Wirtschaft (vgl. Jung, 2020). Wenn der Klimawandel nicht gestoppt würde, so die Berater, dann würde dies die globale Ökonomie Hunderte Millionen Menschenleben und Billionen von Dollar an Wirtschaftskraft kosten. Im Einzelnen betonen die Autoren, dass:

- wachsende Hitze und Luftfeuchtigkeit vor allem in Indien bis 2030 etwa 2,5 bis 4,5 Prozent der Wirtschaftsleistung kosten würde;
- wenn die Emissionen weiter wie bisher anstiegen, bis 2030 250 bis 360 Millionen Menschen *tödliche Hitzewellen* drohten, bis 2050 könnte diese Zahl sogar auf 700 Millionen bis zu 1,2 Milliarden ansteigen; betroffen seien vor allem Länder wie Pakistan, Bangladesch und Nigeria;
- weltweit vor allem in den Bereichen Landwirtschaft, Bergbau und Bauindustrie bis 2050 jährlich zwischen vier und sechs Billionen Dollar Umsatz gefährdet sei;
- der Tourismus und die Lebensmittelproduktion am Mittelmeer unter den klimatischen Bedingungen leiden würden: das bedeutet Ausgleichskosten etwa fünf bis elf Milliarden Dollar;
- Immobilien werden durch drohende Wirbelstürme an Wert verlieren (alleine in Florida geschätzt 30 Prozent Wertminderung bis 2050);
- die Erwärmung der Meere den Fischfang bis 2050 um acht Prozent reduzieren und damit die Nahrungsgrundlage von 650 bis 800 Millionen Bürgern verschlechtern;

- als einige von wenigen Industrien vor allem die Hersteller von Klimaanlagen profitierten.

Selbstverständlich sind dies nur Ausschnitte und betrachten nicht umfassend die Kosten aller Volkswirtschaften. Viel entscheidender aus ethischer Sicht ist allerdings die Auswirkung des Klimawandels auf die Lebensbedingungen der Menschen weltweit, wobei es *zumeist die Ärmsten zuerst und am härtesten trifft*. Ökonomische Folgekosten sind also nur eine Seite der Medaille.

Der Klimawandel führt auch zu einer weltweiten Verschiebung von Klimazonen und Verbreitungsgebieten von Pflanzen und Tieren: Pflanzenarten wie (Stech-)Palmen verschieben sich weiter in den eigentlich kälteren Norden, fangen früher an zu blühen, werden früher von den Insekten bestäubt und verbreiten eine größere Pollenmenge (vgl. Deutsches Klimakonsortium, 2021, S. 17). Zugvögel kommen wärmebedingt früher zurück, Fische laichen früher, Blühzeitpunkte von Pflanzen verschieben sich und passen zum Teil nicht mehr zum Lebenszyklus der sie bestäubenden Insekten, von denen es immer weniger gibt. Selbst die „typischen" Jahreszeiten haben sich in den letzten Jahrzehnten verschoben (vgl. Deutsches Klimakonsortium, 2021, S. 17): Der Frühling beginnt meteorologisch im Durchschnitt bereits zwei Wochen früher, der Herbst ebenfalls und dauert länger und der Winter wird von durchschnittlich 120 Tagen auf 102 Tage verkürzt. Dies alles hat auch unausweichlich Konsequenzen auf Flora und Fauna, vor allem auf die Artenvielfalt. Darauf möchte im Folgenden kurz eingehen.

5.2 Artenvielfalt und Tierwohl: Schützt die Biodiversität!

Gemäß dem Artenschutzbericht des Weltbiodiversitätsrats (vgl. WWF, 2021a) der Vereinten Nationen könnten etwa eine Million Arten, die heute auf der Erde leben, verschwinden, wenn sich unsere Ökosysteme weiter verschlechtern. Von insgesamt 128.918 erfassten Tierarten sind mehr als 35.500 vom Aussterben bedroht, was mehr als einem Viertel aller Tierarten entspricht. Aktuell befinden wir uns in einem Zeitalter des *größten Artensterbens seit 65 Millionen Jahren*. Das Aussterben betrifft etwa ein Viertel aller Säugetierarten, mehr als 30 Prozent der Haie und Rochen sowie 40 Prozent der Amphibienarten und jede achte Vogelart (vgl. WWF, 2021a). Die Gründe dafür sind vielfältig, aber meistens von Menschen verursacht. Neben dem Klimawandel mit den oben genannten Auswirkungen auf die Erderwärmung (s. Abschn. 5.1) sind es vor allem die abgeholzten Wälder, die immer noch in der Landwirtschaft eingesetzten Pestizide und Herbizide, aber auch die Überfischung der Weltmeere und die Wilderei auf begehrte Tierarten, wie etwa auf Elefanten in Afrika, die den dramatischen Artenschwund ausgelöst haben.

In dem bereits erwähnten fiktionalen Buch von Powell zur Situation, wie die Erde im Jahre 2084 bedingt durch den Klimawendel aussehen könnte (s. Abschn. 5.1), zeichnet der Klimaforscher und Geologe James Powell ein düsteres Bild zur künftigen Artenvielfalt (vgl. Powell, 2020, S. 217 ff.). Am Beispiel des Great Barrier Reefs in Australien, der größten Ansammlung von über 2900 Korallenriffen der Erde, zeigt Powell nachdrücklich auf, welchen Effekt der ungebremste Klimawandel auf die Artenvielfalt hätte. Auf einer Fläche der Größe von Großbritannien und Irland zusammen lebten im 20. Jahrhundert über 1500

Fischarten und 7 Arten von Meeresschildkröten. Im Jahr 2084 wird davon, so Powell, nichts mehr übrigbleiben als *„das geisterhafte Skelett einer monströsen, sezierten Meereskreatur, die Knochen blank genagt von der Erderwärmung."* (Powell, 2020, S. 217). Den Grund dafür schildert Powell ebenso eindringlich: Die für die Fischnahrung notwendigen Algen werden bei einer Wassertemperatur über 30 Grad Celsius von den Korallen abgestoßen und bleichen aus. Fische finden darauf nichts mehr zu Fressen und sterben aus und mit ihnen das gesamte Ökosystem der Korallen.

Unweit vom Great Barrier Reef befinden sich die Regenwälder von Queensland, Australien, ein Weltkulturerbe. Auf den 1500 Meter hohen Gipfeln der Berge hatte sich eine üppige Pflanzenwelt entwickelt, die zum Leben die Feuchtigkeit direkt aus den Wolken aufnahm. Mit den ansteigenden Temperaturen stiegen die Wolken immer höher, sodass die 700 Pflanzenarten die Feuchtigkeit nicht mehr einfangen konnten und schließlich in der Hitze verbrannten. Mit ihnen ging auch die Lebensgrundlage der Frösche, Schlangen und Mikroben zugrunde. Darüber hinaus starben (aus Sicht des Jahres 2084), so die zwar fiktionale, aber nicht unrealistische Prognose von Powell, weitere seltene Tierarten aus wie etwa der Streifen-Ringelschwanzbeutler, das Hasenkänguru oder sechs Arten von Gleithörnchenbeutlern. Die zahlreichen Vogelarten sterben sukzessive aus, da das für die einzelne Vogelart nötige Habitat, eine Kombination aus Feuchtigkeit, Temperatur, Vegetation und Insektenvorkommen nur noch in den höchsten Berglagen überleben und an der Bergspitze irgendwann der Platz und die Bedingungen lebensunwert werden.

Die düstere Zukunftsprognose von Powell umfasst nicht nur das ultimative Aussterben des Eisbären und der zwölf Pinguinarten (vgl. Powell, 2020, S. 223), sondern auch das *riesige Artensterben im Meer.* Die Ursache dafür ist die Unmenge an Kohlendioxid, die das Meer sukzessive aufnimmt und die Kalkschalen und Korallen zerfrisst. Dies führte zu einem Ab- und Aussterben von Plankton, der lebenswichtigen Ernährung von Seesternen, Austern oder den Tintenfischen. Der Wettbewerb der Nationen um die maritime Ernährung, so die fiktionale Vorhersage von Powell, führte schließlich dazu, dass sich niemand mehr an die Fischfang-Kontinente halten wollte und in der Folge die Meere überfischte. Schließlich starben auch zahlreiche Wal- und Delfinarten aus wie der Blau- und Pottwal, der Hector-Delfin und der Gangesdelfin. Zusammenfassend hält Powell fest, dass bis ins Jahr 2084 durch die Erderwärmung *bis zu zwei Drittel aller Spezies*, die im Jahr 2000 noch auf der Erde lebten, *ausgestorben* sein könnten, etwa 12 Millionen Arten! Dabei muss man natürlich berücksichtigen, dass eine Art unzählige Millionen Individuen beinhalten kann. Von den in 2005 aufgeführten 12.200 Spezies auf der Liste der gefährdeten Tierarten werden, so Powell, im Jahr 2084 etwa 95 Prozent ausgestorben sein (vgl. Powell, 2020, S. 225).

Selbst wenn man unterstellt, dass der fiktionale Bericht von James Powell so nicht eintritt, weil entweder zu stark überzeichnet oder die Menschheit in den Jahren zwischen 2021 und 2084 der Klimakatastrophe kräftig gegengesteuert hat, ist die augenblickliche Realität nicht dazu angetan, sich zurückzulehnen. So gehen analog zu den abgeholzten Wäldern die *Tierbestände* prozentual zurück. So sind die weltweiten Tierbestände seit 1970 im Schnitt um mehr als 50 Prozent zurückgegangen. Ausschlaggebend dafür war vor allem der von Menschen verursachte Verlust des Lebensraums durch die Rodung der Wälder. Besonders dramatisch ist die Entwicklung im Amazonas-Regenwald. Jedes Jahr verschwinden im globalen Durchschnitt *mindes-*

tens 14 Millionen Hektar Wald. Dies entspricht der Fläche von mehr als der Schweiz und Österreich zusammengenommen, pro Minute sind das etwa 30 Fußballfelder. Dabei bedingen sich die Wälder und die Tierpopulationen gegenseitig: Ohne Tiere können sich die Wälder nicht wieder hundertprozentig regenerieren, da erstere einen großen Anteil an CO_2 speichern, die Bäume zum Teil bestäuben und für die Verbreitung von Baumsamen verantwortlich sind. Gleichzeitig schützen die Wälder die Erde, aber auch die Tier- und Pflanzenwelt vor Überhitzung und sichert die natürlichen Lebens- und Ernährungsgrundlagen. Aber nicht nur die Menge der Waldgebiete spielt eine entscheidende Rolle, sondern auch deren *Qualität.*

So stellte das Bundesministerium für Ernährung und Landwirtschaft in ihrer neuesten Waldzustandserhebung 2020 fest (vgl. Bundesministerium für Ernährung und Landwirtschaft, 2021), dass nur noch *21 Prozent* der untersuchten Bäume des deutschen Waldes *ohne Kronenschaden* sind. Der Kronenschaden wird anhand des Grades der sogenannten „Kronenverlichtung“ gemessen. Die Kronenverlichtung ist dabei das Maß für die Vitalität der Bäume und beschreibt die Dichte, die Größe und die Verfärbung der Blätter und Nadeln in der Baumkrone. Mehr als drei von vier Bäumen sind also weder voll benadelt bzw. voll belaubt und gelten damit als gesund. Dies ist der höchste Wert seit Beginn der Erhebungen im Jahr 1984.

Die Maßnahmen zur Bekämpfung der Waldschäden und zum Erhalt der Biodiversität existieren bereits und sind schon seit geraumer Zeit bekannt. So wird u. a. gefordert (vgl. Heinisch et al., 2019, S. 59 ff. und Europäische Kommission, 2020, EU-Biodiversitätsstrategie, 2030),

- Pestizide, Herbizide, also Unkrautbekämpfungsmittel, und Insektizide in der Landwirtschaft und der Landwirtschaftspflege zu verbieten,
- Kleinere Anbaueinheiten in der Landwirtschaft mit Fruchtwechselanbau (Verzicht auf Monokulturen) und einem Konzept, das Erholungsphasen für die Böden beinhaltet,
- Auf EU-Ebene muss das Prinzip der „Nettonull" gelten: Für jede Fläche, die der Natur für Straßenbauten, Infrastruktur etc. entrissen wird, sollte eine Ausgleichsfläche der Natur zurückgegeben werden.
- *Sofortiger Stopp des Abholzens der Regenwälder* und der Schutz der Wälder. Große Teile des Waldes und der Meeressysteme u. a. in Deutschland, aber auch in der EU sollten zu Schutzgebieten erklärt werden, aus denen sich der Mensch zurückzieht und die Natur gewähren lässt. Die EU-Kommission empfiehlt in ihrem Papier (vgl. EU- Kommission, 2020, S. 4), dass etwa 30 Prozent der Land- und 40 Prozent der Meeresfläche in der EU geschützt werden sollten. Für alle Schutzgebiete, die national definiert werden, werden klare Erhaltungsziele und -maßnahmen festgelegt, die regelmäßig kontrolliert, dokumentiert und berichtet werden (vgl. EU-Kommission, 2020, S. 5).
- Die Maßnahmen der EU-Kommission reichen von der ökologischen Landwirtschaft mit mehr genetischer Vielfalt über die Eindämmung des Flächenverbrauchs und die Vergrößerung des Waldbestandes und dessen höhere Widerstandsfähigkeit bis hin zum verbindlichen Ziel des *Pflanzens von drei Milliarden neuen Bäumen in der EU* bis 2030 und die sukzessive Begrünung der Städte (vgl. EU-Kommission, 2020, S. 8 ff.).

Ich möchte zum Abschluss dieses Kapitels die Maßnahmen zur Stärkung der Biodiversität und der Bekämpfung des Waldsterbens mit einem konkreten Beispiel erläutern.

Der Schutz der Artenvielfalt in Bayern
Zwischen dem 31. Januar und dem 13. Februar 2019 fand in ganz Bayern das erfolgreichste Volksbegehren in der Geschichte des Freistaats Bayern statt, bei dem sich über 1,7 Millionen Wahlberechtigte in Bayern eingetragen hatten (vgl. im Folgenden Stmuv, 2021). Das Volksbegehren trug den Titel *„Artenvielfalt und Naturschönheit in Bayern – Rettet die Bienen"*. Als Folge dieses Volksbegehrens trat am 1. August 2019 ein Gesetz in Kraft, dass ein ganzes Bündel an Maßnahmen vorsah, wie der Artenschwund aufzuhalten sein werde. Zunächst wurden die Biotope ausgebaut, indem an allen natürlichen und naturnahen Gewässern ein Randstreifen in einer Breite von etwa fünf Metern ausgewiesen wurde, der eine garten- und ackerbauliche Nutzung fortan ausschließt. Bis 2030 soll zudem der Biotopverbund, also ein Netzwerk verbundener natürlicher Lebensräume, auf 15 Prozent der Offenlandfläche in Bayern in etwa verdoppelt werden. Bis zu zehn Prozent des staatlichen Waldgebietes soll in Bayern als Naturwald belassen werden und dauerhaft einer forstwirtschaftlichen Nutzung entzogen sein. Zusätzlich wird die staatliche Förderung der wichtigen Streuobstwiesen und deren naturverträgliche Bewirtschaftung verbessert. So werden Vertragsnaturschutz-Prämien für Streuobstwiesen um 50 Prozent von bislang 8 Euro auf 12 Euro pro Baum erhöht. Gleichzeitig wurde die Förderung für Weidetierhalter und die naturverträgliche Teichbewirtschaftung erhöht.

Hochmoore im staatlichen Wald werden wiederhergestellt, was für die Tiere und Pflanzen in den Feuchtgebieten neue Lebensräume erschließt und das Klima schützen hilft. Das Gesetz von 2019 regelt auch die Bewirtschaftungsweisen der Wiesen und Weiden im Hinblick auf einen schonenderen Umgang. So ist z. B. eine Umwandlung von Grünland in Grünlandbrachen nicht mehr möglich ebenso wie das Walzen von Grünland. Die Mähzeiten wurden für bayernweit zehn Prozent der Grünlandflächen auf den 15. Juni verschoben. Bis 2030 sollen mindestens 30 Prozent der Wiesen und Weiden nach den Grundsätzen des ökologischen Landbaus bewirtschaftet werden. Der Einsatz von Pflanzenschutzmitteln, also Totalherbizide und Pestizide, bei der landwirtschaftlichen Nutzung von Dauergrünland wurde zu Beginn des Gesetzes für alle staatlich bewirtschafteten Flächen verboten. Ab 2022 gilt dies auch für privat genutzte Flächen.

Sämtliche Gebäude und Freiflächen des Staates Bayern sollten begrünt und bepflanzt werden. Dies gilt auch für die Grünflächen an den zahlreichen Staatsstraßen, die ökologisch aufgewertet werden sollen u. a. durch einen artenreichen Rasen. Sogar an die Reduzierung der Lichtverschmutzung durch störende Lichtquellen wie Fassadenbeleuchtung, Himmelsstrahler etc. wurde gedacht. Diese sind ab 23 Uhr abzuschalten, um nachtaktiven Tieren wie etwa den Fledermäusen, Insekten und Zugvögeln ungestörte Lebensräume zu bewahren. Die *Verwaltungsstellen in Bayern sollen bis zum Jahr 2030 klimaneutral werden* u. a. durch die Nutzung von Fotovoltaikanlagen in Ministerien und Behörden oder den Einsatz von Fahrzeugen mit alternativen Antrieben, vor allem E-Fahrzeuge mit den entsprechenden E-Tankstellen. Schließlich hat der Freistaat ein umfangreiches Programm aufgesetzt, wie bei der Bevölkerung das Bewusstsein für ein umweltbewusstes Verhalten zu schärfen ist, von der Kommunikation und Beratung in den Kommunen über die Stärkung der

Landschaftspflegeverbände und Naturparke bis hin zur Integration des Natur- und Artenschutzes in die Bildungspläne der Schulen und Weiterbildungsanstalten.

Diese Darstellung von exemplarischen Maßnahmen zum Natur- und Artenschutz soll hier nur exemplarisch dafür stehen was alles möglich ist, um dem Schwund der Artenvielfalt entgegenzutreten. Dabei soll hier nicht der Eindruck entstehen, Bayern sei das einzige (und beste) Bundesland, das sich so für den Artenschutz einsetzt. Vielen Leserinnen und Lesern wird das Programm vermutlich auch nicht weit genug gehen, andere finden viele oder zumindest einzelne Maßnahmen übertrieben. Dennoch haben sich 1,7 Millionen der bayerischen Wähler pro-aktiv bei diesem Volksbegehren zu Wort gemeldet. Ein Quorum, das nicht vernachlässigt werden darf und kann. Die Ergebnisse dieser Maßnahmen wird man sich in einigen Jahren ansehen müssen. Zumindest macht das bayerische Beispiel Mut, sich aktiv gegen die Herausforderungen des Artenschwunds zu stemmen.

5.3 Verschmutzung: Wie retten wir die Erde?

Wiewohl sicherlich jedem Erwachsenen und auch den meisten Kindern und Jugendlichen das Thema Umweltverschmutzung schon mehrfach im Leben begegnet ist, lohnt es sich dennoch an dieser Stelle einen kurzen Blick auf die aktuellen Zahlen, Daten und Fakten zu werfen. Die Verschmutzung der Erde spielt sich im Wesentlichen in folgenden Bereichen ab:

Erstens in den Gewässern, zweitens in der Luft und drittens am Boden.

Beginnen wir mit den *Verschmutzungen der Gewässer.* Jedes Jahr, zum sogenannten „Weltwassertag" am 22. März berichten internationale Institutionen wie etwa UNICEF über den aktuellen Stand der Wasserqualität und -verfügbarkeit auf der Erde (vgl. im Folgenden Rohde, 2021). Der Autor dieses Berichts, Tim Rohde, weist zu Recht darauf hin, dass *Wasser* nicht nur ein wesentlicher Bestandteil unseres Lebens ist, sondern auch *ein Menschenrecht* darstellt. Allerdings sieht die weltweite Situation alles andere als beruhigend aus. So haben etwa 2,2 Milliarden (!) Menschen keinen regelmäßigen Zugang *zu sauberem Wasser.* Bei rund 785 Millionen Menschen fehlt sogar die dringend notwendige Grundversorgung mit Trinkwasser. Dinge, die für uns in Deutschland selbst bei den ärmeren Menschen selbstverständlich sind, fehlen komplett in einigen Teilen der Welt. Zwar sind mehr als zwei Drittel der Erde von Wasser bedeckt. Allerdings sind davon nur rund drei Prozent Trinkwasser. Vor allem *in den ärmeren und ländlichen Regionen Afrikas, Lateinamerikas und Asiens ist das Trinkwasser äußerst knapp.* Man schätzt, dass knapp die Hälfte der Erdbevölkerung, nämlich 3,6 Milliarden Menschen, in Gebieten leben, in denen mindestens einmal im Monat das Trinkwasser knapp wird. 1,42 Milliarden Menschen leben sogar in Gebieten, die permanent mit hoher Wasserknappheit zu kämpfen und zu überleben haben. Darunter sind etwa 450 Millionen Kinder.

Dabei ist es bei weitem nicht so, dass Wasser für jeden Menschen in der Nähe von Zuhause zugänglich, wenn nötig verfügbar und sauber ist. Gerade in Gebieten, in denen durch Bürgerkriege natürliche Wasserstellen oder Brunnen zerstört oder geschädigt wurden wie etwa im Südsudan oder in Syrien, kann Wasser nur aus dem nahegelegenen Fluss geholt werden. Dieses Wasser ist allerdings mit Bakterien und Keimen verunreinigt und führt zu Krankheiten, die sich schnell verbreiten. Kommt noch dazu, dass geschätzt rund zwei Milliarden Menschen keine sicheren und sauberen Sanitäranlagen nutzen können, dann verbreiten sich Krankheiten wie die Cholera, aber auch aktuell die Corona-Viren äußerst schnell in der Bevölkerung. Zusätzlich sorgen Überschwemmungen oder Überflutungen für eine weitere Verschmutzung der Wasserquellen. Jeden Tag sterben auf der Welt mehr als 700 Kinder an Krankheiten wie etwa Durchfall oder Cholera, die durch mangelnde Hygiene und verunreinigtes Wasser hervorgerufen werden. Selbst die simple Tatsache, dass ein einfaches, längeres Händewaschen mit Seife viele gefährliche Krankheitserreger abtöten könnte, hilft Milliarden von Menschen nicht, die einfach *keinen permanenten Zugang zum Händewaschen mit Seife haben*.

Kinder in Gebieten mit extremer Wasserknappheit verbringen häufig so viel Zeit des Tages damit, ihren Eltern und Familiensauberes Trinkwasser zu holen, dass sie häufig nicht oder nur teilweise die Schule besuchen können. Die Schulen selbst verfügen häufig ebenfalls nicht oder nicht ausreichend über genügend sicheres Trinkwasser, sodass die Kinder, die noch in die Schule gehen können, nicht ausreichend damit versorgt werden können. Weltweit hatten im Jahr 2019 nur knapp 69 Prozent der Schulen Zugang zu Trinkwasser. Die betraf in noch höherem Maße die afrikanischen Länder südlich der Sahara. *Etwa 900 Millionen Kinder haben weltweit keinerlei Zugang zu hygienischen und sanitären Einrichtungen*, was vor allem zu Corona-Zeiten die Verbreitung des Virus beschleunigte. War das an sich schon alarmierend genug, beeinflusste der Klimawandel die Versorgung mit Trinkwasser fundamental:

Durch die zunehmende Erderwärmung änderten sich die Intensität, die Dauer und die Verteilung der Niederschläge über die Monate und Jahreszeiten hinweg. Die Menge des Trinkwassers und die Qualität verschlechterten sich weiter. Eine Besserung ist nicht in Sicht: Wasser wird immer knapper, die Trinkwasserqualität immer schlechter. Zudem werden die künftig häufiger auftretenden extremen Wetterereignisse wie Überschwemmungen und Überflutungen die Wassersysteme, Wasserleitungen und sanitären Anlagen weiter beschädigen und die Wasserversorgung weiter dramatisch verschlechtern. El Nino, das globale Wetterereignis hat uns in der Vergangenheit gezeigt, wie sich urplötzlich extreme Hitze, Trockenheit und Dürre mit Perioden sintflutartiger Regenfälle abwechseln können. UNICEF prognostiziert, dass bis zum Jahr 2040 fast jedes vierte Kind in einem Gebiet auf der Welt leben wird, das von extremer Trockenheit betroffen ist. Bereits heute leben etwa 500 Millionen Kinder in Gebieten mit steigendem Meeresspiegel und hohem Überschwemmungsrisiko.

Wasserqualität, -knappheit und Hygiene sind allerdings nicht die einzigen Probleme, die auf unserer Erde im Bezug zu Gewässern allgemein existieren. Darüber hinaus *ersticken unsere Meere in Plastikmüll* (vgl. im Folgenden WWF, 2021b; Heinisch et al., 2019, S. 41 ff.). Aktuelle Schätzungen gehen davon aus, dass zwischen 4,8 bis 12,7 Millionen Tonnen Plastikmüll weltweit in die Meere gelangt. Dies entspricht einem vollbeladenen LKW pro Minute. Es landen riesige Mengen an Verpackungsmaterialien aus Kunststoff und Plastik über die zahlreichen Flüsse ins Meer. Achtlos weggeworfene Plastikbecher und -gegenstände enden schnell im Wasser. Der größte Plastikmüllteppich, der bereits im Meer treibt, hat fast die Größe von Mitteleuropa (!), (vgl. Heinisch et al., 2019, S. 42). Nur ein sehr geringer Teil des Plastikmülls schwimmt sichtbar an der Oberfläche und kann herausgefischt werden.

Noch weit dramatischer ist allerdings der Löwenanteil des Plastikmülls, der sich in tieferen Gewässern befindet oder sogar auf den Meeresboden gelangt. Diese geschätzten 80 Millionen Tonnen (!) können kaum noch zurückgeholt werden. Das Fatale an dem Plastikmüll ist, dass er das Leben von über 800 Tierarten in den Meeren und im Küstenbereich bedroht. Das entspricht etwa der Hälfte der Seevogel- und Meeressäugerarten. Diese Tiere wie etwa die Meeresschildkröten verwechseln den Plastikabfall mit Quallen, fressen diesen und gehen daran elendig zugrunde. Wenn die Entwicklung so weitergeht, dann werden bis 2050 nahezu alle Meeresvögel diesen Plastikmüll im Magen haben und weitestgehend daran sterben. Was das wiederum für die in Abschn. 5.2 erwähnte Artenvielfalt bedeutet, kann man sich lebhaft vorstellen. Der Plastikmüll verursacht nicht nur im Magen der Meerestiere eine tödliche Bedrohung, sondern überträgt auch noch schädliche Erreger für die Korallen am Riff. Übrig gebliebener Fischereimüll wie etwa im Meer entsorgte Taue und Netze sorgen regelmäßig dafür, dass sich Wale, Seehunde und Robben dort verfangen und ersticken oder verhungern. Dies betrifft jedes Jahr etwa 57.000 bis zu 135.000 Individuen dieser Tierarten.

Das Schädliche an dem Plastikmüll ist nicht nur die Weichmacher und Flammschutzmittel, die beim Verschlucken für Fische, Muscheln und Säugetiere schädliche Wirkungen entfalten, sondern vor allem das *Mikroplastik*. Mikroplastik sind feste, wasserunlösliche Mikropartikel aus Kunststoff, die bis maximal fünf Millimeter groß sind. Es wird hauptsächlich in Kosmetik und ausgewählten Industrieprodukten eingesetzt, kann aber auch beim Waschen von Kleidung entstehen. In vielen Fischarten und Muscheln hat man bereits Partikel von Mikroplastik gefunden, die schädigend auf die Organismen einwirken und lebensbedrohlich sein können. Die Frage ist natürlich, welche Auswirkungen die Aufnahme von Mikroplastik auf den menschlichen Organismus – über die Ernährung von Fisch etc. – hat. Diese Frage ist noch nicht ausreichend erforscht. Gesund kann es allerdings nicht sein, so ist zu vermuten. Was also, so die naheliegende Frage, muss jetzt getan werden, um die Verschmutzung der Meere mit Plastikmüll zu verhindern oder zumindest zu reduzieren?

Aktuell gelangen immer noch *32 Prozent der 78 Millionen Tonnen Plastikverpackungen in die Umwelt.* Daher muss das vorrangige Ziel sein, Abfälle dieser Art prinzipiell zu vermeiden. Wenn dies nicht möglich ist, muss er zumindest vollständig eingesammelt und in einer sogenannten „Kreislaufwirtschaft" wiederverwertet werden. Hersteller und Händler müssen sich konsequent an der Entsorgung, Sammlung und dem Recycling des von ihnen in den Kreislauf gebrachten Verpackungsmaterials beteiligen. Die Maßnahmen reichen von der Gestaltung recyclinggerechter Verpackungen über Belohnungsanreize für die umweltgerechte Entsorgung etwa von Schiffsmüll bis hin zu einem weltweiten Verbot von Mikroplastikpartikeln in Produkten wie z. B. Kosmetika. Jeder Einzelne von uns kann natürlich ebenfalls mit seinem Engagement und entsprechendem gezielten Konsum dazu beitragen, den Plastikmüll zu reduzieren. So können wir auf Einwegprodukte wie Plastiktüten, Einweggeschirr und -kaffeebecher ebenso verzichten wie auf Produkte, die Mikroplastik enthalten. Dies sollten Hersteller entsprechend kennzeichnen müssen. Nicht jede Ware muss verpackt sein. Verlage verzichten mittlerweile ebenfalls größtenteils auf Einschweißfolien für ihre Bücher. Dass Müll getrennt werden muss und Abfälle in die dafür vorgehaltenen Behälter zu werfen sind, versteht sich von selbst. Manche Bürgerin, mancher Bürger beteiligt sich bereits heute an den Aufräumaktionen zur Beseitigung von Plastikmüll an den Ufern von Bächen und Flüssen der einzelnen Gemeinden. Diese Aktionen kann man nur flächendeckend ermutigen und idealerweise selbst daran teilnehmen. Wichtig ist, dass diese Aktivitäten und *Gegenmaßnahmen sofort und mit großer Dynamik* beginnen müssen. Alles andere ist ethisch nicht mehr vertretbar.

Auch die *Verschmutzung der Luft* stellt immer noch eine große Herausforderung für die Menschheit dar. In dem Bericht des Ausschusses für Umweltfragen, öffentliche Gesundheit und Lebensmittelsicherheit des Europäischen Parlaments vom 19.01.2021 (vgl. López, 2021) heißt es klipp und klar, dass „die Luftverschmutzung das größte Umweltrisiko für die Gesundheit in Europa" darstellt (López, 2021, S. 3). Sie ist die Ursache von etwa 400.000 vorzeitigen Todesfällen pro Jahr (!). Vor allem die Belastung der Luft mit Feinstaub, Stickstoffdioxid (NO2) und Ozon (O3) ist für diese dramatische Entwicklung verantwortlich. Während es natürliche Quellen der Luftverschmutzung gibt wie etwa Vulkane, Blitze und Winderosionen, existieren eine Reihe von umweltschädigenden Aktivitäten, die *vom Menschen verursacht* sind, also anthropogenem Ursprung sind: Während der Feinstaub vor allem durch Industrieabgase, Heizen und die Abgase des Straßenverkehrs bedingt sind, stammt der Großteil der Schwefeloxidemissionen (SOx) aus der Energieerzeugung und dem Straßenverkehr. Der Hauptanteil der Methanemissionen (CH4) stammt aus der Landwirtschaft, der Abfall- und Energiewirtschaft. Die Landwirtschaft vereint auch fast alle Ammoniakemissionen (NH3) auf sich (vgl. López, 2021).

Die Luftverschmutzung beeinträchtigt und schädigt die Gesundheit und wirkt sich ebenfalls negativ auf die Ökosysteme aus. So kann eine häufige Aussetzung des Menschen mit der verschmutzten Luft Herz-Kreislauf-Erkrankungen und Schlaganfälle verursachen, reduziert potenziell die Lungenfunktion und führt nicht selten zu Atemwegsinfektionen und schwerem Asthma. Dabei betreffen diese gesundheitlichen Schädigungen vor allem die Schwächsten: Kinder, ältere Menschen oder Menschen mit Vorerkrankungen und Schwangere. Es gibt sogar Belege dafür, dass die langfristige Exposition mit schlechter Luftqualität sogar zu einer höheren Anfälligkeit für COVID-19 führen könnte (vgl. López, 2021, S. 6 f.). Die Luftverschmutzung hat auch eine soziale Dimension:

Es werden Menschen in sozial schwächeren Haushalten überproportional häufig von der Luftverschmutzung betroffen, da sie häufiger in den günstigeren Wohngegenden mit schlechterer Luftqualität leben, etwa in der Nähe verkehrsreicher Straßen, Autobahnen etc. Hohe Anteile an Stickstoffoxiden (NOx) und Schwefeldioxid (SO2) führen zu einer Versäuerung des Wassers und des Bodens, was wiederum schädlich für die darin lebenden Pflanzen und Lebewesen ist. Dies ist bei weitem nicht nur ein gesundheitliches und umweltbezogenes Problem. Die Luftverschmutzung zeigt auch hohe wirtschaftliche Kosten auf, die sich anhand reduzierter Arbeitsproduktivität, höheren Gesundheitsausgaben und niedrigeren land- und forstwirtschaftlichen Erträgen genau ermitteln lassen. In der Summe, und darüber dürfte ernsthaft kein Zweifel mehr bestehen, erhöht die Luftverschmutzung die Krankheits- und Sterberate der davon betroffenen Menschen und führt zum Teil irreversiblen Schäden der Ökosysteme, was wiederum den Klimawandel beschleunigt.

Die EU hat dagegen ein Maßnahmenpaket aufgesetzt, das sich im Wesentlichen in drei Säulen zusammenfassen lässt (vgl. López, 2021, S. 5):

1. Die *regelmäßige Messung der Luftqualität*, die im Rahmen von Luftqualitätsrichtlinien definiert wird. So werden Maßstäbe zur Bewertung der Luftqualität und deren Überwachung festgelegt. So sollen mehr als 4000 Überwachungsstationen und 16.000 Messpunkte in der EU

dafür sorgen, dass die Luftqualität regelmäßig gemessen und nachgehalten wird. Ferner wird dafür gesorgt, dass die Öffentlichkeit regelmäßig über den aktuellen Stand der Luftqualität informiert wird. Dies soll u. a. zu einer stärkeren Sensibilisierung und Einbindung der Bürgerinnen und Bürger führen.

2. Es werden für die wichtigsten Schadstoffe (SO2 und NOx) *klare Reduktionsziele* auf einem Zeitstrahl definiert, deren Einhaltung permanent kontrolliert wird.
3. Schließlich werden für die verschiedenen Quellen der Luftverschmutzung (Industrie, Landwirtschaft, Verkehr etc.) *klare rechtliche Leitplanken und Regelungen* definiert, an die sich die beteiligten Gruppen zwingend halten müssen.

Ob diese Maßnahmenbündel allerdings helfen, die Luftverschmutzung in den nächsten Jahren signifikant zu reduzieren, bleibt abzuwarten. Solange allerdings *keinerlei oder nur wenige Sanktionsmöglichkeiten* gegen die einzelnen Mitgliedsstaaten existieren bzw. für den Fall der Überschreitung der Luftqualitätsziele und -normen durchgesetzt werden können, bleibt der Erfolg der Maßnahmen zweifelhaft.

Auch der *Boden ist in keinem guten Zustand* (vgl. im Folgendem u. a. Schmitz, 2015). Allein in den Jahren 1990 bis 2015 ist ein Viertel der Landoberfläche der Erde degradiert d. h. die betroffenen Böden haben ihre Fruchtbarkeit und Produktivität verloren. Jedes Jahr gehen weltweit über zehn Millionen Hektar an fruchtbarem Boden verloren. Gründe dafür sind vor allem die Bodenerosion durch Wasser und Wind d. h. der Humusabbau, die Störung durch biochemische und physikalische Einflüsse wie etwa der Einsatz von Düngemitteln, Herbizide etc. in der Landwirtschaft und die zunehmende Versalzung (vgl. Schmitz, 2015, S. 26). Die Bodenerosion ist dabei auch durch den Menschen mitverursacht: Die zu intensive Nutzung des Bodens durch Verdichtungen, Überweidung oder die Entfernung natürlicher Vegetation führt im Endeffekt dazu, dass die Böden den Naturgewalten wie Regenfällen, Stürmen und Überschwemmungen – und durch den Klimawandel künftig häufiger – kaum noch etwas entgegenzusetzen haben. Die Überschwemmungen tragen sukzessive die oberen Bodenschichten ab und der Boden kann dadurch immer schlechter landwirtschaftlich genutzt werden.

Dabei hängen über *90 Prozent unserer Nahrungsmittelproduktion vom Boden* ab. Denn nur ein qualitativ hochwertiger und fruchtbarer Boden sorgt für ausreichenden Ertrag an Obst, Gemüse und Getreide. Steigt die Degradation des Bodens d. h. die Fruchtbarkeit, dann sinken die Erträge der Landwirte, weniger Nahrungsmittel werden produziert und die Lebensmittelpreise steigen. Armut und Hunger gerade in den Ländern, die sich die gestiegenen Lebensmittelpreise nicht leisten können, nehmen zu. Ferner ist der Boden der Ursprung aller pflanzlichen, tierischen oder synthetischen Textilfasern. Kaffee, Tabak oder Tee gedeihen ebenfalls nur auf fruchtbaren Böden ähnlich wie medizinische und kosmetische Wirkstoffe wie Aloe Vera, Arganöl oder Stevia. Auch die Energieversorgung von etwa 2,4 Milliarden Menschen ist in den ländlichen Gebieten Afrikas und Asiens anders nicht denkbar, da aus dem Boden Biomasse d. h. Brennholz, Holzkohle oder Dung gewonnen wird. Ferner speichern die Böden nach den Meeren der Welt mit mehr als 3 Billionen Tonnen weltweit die größte Menge an Kohlenstoff, etwa das Zehnfache der Menge, die Wälder aufnehmen können. Gesunde und fruchtbare Böden sind folglich überlebensnotwendig für die Menschheit, also für uns alle. Von der Bedeutung des Bodens für die Artenvielfalt ganz zu schweigen (s. Abschn. 5.2).

Ansätze zur Schonung der Böden gibt es einige (vgl. Schmitz, 2015, S. 14 ff.). So können wir Verbraucher darauf achten, dass die Lebensmittel, aber auch Kosmetika, die wir kaufen ökologisch oder sozial zertifiziert sind. Dies ist nicht immer eine hundertprozentige Garantie für eine bodenschonende Produktion, aber zumindest erhöht es die Wahrscheinlichkeit. Ferner sollten Produkte im Sinne einer Kreislaufwirtschaft konsequent recycelt werden. Dies gilt vor allem für Kleidung, die idealerweise nicht vorschnell entsorgt werden muss. Die Landwirtschaft sollte noch stärker als bisher auf ökologische Bewirtschaftung umschwenken d. h. weniger Mineraldünger, mehr organische Düngung, Einsatz standortangepasster Pflanzenarten, stärkere Aufforstung des Bodens und Erhöhung der Sortenvielfalt bei den Pflanzen. Die Politik sollte dies idealerweise begleiten durch Maßnahmen wie u. a. die Definition von Nachhaltigkeitsstandards im Umgang mit dem Boden. So sollte bei Ausschreibungen und öffentlichen Beschaffungen der Beitrag der einzelnen Bebauungsvorschläge der Beitrag für den Bodenschutz immer mit bewertet werden.

Diese Liste der Verschmutzungsarten und er möglichen Gegenmaßnahmen kann und soll hier an dieser Stelle alles andere als vollständig sein. Wesentlich ist mir zu betonen, dass es aus ethischer Sicht *künftig und sofort* keinen anderen Weg mehr geben wird, als Ökologie und Ökonomie zwingend zusammen zu denken. Beide Elemente sind künftig zwingend miteinander gekoppelt und begrenzen einander: *Wohlstand und Wachstum* darf künftig nur noch im Rahmen der umweltverträglichen Möglichkeiten, also *nachhaltig* passieren. Wie dies konkret aussehen könnte, möchte ich im nächsten Kapitel kurz skizzieren. Eine ethisch überdachte Wirtschaft muss künftig zwingend mit diesen Maßnahmen operieren.

5.4 Gegenmaßnahmen: Was ist zu tun?

An Ideen zur Bekämpfung der oben dargelegten Herausforderungen der Umwelt fehlt es parteiübergreifend weder in Deutschland noch in Europa. Wesentlich dabei wird die *konsequente Umsetzung* der Ideen und Maßnahmen sein. In den folgenden Seiten möchte ich daher die wesentlichen Gedanken aufzeigen und mit Ihnen gemeinsam überlegen, welches der richtige Weg in die Zukunft sein könnte. Dass es dabei nicht den einen, unumstrittenen Weg in eine klimaverträgliche und ethisch belastbare Zukunft geben kann, liegt schnell auf der Hand. Daher möchte ich auch hier die Gelegenheit nutzen, das Für und Wider der einzelnen Maßnahmen abzuwägen. Zum Einstieg in die Diskussion möchte ich den Programmentwurf der Partei Bündnis 90/Die Grünen für die Bundestagswahl 2021 nutzen, die sich seit ihrer Gründung im Jahr 1980 (Die Grünen) mit dem Umweltgedanken und der Bekämpfung der damit verbundenen Negativfolgen am intensivsten beschäftigen. Dabei soll dies *keineswegs eine Werbung für diese Partei* (!) sein, sondern stellvertretend für ausgewählte Ideen der Politik zum Thema Umwelt stehen.

Der Programmentwurf der Partei der Partei Bündnis 90/Die Grünen 2021 (vgl. Bündnis 90/Die Grünen, 2021, S. 7 ff.) sieht vor, *in allen Lebensbereichen Klimaneutralität* zu schaffen, etwa indem der öffentliche Nahverkehr ausgebaut wird, Rad- und Fußgängerwege vermehrt geschaffen werden. Auch der ländliche Raum soll künftig stärker an den öffentlichen Nahverkehr angebunden werden. Die Energieversorgung soll ebenfalls revolutioniert werden: Raus aus den fossilen Energien, also Benzin und Diesel, Kerosin bei Flugzeugen und der Ölheizung, und rein in erneuerbare Energien wie Solar- und Windenergie bzw.

Wasserstoff und Elektroantrieb für Autos, wobei der Strom aus erneuerbaren Energiequellen kommen muss. Dafür muss der Staat die Rahmenbedingungen schaffen, indem er klare Zielvorgaben im Sinne einer Klimaneutralität macht, eine Kreislaufwirtschaft von der Produktion bis zur Rückgabe und Recycling vorschreibt und klare und realistische Grenzwerte für CO_2 und NO_x-Emissionen auf einer Zeitachse vorschreibt. Gleichzeitig soll klimagerechtes d. h. klimaneutrales Wirtschaften steuerlich gefördert werden. Der Staat geht bei der Beschaffung von klimaneutralen Produkten wie alternativ angetriebene Dienstfahrzeuge oder umweltschonende Verfahren mit gutem Beispiel voran. Zum Einsatz für die klimaneutrale Ökonomie sollen auch digitale Errungenschaften kommen wie KI getriebene Bewässerung von Feldern oder vernetzte Fahrzeuge.

CO_2-Emissionen sollen künftig mehr kosten. Im Gespräch ist die Bepreisung für CO_2-Emissionen und die Einführung eines Emissionszertifikats, das eine bestimme Menge an Emissionen erlaubt und gehandelt werden kann. Also eine Mischung aus Lenkungsinstrument und marktwirtschaftliche Mechanismen. Das über die CO_2-Preise eingenommene Geld soll der Staat dann wieder über ein Energiegeld an die Bürgerinnen und Bürger zurückgeben werden, wobei die Geringverdiener überproportional davon profitieren sollen zu Lasten der Bezieher höherer Einkommen. Der Klimaschutz als solches soll sogar rechtlich verankert werden, die Vorgaben des Pariser Klimaschutz-Abkommens zur Einhaltung des 1,5 Grad Ziels soll im Grundgesetz verankert werden. Konkret fordert die Partei Bündnis 90/Die Grünen u. a. (vgl. Bündnis 90/Die Grünen, 2021, S. 13 ff.):

- Den *Kohleausstieg schneller* umzusetzen und bereits 2030 zu vollenden,

- *jedes Hausdach zwingend mit einer Solaranlage* auszustatten, um sich durch die so erzeugte Strom- und Wärmeenergie mehrheitlich selbst pro Haushalt mit dem nötigen Strom zu versorgen. Dies soll als Standardvorgabe für alle neu gebauten Häuser und bei Sanierungen gelten. Ziel sind 1 Million neue Solardächer in den kommenden vier Jahren d. h. bis 2025.
- *Fotovoltaikanlagen* sollen stärker in die Fläche gebracht werden wie etwa neben Autobahnen und Schienen, aber auch im landwirtschaftlichen und gartenbaulichen Bereich. Ökologisch betriebene Landwirtschaftsbetriebe sollen eine staatliche Förderung erhalten.
- Die Windenergie soll weiter und schneller ausgebaut werden, ebenso wie die verstärkte Nutzung von Wasserstoff. Die Wasserstoffherstellung in Deutschland soll gefördert, Wasserstoff wenn nötig auch aus wind- und sonnenreichen Ländern importiert werden.
- *Stromleitungen sollen schneller ausgebaut* werden, Neubauten und alte Gebäude müssen nach der Sanierung klimaneutral werden. Allerdings soll der Atomenergieausstieg gleichzeitig Ende 2022 vollendet werden.
- Schließlich soll eine klimaneutrale Mobilitätswende das Verkehrskonzept der Zukunft sein. Das bedeutet konkret, dass der öffentliche Nahverkehr ausgebaut, zusätzliche Rad- und Fußgängerwege vor allem in den Städten geschaffen und der Güterverkehr gestärkt werden. Schiffe, Flugzeuge und Autos sollen künftig alle mit alternativen Antrieben unterwegs sein, von der Elektromobilität bis hin zum Wasserstoff.

Das Programm von Bündnis 90/Die Grüne sieht ebenfalls vor, das Artensterben u. a. durch die starke Reduktion des Pestizideinsatzes, das Verbot von Glyphosat und der Schaffung von Naturschutzkorridoren und der Auflage eines

Wildnisfonds zur Stärkung naturbelassener Flächen, mindestens zwei Prozent der gesamten Landesfläche. Bis 2030 soll sich der Flächenverbrauch halbieren. Die Wälder sollen ebenfalls mit einem klaren Konzept gerettet werden. U. a. sieht der Plan vor, ökologische Vorgaben für die Waldnutzung zu machen (Ökozertifizierung) und 5 Prozent der Wälder sollen komplett aus der aus der Nutzung genommen und als Naturwälder ausgewiesen werden. Gemeinsam mit den Vereinten Nationen soll im Rahmen einer Artenvielfaltstrategie 30 Prozent der Landfläche und 30 Prozent der Meere geschützt werden mit einem gleichzeitigen „Entwaldungsstopp" für Schutzgebiete. Die Meere sollen nicht nur geschützt, sondern auch von dem Plastikmüll befreit werden durch klare Müllermeidungsziele. Es wird konsequent auf plastikfreie und Mehrwegsystemverpackungen gesetzt. Die ökologisch betriebene Landwirtschaft soll ebenso gefördert werden wie eine artgerechte Haltung von Tieren.

Während viele der Forderungen in die richtige Richtung gehen, um die in den Abschn. 5.1, 5.2 und 5.3 genannten Probleme anzugehen, bleibt allerdings vieles noch *relativ unkonkret* (was in einem Grundsatzprogramm auch nicht erreicht werden kann) und geht manchen nicht weit genug. So fordert die *junge Generation einen radikaleren Masterplan*, indem sie (vgl. Heinisch et al., 2019, S. 49 ff.):

Den deutschen Kohleausstieg bereits für 2025 anmahnt (also 5 Jahre vor dem Ziel von Bündnis 90/Die Grünen) und den globalen bis 2030,

Die Einführung einer EU-weiten CO_2-Abgabe verpflichtend sieht und alle nicht nachhaltigen Subventionen z. B. Neuerschließung von Industrie-, Gewerbe- und Verkehrsflächen (in der Summe Subventionen in der Höhe von 57 Milliarden Euro für das Jahr 2012, vgl. Heinisch et al., 2019, S. 52) mit sofortiger Wirkung stoppt,

Den Flugverkehr besteuern möchte (u. a. Steuer auf Kerosin) und sogar so weit geht, Inlandsflüge und Kurzstreckenflüge bis zu 1000 Kilometer Entfernung zu verbieten,

Der Autoverkehr soll drastisch verringert werden und eine gänzlich autofreie Zukunft geschaffen werden. Schwere Geländewagen, sogenannte Sports Utility Vehicle (SUV) sollten, geht es nach den jungen Umweltschützern, sofort verboten werden bzw. deren Neuzulassung gestoppt (vgl. Heinisch et al., 2019, S. 54).

Die Verlagerung des Transports in Richtung Schienenverkehr und öffentliche Nahverkehrsverbindungen und die energetische Optimierung im Bauwesen entspricht in etwa der angedeuteten Richtung des Programms von Bündnis 90/Die Grünen. Ähnliches gilt für den Masterplan gegen die Klimakrise, in der sie über ein internationales Abkommen bis 2040 eine „globale Treibhaus-Nettonull“ (Heinisch et al., 2019, S. 58) bis 2040 erreichen wollen.

Zum Schutz der Artenvielfalt sollen Pestizide, Herbizide und Insektizide mit sofortiger Wirkung verboten werden. Monokulturen in der Landwirtschaft sollen ebenso abgeschafft werden wie der vorbeugende Einsatz von Antibiotika in der Tierhaltung. Ebenso wie die Grünen verlangen sie eine ökologische Landwirtschaft einen nachhaltigen Schutz der Wälder z. B. durch sofortigen Stopp der Abholzung von Regenwäldern und die Schaffung von riesigen Meeresschutzgebieten: statt zwei Prozent sollen mindestens dreißig Prozent der Ozeane geschützt werden. Tiefseebohrungen sollen der Vergangenheit angehören. Der Plastikmüll soll durch einen weitgehenden Verzicht auf Plastik drastisch reduziert werden in Kombination mit einer hundertprozentigen Recyclingquote und der Verwendung von Material, das spätestens innerhalb einer Generation abbaubar ist. Dort wo Plastik nicht zu vermeiden ist, soll es zumindest zu hundert Prozent wiederverwendbar sein.

Viele dieser Forderungen sind sehr radikal und die meisten werden sich so nicht umsetzen lassen. Es ist das legitime Recht jeder neuen Generation, sich ihre eigenen Gedanken zu machen und auch harte Maßnahmen und Ziele, in diesem Fall zu Rettung der Umwelt, vorzuschlagen. Zumal diese Generation am längsten mit den negativen Folgen zu leben haben wird. Doch muss man immer mehrere Seiten berücksichtigen. So ist z. B. das *Verbot von Inlandsflügen oder von Geländewagen mit dem freien Recht des Bürgers unvereinbar*, die Wahl des Verkehrswegs und des für ihn oder sie richtigen Autos treffen zu wollen. Es greift unverhältnismäßig in die Rechte des Konsumenten ein und beschränkt die Vielfalt der Fortbewegungsmöglichkeiten. Selbstverständlich kann man auf die Emissionswerte Einfluss nehmen, sowohl beim Auto als auch beim Flugzeug. Doch ein komplettes Verbot bestimmter Fahrzeugtypen, mit denen die Automobilindustrie u. a. die emissionsfreie Zukunft mit Elektromobilität und Wasserstoffantrieben finanziert, oder gar das Szenario einer komplett autofreien Zukunft ist weder realistisch noch erwünscht. Denn nicht alle Menschen wohnen in der Stadt und können ohne Individualverkehr d. h. Auto überleben. Viele wollen es auch nicht, da sie glühende Anhänger von bestimmten Autotypen sind und weiter der Premiere jedes neuen Sportwagenmodells entgegenfiebern. Wenn die automobile Zukunft aber künftig stärker von alternativen Antrieben gekennzeichnet ist, kann die Welt auch künftig weiterhin aus vielen neuen Automodellen bestehen. Autos, die nicht nur zunehmend klimaneutral unterwegs sein werden, sondern auch autonom.

Aber auch Politiker anderer Parteien haben eingesehen, dass der Weg der Zukunft nur in der *Verbindung von Öko-*

nomie und Ökologie gehen kann. So fordert etwa der langjährige CDU- Politiker und Präsident des Deutschen Bundestags, Wolfgang Schäuble, in seinem neuen Buch, „bei der Wiederbelebung unserer Wirtschaftssysteme besonderes Gewicht auf deren soziale und ökologische Nachhaltigkeit zu legen“ (Schäuble, 2021, S. 106). Er mahnt zu Recht an „unsere Art zu leben und zu wirtschaften ist mit den endlichen Ressourcen unseres Planeten nicht mehr vereinbar.“ (Schäuble, 2021, S. 107). Er setzt ebenso wie sein Parteikollege Friedrich Merz auf einen Ausbau alternativer Energieträger wie Wasserstoff (vgl. Schäuble, 2021, S. 108; Merz, 2020, S. 36). Schäuble sieht ebenfalls die ökologischen Folgen von Monokulturen, dem übermäßigen Einsatz von Pestiziden und der Überdüngung (vgl. Schäuble, 2021, S. 110). Allerdings mahnt Schäuble einen gewissen Pragmatismus bei der Verfolgung einer ökologischen, ethischen Wirtschaft ein. „Lieber einen nicht perfekten Schritt in die richtige Richtung gehen, als auf der Suche nach dem vollkommenen Weg am Ende gar nichts zu verändern.“ (Schäuble, 2021, S. 117). Beide, Schäuble und Merz, sind sich darüber einig, dass ökologische Maßnahmen mit der Wettbewerbsfähigkeit der Unternehmen, aber auch der sozialen Teilhabe möglichst aller Bürgerinnen und Bürger einhergehen muss (vgl. Schäuble, 2021, S. 140; Merz, 2020, S. 40).

Während die Politik nur den staatlichen Rahmen setzen kann und durch ihre Vorgaben die Unternehmen in gewissem Maße zu einem Umdenken in Richtung mehr Nachhaltigkeit zwingen kann, ist es aber an den Unternehmen selbst zu erkennen, *welchen Wettbewerbsvorteil sie durch ein konsequentes nachhaltiges Wirtschaften erzielen* können. Abgesehen von der Tatsache, dass fast alle Manager an der Spitze der Unternehmen selbst Familie und Kinder haben und ihnen später eine intakte Umwelt übergeben wollen, zwingt alleine das Kundenverhalten zu nachhaltigem Wirtschaften. Kaum ein Kunde möchte sich heutzutage nachsagen lassen, er oder sie achte nicht beim Kauf bestimmter Produkte auf die Umweltverträglichkeit. Ob es sich hierbei um Autos mit alternativen Antrieben, also elektrisch fahrende oder zumindest Hybridfahrzeuge, eine Kombination aus Elektro- und Benzinantrieb, handelt oder nachhaltige Kleidung oder energetisch sanierte Häuser spielt hierbei eine eher untergeordnete Rolle. Autos sollen künftig ohne Emissionen auskommen können, ähnlich wie später einmal Flugzeuge und Schiffe. Kleidung wird von der Produktion bis zum Recycling nachhaltig produziert, etwa indem man so wenig wie möglich von dem Rohstoff verwendet und im Recycling möglichst hochwertige Produkte schafft (sogenanntes „Upcycling"). Wichtig ist dabei, die „Kreislauffähigkeit" eines Rohstoffs im Auge zu behalten und die gesamte Lieferkette auf Nachhaltigkeit zu untersuchen.

Unternehmen wie etwa der Fleisch- und Wursthersteller Rügenwalder gehen bereits seit 1993 gemeinsam mit ihren Mitarbeitern den Weg in ein nachhaltiges Geschäftsmodell: Sie bieten nicht nur verstärkt vegetarische und vegane Produkte an, sondern verwenden zertifiziertes Recycling-Material, identifizieren systematisch Umweltherausforderungen bei den Einkaufsgütern und der gesamten Lieferkette und geben mittlerweile ihr Wissen zu Nachhaltigkeit gemeinsam mit ihren Beratern an andere Unternehmen in unterschiedlichen Branchen weiter (vgl. Amon, 2021). Unternehmen gehen zunehmend dazu über, ihr *Geschäftsmodell und ihre Prozesse systematisch auf Probleme des Umweltschutzes zu durchforsten*, zertifizieren ihre Lieferanten oder mustern nicht nachhaltige aus. Sie fordern zum Teil einen regelmäßigen Nachhaltigkeitsbericht bei ihren Lieferanten ein (vgl. Amon, 2021). Die Frage, so die Journalistin Karoline Amon, sei nicht mehr „Was verdiene ich künftig mehr, wenn ich mein Geschäftsmodell auf Nachhaltigkeit umstelle?“ Sondern eher die Frage „Was verdiene ich künftig nicht mehr, wenn ich mich nicht mit nachhaltigem Wirtschaften auseinandersetze?“ (vgl. Amon, 2021). Schließlich verlangen nicht nur die Kunden, sondern auch *zunehmend die Mitarbeiterinnen und Mitarbeiter* einen Arbeitgeber mit einem nachhaltigen ökologischen Fußabdruck.

Als Quintessenz dieses Kapitels müssen wir festhalten, dass künftig eine ethisch orientierte Ökonomie ohne eine entsprechende *ökologische Fundierung* nicht mehr auskommen wird. Nicht nur wir als Gesellschaft oder einzelne Staaten werden aufgrund der katastrophalen Lage der Umwelt dazu gezwungen sein, radikal umzudenken und in Nachhaltigkeitskategorien und -prozessen zu denken. Vor allem die Unternehmen werden zunehmend von ihren Kundinnen und Kunden, und Mitarbeiterinnen und Mitarbeitern dazu aufgerufen sein, konsequent in ihrem Geschäftsmodell, in allen Geschäftsfeldern und Prozessen in Kategorien der Nachhaltigkeit zu denken. Dieses Gedankengut wird nicht an den Unternehmensgrenzen halt machen, sondern wir auch Partnerunternehmen, Lieferanten etc. umfassen. Die Bedeutung einer ökologischen Umsteuerung für eine ethische Ökonomie dürfte spätestens nach den ausführlichen Erläuterungen der Herausforderungen und der nötigen Maßnahmen klar geworden sein. Doch die Ökologie stellt bei weitem nicht die einzige Herausforderung für eine ethische Ökonomie dar. Ein weiteres großes Feld sind die beiden wohl größten Herausforderungen für die Ökonomie der nächsten Jahre: Die Globalisierung und die Digitalisierung. Daher wollen wir uns mit diesen beiden Themen und deren Rückwirkung auf die Ethik befassen.

Literatur

Adrian, G. et al. (2021). *Virtuelle Klima-Pressekonferenz 2021 des Deutschen Wetterdienstes vom 09.03.2021.* https://www.dwd.de/DE/presse/pressemitteilungen/DE/2021/20200317_pressemitteilung_klima_pk_news.html?nn=16210. Zugegriffen am 31.03.2021.

Amon, K. (18. April 2021). Corporate Social Responsibility als Wettbewerbsvorteil. *Frankfurter Allgemeine Sonntagszeitung*, Verlagsspezial Nachhaltig leben, S.V2.

Bundesministerium für Ernährung und Landwirtschaft. (2021). *Ergebnisse der Waldzustandserhebung 2020: Schäden haben weiter zugenommen.* https://www.bmel.de/DE/themen/wald/wald-in-deutschland/waldzustandserhebung.html. Zugegriffen am 06.04.2021.

Bündnis 90/Die Grünen. (2021). *Deutschland. Alles ist drin. Programmentwurf zur Bundestagswahl 2021.* https://www.gruene.de/grundsatzprogrammprozess/. Zugegriffen am 19.04.2021.

Deutsches Klimakonsortium. (2021). *Was wir heute übers Klima wissen. Basisfakten zum Klimawandel, die in der Wissenschaft unumstritten sind.* https://www.deutsches-klima-konsortium.de/fileadmin/user_upload/pdfs/Publikationen_DKK/basisfakten-klimawandel.pdf. Zugegriffen am 31.03.2021.

EU Kommission. (2020). *EU-Biodiversitätsstrategie für 2030.* https://ec.europa.eu/info/sites/info/files/communication-annex-eu-biodiversity-strategy-2030_de.pdf. Zugegriffen am 06.04.2021.

EU-Strategie für die Anpassung an den Klimawandel. (2021). *Mitteilung der Kommission an das Europäische Parlament, den Rat, den Europäischen Wirtschafts- und Sozialausschuss und den Ausschuss der Regionen vom 24.02.2021.* https://ec.europa.eu/transparency/regdoc/rep/1/2021/DE/COM-2021-82-F1-DE-MAIN-PART-1.PDF. Zugegriffen am 31.03.2021.

Heinisch, F. et al., (2019). *Ihr habt keinen Plan. Darum machen wir einen. 10 Bedingungen für die Rettung unserer Zukunft.*

(Der Jugendrat der Generationen Stiftung, herausgegeben von Claudia Langer und einem Vorwort von Harald Lesch). Blessing.

Jung, A. (16. Januar 2020). McKinseys Schreckensszenario zum Klimawandel. „Hunderte Millionen Menschenleben, Billionen von Dollar". *Spiegel online.* https://www.spiegel.de/wirtschaft/service/mckinsey-studie-zum-klimawandel-ergebnisse-sind-verheerend-a-0ccc0af4-6706-4a38-a4ef-38bdf570d9a6. Zugegriffen am 11.04.2021.

López, J. (2021). *Entwurf eines Berichts über die Umsetzung der Luftqualitätsrichtlinien.* Europäisches Parlament 2019–2024. 19.01.2021, Europaparlament online. https://www.europarl.europa.eu/meetdocs/2014_2019/plmrep/COMMITTEES/ENVI/PR/2021/02-04/1222264DE.pdf. Zugegriffen am 18.04.2021.

Merz, F. (2020). *Neue Zeit. Neue Verantwortung. Demokratie und Soziale Marktwirtschaft im 21. Jahrhundert.* Econ.

Powell, J. L. (2020). *2084. Eine Zeitreise durch den Klimawandel.* Quadriga.

Rohde, T. (2021). *Weltwassertag 2021: 10 Fakten über Wasser.* https://www.unicef.de/informieren/aktuelles/blog/weltwassertag-2021-zehn-fakten-ueber-wasser/172968. Zugegriffen am 15.04.2021.

Schäuble, W. (2021). *Grenzerfahrungen. Wie wir an Krisen wachsen.* Siedler.

Schmitz, J. (2015). *Gemeinsam für den Boden. Bodenständige Argumente für den besseren Umgang mit einer begrenzten Ressource.* Deutsche Gesellschaft für Internationale Zusammenarbeit. https://www.agrar.hu-berlin.de/de/institut/departments/daoe/bk/forschung/klimagaerten/weiterfuehrende-materialien-1/2016_boden-grund-zum-leben.pdf. Zugegriffen am 18.04.2021.

Stmuv. (2021). Volksbegehren „Artenvielfalt und Naturschönheit in Bayern". *Bayerisches Staatsministerium für Umwelt und Verbraucherschutz.* https://www.stmuv.bayern.de/themen/naturschutz/bayerns_naturvielfalt/volksbegehren_artenvielfalt/index.htm. Zugegriffen am 14.04.2021.

WWF. (2021a). *Artenschutz und biologische Vielfalt.* https://www.wwf.de/themen-projekte/artenschutz-und-biologische-vielfalt. Zugegriffen am 06.04.2021.

WWF. (2021b). *Plastikmüll im Meer – die wichtigsten Antworten.* https://www.wwf.de/themen-projekte/meere-kuesten/plastik/unsere-ozeane-versinken-im-plastikmuell/plastikmuell-im-meer-die-wichtigsten-antworten Zugegriffen am 15.04.2021.

6 Globalisierung, Digitalisierung und Ethik

6.1 Gewinner und Verlierer der Globalisierung

Jede ökonomische Entwicklung produziert in der Regel Gewinner und Verlierer. Das gilt auch für das Phänomen der Globalisierung, der weltweiten Handelstätigkeiten. Die Idee des grenzüberschreitenden Handels ist nicht neu: Während in der Steinzeit die Familien und ihre Sippen sich in erster Linie selbst versorgten, gingen die Menschen spätestens in der Antike schrittweise dazu über, Waren länderübergreifend zu tauschen und aufgrund der besseren Transportfähigkeit auch Geld einzusetzen. Schon Aristoteles hatte in seiner Schrift über den Staat (vgl. Aristoteles 1257a 21 ff., Ausgabe 1995, S. 18 ff.) von dieser Entwicklung berichtet. So waren zahlreiche Handelsvölker wie etwa die Phönizier bereits im Altertum international unterwegs und tauschten und verschifften ihre Waren. Im Mittelalter hatte die mächtige und reiche Dynastie der Fugger ein nahezu weltumspannendes Handelsimperium geschaffen, das

D. Pietsch, *Unsere Wirtschaft ethisch überdenken*,
https://doi.org/10.1007/978-3-658-37977-3_6

Waren von Osteuropa bis in die neue Welt nach Amerika verschickte. Die Familie besaß Niederlassungen (Faktoreien) von Lissabon und Madrid bis Köln, Augsburg, Leipzig und Krakau. Unterstützt wurde der internationale Handel u. a. durch effektive Kaufmannsvereinigungen wie etwa die Hanse, ein Verbund norddeutscher Kaufleute, die sich zwischen dem 12. und dem 17. Jahrhundert zusammenschlossen, um gemeinschaftlich ihre wirtschaftlichen Interessen im In- und Ausland zu vertreten und etwa die Überfahrt mit den Handelsschiffen gegenüber räuberischen Gruppen abzusichern.

Der britische Ökonom mit portugiesischen Wurzeln, David Ricardo, schuf passend dazu eine *Theorie der komparativen Kostenvorteile*, die die Vorteile eines grenzüberschreitenden Handels auch wissenschaftlich erläuterte. Gemäß Ricardo lohnt sich der Außenhandel in jedem Fall, auch für diejenigen Länder, die in der Herstellung verschiedener Güter in jedem Gut Kostennachteile gegenüber einem weiteren Land haben. Konzentriert sich nämlich jedes Land auf die Güter z. B. Wein, bei dem der Kostennachteil relativ geringer ist als bei anderen Gütern, dann kann es durch diese Spezialisierung Kosten einsparen. Es tauscht dann nämlich mit einem anderen Land das Gut, z. B. Textil, in dem die Kostennachteile gegenüber einem anderen Land deutlich größer sind (vgl. Pietsch, 2019, S. 82 ff.). Heute wird der internationale Handel vor allem durch den Abbau von Handelshemmnissen wie Zölle, Importquoten, Einfuhrsteuern etc. und durch Schaffung eines globalen Freihandels gefördert. Entsprechende Organisationen wie die der World Trade Organisation (WTO, die Welthandelsorganisation) oder wie die von regionalen Wirtschafts- und Handelsräumen wie die EU (Europa), Mercosur (mit dem Schwerpunkt auf Südamerika) oder ASEAN (asiatische Länder) bilden die Grundlage eines internationalen Freihandels.

Die Globalisierung hat von Anbeginn eine Reihe von Vorteilen mit sich gebracht, allerdings *nicht für jeden und vor allem in einer ungleichen Verteilung*. Da viele Unternehmen weltweit ihre Produkte anbieten, konnten sie nicht nur ihre Verkaufszahlen und ihre Gewinne deutlich steigern, sondern auch Arbeitsplätze im Inland und vor allem in den neuen Absatzmärkten sichern. Im Rahmen der internationalen Expansion gründeten Unternehmen Zweigniederlassungen im Ausland, sei es in Form von Vertriebsgesellschaften oder auch Produktionswerke. Die sogenannten Direktinvestitionen der globalen Unternehmen in die einzelnen Länder steigerte sich dramatisch, etwa von 13 Milliarden US-Dollar 1970 auf 1833 Milliarden alleine bis 2007, (vgl. Pietsch, 2017, S. 65). Der Warenexport nahm zwischen 1960 und 2008 um den Faktor 15 zu. Gleichzeitig profitierten die Verbraucher vor allem in den Industrieländern von dem zunehmenden globalen Wettbewerb, denn nicht nur heimische Produzenten boten ihre Güter an, etwa Kleidung, Lebensmittel – man denke etwa an die Vielzahl von Müslis oder Cornflakes im Lebensmittelregal –, Autos, sondern auch Hersteller aus allen Teilen der Welt. Dieser Wettbewerb führte zu einer deutlichen Senkung der Preise für tägliche Güter, was den Verbrauchern direkt zugutekam und für eine größere Auswahl an Waren generell sorgte. Der Wohlstand stieg ebenfalls vor allem in den westlichen Ländern an. So mussten 2005 mehr als 500 Millionen Menschen *weniger* mit einem täglichen Einkommen von 1,25 US-Dollar auskommen und konnten so ihre Überlebenschancen und ihre Lebensqualität deutlich steigern (vgl. Pietsch, 2017, S. 67).

Mit der Globalisierung hielten auch unterschiedliche Lebensstile und Moden Einzug in die einzelnen Länder, unterstützt durch das Internet und die Sozialen Medien. Globale Restaurantketten wie McDonalds und Pizzahut und andere weltumspannende Retailformate wie ToysRus für Spielwaren oder Walmart für Lebensmittel schafften den Siegeszug um die Welt und definierten Standards des Essens, der Waren und der Lebensstile. Fernsehformate wie Casting und Reality Shows von Big Brother über Voice of Germany und America's got talent oder auch Wissensshows à la „Wer wird Millionär" begründeten eine weltweite Zuschauergemeinde, die sich an ähnlichen Ideen und Shows erfreuten. Ganz zu schweigen von den global erfolgreichen Luxusmode-Labels wie Prada, Gucci, Moncler, Rolex und andere, die weltweit für den Luxus schlechthin und den Statuskonsum stehen. Soziale Medien wie Instagram, Facebook, aber auch Kommunikationsforen wie WhatsApp, Twitter etc. sorgen dafür, dass sich vor allem die Jugend weltweit auf Englisch austauscht und sich in Windeseile zu Interessengruppen zusammenschließen kann. Nachrichten werden global nahezu gleichzeitig konsumiert und wahrgenommen, geteilt und kommentiert und schaffen so eine internationale Bewegung, die innerhalb kürzester Zeit millionenfache Anhänger produziert. *Influencer*, also Meinungsführer im Netz, nutzen ihr Ansehen und ihre häufigen Auftritte und Posts im Internet, um für bestimmte Lebensstile oder auch Produkte zu werben. Gemeinsam mit den bekannten global wirkenden Stars aus dem Film- und Musikgeschäft, Sport oder Persönlichkeiten generell schaffen sie teilweise millionenfach Anhänger rund um den Globus, die jeden ihrer Schritte, Kommentare und Aktivitäten intensiv verfolgen und aktiv durch positive wie negative Kommentare an deren Leben teilnehmen. Der Videokanal YouTube leistet ein Übriges, um die internationale Fangemeinde mit zugeschnittenen Videos zu beglücken.

Doch global kann nur mitschwimmen, wer die Möglichkeit hat, in dieser Welt mit zu leben. Zwar verfügt fast jeder Erwachsene über ein sogenanntes Smartphone, ein intelligentes Telefon mit Internetanschluss und Kommunikationsfunktion, doch ist dies nur eine technische Voraussetzung.

Neben der Tatsache, dass man im globalen Arbeitsumfeld um ein verhandlungssicheres Englisch, wie es in Stellenanzeigen immer so schön heißt, nicht herumkommt, taugen nicht alle Jobs den Anforderungen der Globalisierung. Einfache Servicejobs, etwa Transportjobs bei Amazon oder der Pizzaauslieferer oder die Pflege von alten und kranken Menschen sind ebenso lokal angelegt wie handwerkliche oder einfache Tätigkeiten als Reinigungskraft. International profitiert haben die global einsetzbaren Berufe und Tätigkeiten in der Finanzbranche wie Hochfrequenzhändler, Fondsmanager, den IT-Dienstleistungen oder den Medien. Softwareprogrammierer und IT-Spezialisten in den sogenannten „agilen Transformations-Projekten" sind ähnlich global gefragt wie internationale Marketing- und Medienexperten, Berater und Anwälte (vgl. u. a. Wagenknecht, 2021, S. 79 ff.).

Gerade auch ein exportorientiertes Land wie Deutschland hat überproportional von der Globalisierung profitiert. In der Summe kann man sagen, dass *die Globalisierung in den letzten Jahrzehnten unter dem Strich vor allem den Industrieländern zugutegekommen* ist. Sie hat ein beispielloses wirtschaftliches Wachstum ermöglicht, millionenfach Jobs geschaffen und den Wohlstand erhöht. Allerdings trifft das nicht auf alle Bevölkerungsteile Deutschlands in gleichem Maße zu. Gewinner der Globalisierung waren vor allem die gut ausgebildeten, mehrsprachigen jüngeren Bürgerinnen und Bürger mit zumeist akademischen Abschlüssen und internationalem Lebenslauf in den großen Städten. Das Nachsehen hatten dagegen die einfach und durchschnittlich ausgebildeten zumeist älteren Bürgerinnen und Bürger mit einem starken lokalen oder regionalen Bezug in einfachen Service- oder Pflegejobs. Gerade diese Jobs, die im Zuge der Pandemie zum Teil am stärksten zu leiden hatten und nicht bequem im „Homeoffice" von zu Hause ausarbeiten konnten. Die Frage ist allerdings, ob der

Wohlstand bei allen Ländern und innerhalb der Länder bei allen Beteiligten Gruppen und Menschen gleichermaßen angekommen ist? So scheint es allerdings nicht zu sein.

Mögliche Nachteile der Globalisierung haben wir hautnah in der Corona-Pandemie erleben müssen. Der kurzfristig ausgesetzte Grenzverkehr und die gestoppten Warenströme haben die Lieferketten, die zunehmend global ausgerichtet sind, kurzfristig zum Erliegen gebracht. Automobilhersteller warteten auf ihre Zulieferteile, Produktionen in verschiedenen Branchen standen kurzfristig still, da einerseits nicht genügend Rohmaterialien nachgeschoben werden konnten und andererseits die Ansteckungsgefahr der Bandmitarbeiter zu groß war. Die sogenannte *„Supply Chain"* d. h. Versorgungskette war entsprechend unterbrochen. Schon vor dieser Pandemie bedingten Maßnahmen der Grenzschließungen gab es eine Reihe von protektionistischen Maßnahmen: Der Brexit, der Austritt Großbritanniens aus der Europäischen Union, infolge der demokratischen Entscheidung der Bürger, errichtete neue Hemmnisse für den internationalen Warentransfer. Der US-amerikanische Präsident Donald Trump schränkte den freien Warenhandel massiv ein, indem er zum Teil Vergeltungszölle oder auch „Erziehungszölle" (analog Friedrich List, vgl. Pietsch, 2019, S. 89) für Einfuhren aus der EU erließ im Gegenzug zu den seiner Meinung nach zu hohen Einfuhrzöllen der EU auf amerikanische Waren. Diese *De-Globalisierungstendenzen* führten bei den betroffenen Unternehmen und den Verbrauchern zu massiven Unsicherheiten hinsichtlich der Zukunft des Freihandels.

Mit der Globalisierung sind aber nicht nur grenzüberschreitende Warenströme und die Erweiterung des Warenangebots bei wettbewerbsbedingt günstigeren Preisen verbunden, sondern auch zusätzliche CO_2 und NOx-Belastungen der Umwelt durch erhöhtes Verkehrsaufkommen zu Land, Wasser und in der Luft. Der Wohlstand durch die

Globalisierung kam vor allem bei den Industrieländern an wie eine Studie der Bertelsmann-Stiftung zeigt (vgl. Petersen et al., 2018). So hat sich das reale Bruttoinlandsprodukt (BIP), d. h. der Gesamtwert aller Waren und Dienstleistungen, die in einem Land pro Kopf produziert werden, von 1990 bis 2016 in Deutschland von 21.940 Euro auf 30.910 Euro gesteigert. Die durch die Globalisierung erwirkte Steigerung errechneten die Forscher mit 1270 Euro pro Kopf der Bevölkerung. Im Klartext: Ohne die Globalisierung, so die Forscher, wäre das BIP in Deutschland 2016 um 1270 Euro pro Kopf der Bevölkerung niedriger ausgefallen. In der Schweiz und in Japan wären es 2016 im Vergleich zu 1990 pro Kopf der Bevölkerung sogar etwa 1900 bzw. 1500 Euro weniger gewesen. In China und in Indien lag der vergleichbare Wert lediglich bei 80 bzw. 20 Euro. Die Rangliste der 42 untersuchten Länder zeigt, dass hauptsächlich die Industrieländer von der Globalisierung profitiert haben (vgl. Petersen et al., 2018).

Folgt man einer *extrem kritischen Sichtweise* auf die Globalisierung (der sich der Autor, DP, explizit *nicht* anschließt, vgl. Müller, 2016), dann sind vielfach Jobs geschaffen wurden, die entweder auf Teilzeit basieren, bei Zeitarbeits- oder Leihfirmenfirmen entstanden sind, befristet sind mit unsicherer Zukunft und nicht etwa bei tariflich gesicherten Tarifjobs. Sicherlich sind auch viele solcher Jobs entstanden, das Gros stellt dies aber sicher nicht dar. Dennoch stimmt diese Entwicklung nachdenklich. Ferner haben vor allem Dingen einfache Jobs durch den internationalen, zum Teil *ruinösen Kostendruck* leiden müssen wie etwa LKW-Fahrer, aber auch Krankenschwestern, Pfleger und Paketzusteller. Die internationale Konkurrenz von Arbeitskräften hat sicher auch dazu geführt, die Löhne und Gehälter in diesen Branchen relativ niedrig zu halten. In Pandemiezeiten waren aber gerade diese Berufsgruppen besonderen Herausforderungen ausgesetzt und haben sich trotz harter Arbeitsbedingungen schwergetan, ihre immer stärker ansteigenden Mieten zu begleichen.

Wo stehen wir aktuell bei der Globalisierung? Der Ökonom und Chef des Deutschen Instituts für Wirtschaftsforschung (DIW), Marcel Fratzscher, hat *vier verschiedene Phasen der Globalisierung* identifiziert (vgl. Fratzscher, 2020, S. 157 ff.):

Die *erste Phase* der Globalisierung im engeren Sinne begann Ende des 19. und Anfang des 20. Jahrhunderts. Innerhalb von nur wenigen Jahrzehnten verdreifachte sich der Welthandel, Millionen von Menschen verließen ihre zumeist europäische Heimat und wanderten in die USA aus. Auch das Kapital folgte den Warenströmen rund um den Globus. Dieser *zweiten Phase* folgte eine Welle der De-Globalisierung, ausgelöst durch die beiden Weltkriege und der wirtschaftlichen Isolierung, des Nationalismus und des Protektionismus. Die *dritte Phase* war dann wieder bestimmt durch einen neuerstarkten freien Verkehr von Gütern und Dienstleistungen, der sich aber nicht auf den freien Kapitalverkehr bezog, vereinbart in Bretton Woods, einem kleinen Ort in New Hampshire an der US-amerikanischen Ostküste. Multilaterale Institutionen wie die Weltbank und der Internationale Währungsfonds wurden dort gegründet, die helfen sollten, die Globalisierung fair und ausgewogen zu gestalten. In der *vierten Phase* der Globalisierung schließlich, die Anfang der 1990er-Jahre nach dem Fall der Mauer und der Implosion der Sowjetunion begann, wurde auch der Kapitalverkehr international freigegeben, die nationale Souveränität über vor allem wirtschaftliche Parameter und Regeln wurde stark eingeschränkt.

In dieser Phase der *„Hyper-Globalisierung"* der vergangenen gut dreißig Jahre bis heute konnte der Anteil der Weltbevölkerung, die in absoluter Armut lebt, von über 30

Prozent auf 15 Prozent mehr als halbiert werden (vgl. Fratzscher, 2020, S. 159), die Lebenserwartung stieg deutlich und die Rate der Analphabeten vor allem in den ärmsten Ländern ist deutlich gesunken. Leider ist, wie wir bereits oben gesehen haben, der positive Effekt der Hyper-Globalisierung an vielen Teilen Afrikas etwa nahezu spurlos vorbeigegangen (vgl. Fratzscher, 2020, S. 159). Mittlerweile, so scheint es, ist die „Globalisierung erschöpft" (vgl. Hüther et al., 2018). Zunehmend melden sich kritische Stimmen zu Wort, die die Nachteile der Globalisierung im Vergleich zu den Vorteilen die Überhand nehmen lassen. Die Ungleichheit weltweit verschärfe sich (vgl. die eingängigen Statistiken von Piketty, 2014, 2020, und den World Inequality Report, Alvaredo et al., 2018). Profiteure seien die gut Ausgebildeten in den hochqualifizierten Jobs („die urbane Elite") und die vermögenden Bürger vor allem in den Industrieländern zu Lasten der ärmeren Bevölkerung mit den einfachen Jobs in den Schwellenländern. Die Globalisierung müsse insgesamt *„sozialer, weiblicher und nachhaltiger"* (vgl. Kohlmann, 2019) werden.

Aus ethischer Sicht kann es nicht so weitergehen, dass *vom Wohlstand der Globalisierung nicht alle Menschen gleichermaßen profitieren*. Der Wohlstand muss künftig viel stärker als bisher bei allen Menschen angekommen, egal wo sie leben, welchem Job sie nachgehen und welche Ausbildung sie genossen haben. Selbstverständlich wird es nie – und kann auch nicht die Zielsetzung sein –, dass alle Menschen in absolut gleichem Maße von dieser ökonomischen Entwicklung profitieren. Dafür sind die Menschen viel zu unterschiedlich. Dennoch müssen wir darauf drängen, dass weder ein zu starker Unterschied bei Einkommen und Vermögen entstehen noch, dass einige Menschen auf der Welt reine Verlierer der Globalisierung sind. Eine solche Entwicklung ist sehr gefährlich und muss dringend korrigiert werden. Ausgewählte Ansätze haben wir bereits in Abschn. 4.1 zur Ungleichheit erläutert und wollen sie an dieser Stelle nicht wiederholen. Ist denn eine Ethik vorstellbar, die in einem Teil der Welt etwas anderes aussagt als in dem anderen? Gelten in einem Land wie Indien oder China andere ethische Regeln als etwa in Europa oder den USA? Die Antwort ist ein klares Nein. Wir brauchen also *eine universale Moral*, eine Moral, die überall auf der Welt gilt und durchgesetzt werden muss. Mit diesem Thema wollen wir uns im Folgenden beschäftigen.

6.2 Wir brauchen eine universale Moral

Wenn die Welt immer stärker zusammenwächst (s. das vorherige Abschn. 6.1), stellt sich die Frage, welche Werte und ethischen Vorstellungen unser Zusammenleben vor allem im Bereich der Ökonomie gelten soll. Vor allem ist die Frage, ob weltweit und in allen Kulturen die gleichen Regeln moralischen Verhaltens existieren oder ob jeweils unterschiedliche Werte gelten sollten. Es stehen sich hierbei zwei verschiedene Ansätze gegenüber: Auf der einen Seite ein moralischer Universalismus und auf der anderen Seite ein moralischer Relativismus. Der moralische Universalismus, den ich hier vertrete und den wir in einer globalen ökonomischen Welt brauchen, wird mit dem Bonner Philosophen Markus Gabriel wie folgt auf den Punkt gebracht (Gabriel, 2020, S. 33):

> „Die objektiv bestehenden moralischen Tatsachen gelten zu allen Zeiten, in denen es Menschen gab, gibt und geben wird. Sie sind von Kultur, politischer Meinung, Religion, Geschlecht, Herkunft, Aussehen und Alter unabhängig und daher universal."

Es kann keinen Unterschied machen, in welchem Kulturkreis ich lebe, um Gewaltlosigkeit, Achtung vor dem Leben oder Gerechtigkeit und Solidarität gegenüber meinen Mitmenschen zu respektiere und einzuhalten. Ich kümmere mich um die Armen, Schwachen und Kranken in dieser Gesellschaft, unabhängig davon, ob ich dabei dem Vorbild Jesu folge oder Mohammed oder einer generellen ethischen Regel. Gewalt, mit Ausnahme der legitimen Verteidigung im Falle der Notwehr, ist nie eine Mittel der Auseinandersetzung, unabhängig vom Kulturkreis und gegen wen diese Gewalt geschieht. Meistens triff sie die Armen, Schwachen und Entrechteten dieser Gesellschaft. Dem muss mit aller Entschiedenheit entgegengetreten werden, nicht nur im Rahmen von klaren Gesetzesvorgaben, sondern auch im Sinne einer universellen Solidarität und Mitmenschlichkeit.

Der kürzlich verstorbene Schweizer Theologe Hans Küng hat zu Recht darauf hingewiesen, dass gerade das ökonomische Streben nach gesellschaftlicher Wohlfahrt, aber auch das unternehmerische Handeln zwingend in ein Korsett von globalen ethischen Rahmenbedingungen eingebettet sein muss, die von allen als gerecht und fair akzeptiert werden (vgl. Küng, 2010, S. 305). In dem Manifest „Globales Wirtschaftsethos – Konsequenzen für die Weltwirtschaft“, die von der Stiftung Weltethos unter der Präsidentschaft von Hans Küng 2009 ausgearbeitet und von vielen namhaften Persönlichkeiten aus aller Welt als Erstunterzeichner ratifiziert wurden, fordern die Akteure folgende ethische Leitlinien für eine globale Wirtschaft (vgl. Küng, 2010, S. 306 ff.):

Ziel muss ein *nachhaltiges ökonomisches Handeln* sein, dass es allen Menschen ermöglicht, die täglichen Grundbedürfnisse zu befriedigen und ein Leben in Würde führen zu können (Artikel 1).

Das bedeutet aus meiner Sicht nicht nur die Versorgung mit den Gütern des täglichen Lebens wie ausreichend

Lebensmittel, Kleidung, ein Dach über den Kopf, sondern auch das Recht der Kinder und Jugendlichen auf Bildung, um dem Kreislauf des Lebens als ungebildeter Tagelöhner entfliehen zu können. Schluss mit Hunger und Durst und das Recht auf Leben in Würde. Ökonomisches Handeln mit dem legitimen Anrecht auf Gewinn soll seinen Beitrag dazu leisten und einen Teil des Gewinns dazu einbringen.

Dazu gehört eine Kultur des *Respekts vor der Würde und Selbstachtung des Menschen* als Individuum (Artikel 2).

Vorgesetzte begegnen den Mitarbeiterinnen und Mitarbeitern mit Anstand und Respekt und behandeln sie so wie sie selbst behandelt werden wollen. Gleiches gilt im Umgang der Kolleginnen und Kollegen untereinander: Niemand sollte aufgrund seines Geschlechts, seiner Religion, seiner Herkunft, seines Alters oder seiner sexuellen Orientierung diskriminiert werden. Junge und ältere Mitarbeiterinnen und Mitarbeiter arbeiten Hand in Hand zusammen. Erfahrung ergänzt Kreativität und Dynamik. Die Arbeitsbedingungen sind fair, vertrauensvoll und wertschätzend. Niemand sollte unter diesen globalen Rahmenbedingungen ausgebeutet, ausgenutzt oder muss unter unwürdigen Geschäfts- und Arbeitsbedingungen arbeiten müssen. Das schließt ausdrücklich das Verbot von Mobbing d. h. Schikane, Demütigungen oder soziale Ausgrenzungen mit ein ebenso wie die Ausnutzung von Abhängigkeiten. Wohlgemerkt soll diese Leitlinie *für alle Kulturen und Länder* auf dieser Erde gelten.

Im Wirtschaftsleben ist darauf zu achten, dass das egoistische und *legitime Verfolgen eines Unternehmensgewinns niemals zu Lasten eines unethischen Verhaltens geht* (Artikel 3).

So sollte der Wettbewerber nicht gezielt geschädigt werden, etwa indem so lange gezielte Niedrigpreisangebote forciert werden, bis der finanzschwächere Marktneuling herausgedrängt wird. Auch wenn dies rechtlich möglich ist, sollten solche Praktiken aus ethischen Gründen vermieden werden. Das Gebot der Fairness und Toleranz und gegenseitige Wertschätzung betrifft nicht nur die Wettbewerber, sondern vor allem die eigenen Mitarbeiterinnen und Mitarbeiter, die der Lieferanten und Geschäftspartner generell, aber auch die Kundinnen und Kunden. Die viel beschworene Kundenorientierung schließt die ethischen Grundregeln unbedingt mit ein, so wie sie jedem Menschen zu entgegnen sind. *Man sollte seine Wirtschaftspartner so behandeln, wie man selbst behandelt werden möchte.* Dies entspricht der Goldenen Regel der humanistischen Tradition (Artikel 4).

Artikel 5 des Weltethos verpflichtet die Unternehmen, aber auch die Gesellschaft, darauf zu achten, dass *jegliche Form der Zwangs-, Sklaven- oder Kinderarbeit verboten und deren Einhaltung strengstens überwacht wird.*

Das bedeutet nicht nur, auf Kinderarbeit etc. zu verzichten, sondern auch die neuesten Technologien einzusetzen, die höchsten Arbeitssicherheitsstandards und humane Arbeitsbedingungen anzuwenden. Vielfach stehen die Arbeitnehmerinnen und Arbeitnehmer unter hohem Druck, ihren Tätigkeiten nachzugehen: sei es, dass sie permanent mobil oder online erreichbar sein müssen oder dass sie aufgrund der Vielzahl an gleichzeitig abzuwickelnden Tätigkeiten schlicht überfordert werden. Dass dies Realität und nicht graue Theorie ist, hat man während der Corona-Pandemie an dem Pflegerinnen und Pflegern, den Ärztinnen und Ärzten in den Krankenhäusern, vor allem auf den Intensivstationen hautnah erleben müssen. *„Burnout"* d. h. das körperliche wie geistige „Ausgebrannt sein" ist keine „Modekrankheit" wie vielfach unterstellt wird, sondern ein ernstzunehmendes Phänomen, das eher zunimmt als weniger wird. Ethisches Handeln heißt auch hier, *auf den Menschen Rücksicht zu nehmen und nicht zu überfordern.*

Die folgenden Artikel des Weltethos fordern eine nachhaltige Ökonomie im Sinne eines *schonenden Umgangs mit den Ressourcen* (Artikel 6) in der Entwicklung, der Produktion, der Beschaffung, im Verkauf von Gütern etc. Kurz: die gesamte Wertschöpfungskette eines Unternehmens ist daraufhin zu untersuchen, inwieweit natürliche Ressourcen einzusparen sind und ein klimaneutrales Wirtschaften möglich ist, etwa durch verstärkte Nutzung umweltschonender Technologie, erneuerbarer Energie, sauberem Wasser und reiner Luft etc. *Internationales Recht im Wirtschaftsgeschehen ist zwingend einzuhalten* (Artikel 7). Dort wo das Recht noch nicht dafür sorgt, dass etwa nachhaltig gewirtschaftet wird, greifen Unternehmen und Wirtschaftsakteure selbstständig zu freiwilligen Selbstverpflichtungen und entsprechender Selbstkontrolle. Die Veröffentlichung von sogenannten „nicht finanziellen Kennzahlen" im Jahresbericht eines Unternehmens, wie etwa die Aktivitäten zur Nachhaltigkeit wie die CO_2-Emissionen oder Klimaneutralität generell oder der Anteil von Frauen in Führungspositionen etc., stellt bereits einen Schritt in die richtige Richtung dar.

Korruption, *unlautere Praktiken wie etwa Kartellrecht- oder Patentverletzungen sind ebenfalls strengstens untersagt* wie Industriespionage (Artikel 8). Unternehmen, aber auch die Gesellschaft muss sich dafür einsetzen, dass *Hunger, und Mangel auf der Welt vermieden werden* (Artikel 9). Der Ungleichheit der Lebenschancen ist ebenso entgegenzuwirken wie die Sicherstellung eines gewissen Wohlstands, der auch bei allen ankommt. Nicht alle werden unbedingt wohlhabend sein können. Doch sollte der steigende Wohlstand möglichst vielen Menschen auf der Welt zugutekommen. Unternehmen sollten möglichst viele Mitarbeiterinnen und Mitarbeiter auffordern und dabei unterstützen, soziale Projekte anzustoßen wie etwa die Organisation von Schulbildung, Aufbereitung von sauberem Trinkwasser etc. Manche Unternehmen prämieren bereits heute soziale und karitative Projekte ihrer Mitarbeiterinnen und Mitarbeiter mit der höchsten Erfolgsquote und Kreativität. *Werte wie Ehrlichkeit und Zuverlässigkeit sind gerade in Wirtschaftsbeziehungen unerlässlich* (Artikel 10). Sie sind universell gültig und sollten entsprechend global gelebt werden.

In großen Unternehmen und Organisationen, in denen viele Menschen unterschiedlicher Nationen und Kulturen zusammenarbeiten, sollten nicht nur die Unterschiede in der Arbeitsweise, der Einstellung etc. mit *Toleranz und Respekt* begegnet werden (Artikel 11). Im Gegenteil, kann jeder Kulturkreis vom anderen lernen und gemeinsam die individuelle Sichtweise einbringen. Dies bereichert nicht nur die tägliche Arbeit, sondern verbessert auch das Arbeitsergebnis und bringt verschiedene Kulturen näher zusammen. Wenn alle, ob jung oder alt, Frauen und Männer, Angehörige unterschiedlicher Kulturkreise und Nationen *partnerschaftlich und mit gegenseitigem Respekt* zusammenarbeiten, dann gewinnen alle Beteiligten und nicht zuletzt die Unternehmerin, der Unternehmer (Artikel 12). Schließlich sollten alle Akteure des Wirtschaftslebens die Möglichkeit haben, sich *für ihre Interessen einzusetzen* und dafür zusammenzuschließen (Artikel 13), seien es Kundinnen und Kunden oder Mitarbeiterinnen und Mitarbeiter in Form von Konsumentengemeinschaften oder auch Gewerkschaften und anderen Interessenvertretern. Auch wenn diese Forderungen und Gebote des Weltethos sich nicht in jedem Punkt überall auf der Welt in gleichem Maße umsetzen lassen, definieren sie doch einen *universellen Maßstab ethischen Handelns in der Wirtschaft*, der eine klare Stoßrichtung erkennen lässt.

Wenn man sich die einzelnen Maxime des Weltethos ansieht, bleibt global noch viel zu tun. Wie wir bereits in Abschn. 4.1 gesehen haben, können mitnichten alle Menschen ihre Grundbedürfnisse nach Lebensmitteln, Kleidung oder sauberem Wasser stillen. Geschweige denn, dass sie alle ein warmes und sicheres Dach über dem Kopf haben. Während dies vor allem für die ärmeren Länder in Afrika, Südamerika und anderen Teilen der Welt gilt, sind viel zu viele Mitarbeiterinnen und Mitarbeiter von ihrer täglichen Arbeit gestresst, leiden unter zu hohem Druck und werden zum Teil noch *Opfer von Mobbing*. Diskriminierung von Mitarbeiterinnen und Mitarbeitern ist leider vielerorts immer noch an der Tagesordnung, ohne dass die verantwortlichen Führungskräfte einschreiten. Die permanente Erreichbarkeit hat längst die Bedeutung eines Statussymbols erhalten: wer ständig erreichbar ist und sein muss, nur der ist wichtig.

Vielfach fehlt es einfach an Wertschätzung für die Mitarbeiterinnen und Mitarbeiter, sei es von Kolleginnen und Kollegen oder von Chefs. Ein schlichtes „Danke" oder ein Lob für die geleistete Arbeit wiegt häufig schwerer als materielle Belohnungen wie etwa eine Gehaltserhöhung. Vielfach wird *die Arbeit verdichtet*, das Ziel dennoch erfüllt und das Erreichte wird als „Standard" bezeichnet und nicht extra erwähnt. Dabei leben alle Menschen von der Anerkennung durch die Mitmenschen. Es wäre so einfach. Während in den Industrieländern die Kinderarbeit weitgehend abgeschafft wurde, existieren Formen der modernen Sklavenarbeit heute leider immer noch. Jüngste Berichte von der Elfenbeinküste und Ghana zeigen, dass immer noch 1,5 Millionen Kinder unter erbärmlichen Bedingungen auf Kakaoplantagen die Kakaoernte betreiben müssen (vgl. makechocolatefair, 2021).

Dies lässt Zweifel darüber aufkommen, ob das Phänomen jemals ganz beseitigt werden kann. Auch das jüngst beschlossene Lieferkettengesetz muss seine Wirksamkeit erst noch erweisen (vgl. Spiegel online vom 12.02.2021, Stichwort: Menschenrechte). Es verpflichtet Unternehmen mit mehr als 3000 Mitarbeiterinnen und Mitarbeiter ab

2023 (ab 2024 bereits bei Unternehmen ab 1000 Mitarbeiterinnen und Mitarbeiter), bei ihren weltweiten Lieferanten die Menschenrechte und die Nachhaltigkeit sicherzustellen. Im Falle eines Verstoßes sind Bußgelder geplant bis hin zu temporären Ausschlüssen des Unternehmens von öffentlichen Ausschreibungen. Es gibt ebenfalls noch viel zu tun, um die Zusammenarbeit aller Unternehmen im Sinne eines fairen und produktiven Wettbewerbs voranzubringen. Die noch existierenden Defizite bezüglich des Themas Nachhaltigkeit haben wir in Kap. 5 ausführlich geschildert.

Was wäre aber die Alternative zu globalen, universell gültigen ethischen Standards? Eine je nach Kulturraum oder national differenzierter Wertekanon im Sinne eines moralischen Relativismus? Dieser *Kulturrelativismus* behauptet, dass es entweder keine absoluten moralischen Werte gäbe, die in allen Kulturen gleichzeitig gelten. Stattdessen seien moralischer Werte relativ zu der einer bestimmten Kultur. Es gäbe eine große Vielzahl an Kulturen, die so niemals unter ein umfassendes Kulturdach zu bringen seien (vgl. Gabriel, 2020, S. 59). Vor allem das „Ausspielen" einzelner moralischer Werte oder das Wertesystem generell, etwa des „asiatischen" gegen das „amerikanische", ist nicht nur kontraproduktiv, sondern auch inhaltlich nicht haltbar (vgl. Küng, 2010, S. 239 f.). Man darf dabei nicht Traditionen wie etwa die konfuzianische mit der westlichen, etwa der amerikanischen, mit generellen moralischen Werten nicht verwechseln. Vielmehr ist es wesentlich sich darauf zu konzentrieren, auf *welche Werte man sich weltweit verständigen* kann.

In einer Studie der Universität Oxford sind Anthropologen genau dieser Frage nachgegangen (vgl. Haase, 2019). Sie kamen aufgrund ihrer empirischen Daten – es wurden insgesamt 600.000 ethnografische Berichte aus mehr als 600 Quellen gesichtet, die insgesamt 60 unterschiedliche

Kulturen umfassen – zu dem Ergebnis, dass es *in allen Kulturen sieben Grundwerte gibt*, die einheitlich als moralisch positiv angesehen werden. Diese sieben universellen Werte sind (vgl. Haase, 2019):

1. Die Familie unterstützen.
2. Die eigenen sozialen Gruppe unterstützen.
3. Sich für Gefälligkeiten erkenntlich zeigen und sich revanchieren.
4. Mutig sein.
5. Respekt vor Vorgesetzten haben.
6. Ressourcen gerecht verteilen.
7. Eigentum und Besitz anderer zu respektieren.

Alle sind sich, so die Forscher aus Oxford, darüber einig, dass die Zusammenarbeit der Menschen untereinander und die Förderung des Gemeinwohls der moralisch richtige Weg ist. Wenn wir diese Erkenntnis zur Grundlage nehmen, müssen wir diese *Orientierung am Gemeinwohl* und der Zusammenarbeit aller Menschen auch zur Maxime für unsere Wirtschaft nehmen (s. auch Abschn. 4.4). Wir werden das in Kap. 7 anhand ausgewählter Beispiele noch vertiefen. Aber nicht nur die Globalisierung stellt uns ethisch vor große Herausforderungen, sondern auch der richtige Umgang mit dem Phänomen der Digitalisierung in der Wirtschaft. Daher wollen wir uns im folgenden Kapitel damit beschäftigen.

6.3 Ethische Herausforderungen der Digitalisierung

Mitte der 1960er-Jahre wurden die meisten der heute in Deutschland lebenden Menschen geboren. So auch ich. Das Leben spielte sich ausschließlich analog ab. Als Kinder verabredeten wir uns entweder bereits in der Schule oder spätestens zu Hause per Telefon zum gemeinsamen Spiel am Nachmittag. Im Fernsehen gab es zwei nationale und meistens ein Regionalprogramm zur Auswahl. Musik hörte man analog über Vinylschallplatten oder mit Hilfe von Kassettenrekordern. Videospiele steckten noch in den Kinderschuhen und waren nicht unbedingt Straßenfeger. Im Büro war alles sehr formal: Männer, die häufig auch die Chefs waren, kamen im Anzug, die Frauen im Kostüm und waren untereinander zumeist „per Sie". Die mechanische Schreibmaschine herrschte als Kommunikationsmedium vor, das Telefon reichte zur Kommunikation.

Seitdem hat sich Gott sei Dank (!) viel getan. Verabredungen unter den Jugendlichen finden über soziale Medien wie WhatsApp statt. Nachrichten verbreiten sich generell über soziale Kanäle wie Instagram, Facebook, Tiktok oder auch den Kurznachrichtendienst Twitter. Die junge Generation informiert sich regelmäßig über diese Kanäle, aber auch über den Videokanal YouTube. Nachrichten werden auch häufig von sogenannten „Influencern" d. h. im Netz aktiven Meinungsführern zu verschiedenen Themen kommentiert, interpretiert und beeinflusst. Influencer beeinflussen auch, wie der Name bereits sagt, die Lebenswelt vieler Jugendlichen und auch Erwachsenen: Sie präsentieren Mode, leben einen bestimmten Lifestyle vor, lassen die sogenannten „Follower" am ihrem Leben teilhaben – so posten d. h. laden sogenannte „Petfluencer" regelmäßige Neuigkeiten ihrer Haustiere z. B. des Hundes ins Internet hoch und bauen so eine Gemeinschaft der Hundeliebhaber auf. Manche bauen ganze Foren auf zu unterschiedlichen Themen wie Autoliebhaber, Philosophiebegeisterte oder Sportfans. Diese Foren findet man dann auch auf unterschiedlichen Kanälen auf YouTube.

In den Büros findet ein vollkommen neues Leben statt: Anzug und Kostüm haben nahezu vollständig ausgedient.

Krawatten sind „uncool“ und mehrheitlich verpönt, es sei denn zu besonderen Anlässen wie einer formalen Feier oder einer besonders wichtigen Präsentation vor dem Vorstand oder der Geschäftsführung. Stattdessen trägt man den Look der „Startups“, kleiner, neu gegründeter Unternehmen, die mit häufig sehr jungen Steuerern wie Schnellboote unterwegs sind und neue Geschäftsideen konzipieren und umsetzen. Passend zum meist jugendlichen Alter der Gründer werden Jeans, Pullover oder T-Shirts getragen mit den entsprechend angesagten Turnschuhen, heute einfach Sneakers genannt. Wer seine Kollegin und seinen Kollegen noch siezt, ist sichtlich aus der Zeit gefallen. Die Kommunikation findet natürlich per Mail oder Skypechat, Zoom oder Teams statt. Meetings finden heute – und dies ist nicht nur eine notwendige Errungenschaft der Corona-Pandemie – vielfach ausschließlich online statt: Der Bildschirm und der Kopfhörer ersetzen notgedrungen die persönliche Begegnung. Es ist zu vermuten, dass auch in der Zeit nach der Pandemie diese Meeting-Kultur mehrheitlich beibehalten wird. Dies gilt nicht nur für lokale oder regionale, sondern auch für internationale Treffen.

In dieser neuen Arbeitswelt sind die Schreibtische mehrheitlich nicht mehr persönlich zugeteilt, sondern können morgens beim Eintreffen entsprechend online reserviert werden. Am Ende des Arbeitstages wird der Schreibtisch idealerweise genauso klinisch sauber hinterlassen wie er vorgefunden wurde. Die Zusammenarbeit wird zu einem höheren Maße virtuell und digital stattfinden. Software wir nach der sogenannten *„agilen Methode“* entwickelt: Ein *Product Owner* macht die inhaltlichen Vorgaben hinsichtlich der Prozesse und Funktionen, die eine solche Software abzudecken hat und überwacht deren Einhaltung. Ein oder mehrere *(Feature-) Teams* setzen diese Vorgaben in enger Abstimmung mit den Entwicklern und Programmierern um. Dieses Team wird unterstützt durch einen Methodiktrainer, genannt *Scrum Master*, der die methodische Vorgehensweise überwacht und dafür sorgt, dass die Vorgaben des Product Owners dann in Codes umgesetzt werden. Gearbeitet wird dort wo ein Internetanschluss existiert, ob von zu Hause, im Freien oder im Büro. Auch die Zeiten sind flexibel: Wichtig ist das Endergebnis. Wann und wo dafür gearbeitet wird, wird eine immer geringere Rolle spielen. Natürlich müssen sich die Arbeitsstunden für gemeinsame Meetings überschneiden. Doch kann der eine nachts besser und ruhiger arbeiten, der andere ist eher ein Frühaufsteher.

Die Corona-Pandemie hat deutlich gezeigt, wie digital Deutschland und die Welt sein können und gleichzeitig wie viele Defizite wir dennoch haben, um vollständig digital zu sein. Die Schulen und Universitäten haben demonstriert, wie ein Unterricht ausschließlich online von zu Hause aus möglich ist. Interaktive elektronische Werkzeuge ermöglichten sogar Gruppenbildungen und ein Lernen in einzelnen Schüler-Teams. Nicht selten waren die Schülerinnen und Schüler in der neuen Welt besser unterwegs als ihre Lehrer. Eine Welt, die ihnen *per se* vertrauter ist als der älteren Generation. Universitäten haben verstärkt Vorlesungen aufgenommen und online verbreitet. Einzelhandelsgeschäfte aller Art haben je nach Inzidenzwerte Termine online vergeben *(„click and meet")* oder Waren zur Abholung vor Ort vorbereitet bzw. bestellt *(„click and collect").* Selbst Impftermine wurde ausschließlich online vergeben – so mancher Angehörige der mittleren Generation hat seine betagten Eltern online zum Impfen angemeldet. Apps haben die Nachverfolgbarkeit der Ansteckung in vielen Fällen sichergestellt.

Doch auch hier waren Unterschiede zwischen sozial schwächeren und besser situierten Haushalten zu erkennen: In einer solchen digitalen Welt kann nur mithalten, wer ein Smartphone d. h. ein Telefon mit Internetzugang besitzt und ein Laptop oder einen leistungsfähigen Rechner, um damit den Onlineveranstaltungen der Schule oder der Universität folgen zu können. Ganz zu schweigen von einem entsprechenden Internetanschluss. Alles zusammen stellte gerade *sozial schwächere Familien vor enorme Herausforderungen*, gepaart mit den zumeist beengten Wohnverhältnissen, die ein ungestörtes Lernen nicht gerade erleichterten. Ethische Fragen der Digitalisierung drehen sich daher nicht nur um Fragen der Datensicherheit und des Umgangs mit den Daten schlechthin (Datenethik), sondern auch um *die soziale Frage der Digitalisierung*: ältere Menschen, aber auch Jugendliche, die nicht abgehängt werden dürfen von der Entwicklung, sei es aus finanziellen Gründen, aber auch weil sie mit diesen Dingen nicht umzugehen gelernt haben. Und die Entwicklung hat gerade erst begonnen: Das Internet der Dinge und vor allem die Künstliche Intelligenz (KI) haben ihre volle Entwicklungsgeschwindigkeit noch gar nicht aufgenommen.

So unterscheidet der internationale KI-Experte und Autor Kai-Fu Lee in seinem 2018 erschienen Buch vier aufeinander aufbauende Wellen der Künstlichen Intelligenz (vgl. im Folgenden Lee, 2018, S. 104 ff.):

1. Die erste Welle (Internet-KI)

Bereits seit nahezu 20 Jahren existiert diese erste Stufe der Künstlichen Intelligenz. Wir kennen sie fast alle aus unserem täglichen Suchverhalten bei Amazon, YouTube, Spotify etc.: Auf Basis unserer vorherigen Suchanfragen werden uns ähnliche Vorschläge für Produkte, Filme oder Musik vorgeschlagen: „Kunden, die sich für dieses Produkt interessierten, kauften auch …“ oder „Diese Produkte werden häufig zusammengekauft …“. So wird uns bei der Wahl eines bestimmten Buches über einen Philosophen der Antike wie etwa Platon ein weiteres über einen ähnlichen Denker, etwa der Platon Schüler Aristoteles, angeboten. Die gestreamte Musik wird automatisch mit der Musik eines ähnlichen Genres ergänzt: Wer gerne Lieder aus den 1980er-Jahren hört, kann dann einer endlosen Abfolge der größten Hits dieser Zeit zuhören, vorgeschlagen durch einen Algorithmus der KI. YouTube schlägt ähnliche Sendungen über bestimmte Themen oder mit besonderen Persönlichkeiten vor, je nach dem, für wen man sich konkret interessiert z. B. über die Kanzlerkandidatin und die Kanzlerkandidaten zur anstehenden Bundestagswahl 2021.

2. Die zweite Welle („Business-KI")

KI wird zunehmend auch für unternehmerische Zwecke eingesetzt. So können Banken das Ausgabeverhalten ihrer Kunden ermitteln und kombiniert mit den Einnahmen und Ausgaben die Kreditwürdigkeit der Kunden errechnen. Versicherungen zahlen Boni, wenn ihre Kunden Sport- und Fitnessdaten austauschen und ermöglichen sogar günstigere Raten, da sie den Gesundheitsverlauf ihrer Kunden in wesentlichen Teilen übersehen können. Kfz-Versicherungen können, wenn der Kunde, die Kundin zustimmt, Fahrzeugdaten zum Fahrverhalten, etwa Fahrstil, Durchschnittsverbrauch, Länge der Fahrzeiten etc. auslesen, um somit eine Risikoeinschätzung für Unfälle durchführen zu können und damit im günstigsten Falle die Versicherungsprämie reduzieren. Richter können sogar Zeugenaussagen auf Inkonsistenzen prüfen, umfangreiche Verträge können ebenfalls auf mögliche Unstimmigkeiten oder auf Plausibilität durchsucht werden.

3. Die dritte Welle („Wahrnehmungs-KI")

KI ist in dieser Stufe in der Lage, was schon heute häufig genutzt wird, wahrgenommene Bilder und Geräusche zu interpretieren. Darauf beruhen Anwendungen wie „Siri" bei den Smartphones von Apple und „Alexa" von Amazon. Bestellungen oder Hilfsleistungen werden durch Spracherkennung durchgeführt. Viele kennen die einfachen

Bestellmöglichkeiten durch die Sprache bei Amazon („Alexa, bestelle mal …“). Gesichtserkennungssoftware wird nicht nur zum Entsperren von Smartphone- und Computerbildschirmen verwendet, sondern auch als Zutrittsberechtigung zu Gebäuden oder zur Fußgängererkennung im Auto. Diese wichtige Warnfunktion mit automatischer Bremsung hilft, vor allem nachts oder bei schwierigen Sichtverhältnissen, rechtzeitig Unfällen vorzubeugen und dient bereits zur Vorbereitung auf das vollkommen autonom fahrende Auto. Dies ist aber erst der Anfang der Einsatzmöglichkeiten der Mensch-Maschine-Interaktion. So könnte man sich künftig auch vorstellen, dass uns sprechende Einkaufswägen im Supermarkt eine Orientierung über die Lage einzelner Waren gibt, Preise vergleicht oder sogar Fragen zum Produkt beantworten kann. Es wäre sogar laut Lee möglich, dass künftig eine in den Schulen eingesetzte Software der Lehrerin und dem Lehrer in anhand der Mimik der Schülerinnen und Schüler hilft zu erkennen, wer mit dem Schulstoff aktuell überfordert, gelangweilt etc. ist, um gezielt gegenzusteuern. Manche machbaren Anwendungen sind allerdings nicht immer erstrebenswert.

4. Die vierte Welle („autonome KI“)
Die vierte und letzte Welle der KI aus heutiger Sicht entlässt die Maschine in die vollkommene Autonomie. Maschinen analog der Menschen sehen und hören alles das, was in ihrer Umgebung passiert, speichern die Daten, bereiten sie auf und können selbstständig Schlüsse für entsprechendes Verhalten ziehen. So soll die im Auto eingesetzte KI dafür sorgen, dass auf Basis der gescannten Umgebung entsprechende Lenkbewegungen eingesetzt werden, Hindernisse umfahren und anderen Autos ausgewichen werden soll. Die Maschine im Auto soll dann mindestens genauso schnell auf potenzielle Gefahren-

situationen reagieren wie es der Mensch getan hätte. Der Unterschied ist: Die Maschine reagiert zumeist noch schneller und vor allem fehlerloser als der Mensch.

Der Vorteil der Maschine gegenüber dem Menschen ist: Sie ist nicht vom aktuellen körperlichen und seelischen Zustand des Menschen abhängig und reagiert immer gleich. Im Gegenteil: Das Wesen der KI ist, dass es auf Basis vergangener Daten und Szenarien permanent dazulernt und das Verhalten ständig optimiert. Damit dies alles so perfekt funktioniert wie sich alle Beteiligten das vorstellen, dürfte es allerdings noch ein paar Jahre dauern. So könnten künftig Drohnenschwärme selbsttätig Feuer löschen und auf die aktuelle Brandentwicklung reagieren, Erdbeeren anhand ihres Reifegrades, erkannt an der Rotfärbung der Frucht, selbstständig von Robotern gepflückt werden. KI ermöglicht auch z. B. auf Basis tausender bzw. Millionen von Daten der Vergangenheit eigene Gedichte zu schreiben, Bilder zu entwickeln, Musik zu komponieren, Lebensläufe potenzieller Kandidatinnen und Kandidaten zu scannen und auszuwählen etc. Zahlreiche Unternehmensprozesse können heute bereits durch den Einsatz der KI profitieren: Von der medizinischen Identifikation und Diagnose für den schwarzen Hautkrebs über die automatisierte Beantwortung einzelner Kundenanfragen bis hin zur Qualitätskontrolle in der Produktion. Dem Einsatz der KI sind fast keine Grenzen gesetzt.

Eine Studie von Bitkom e.V. (vgl. Alsabah, 2021) zur KI von 2021, bei dem mehr als 600 Unternehmen aller Branchen repräsentativ befragt wurden, kommt zu dem Schluss, dass mehr als zwei Drittel der Unternehmen (69 Prozent) KI für die wichtigste Zukunftstechnologie halten. Jedes vierte Unternehmen (24 Prozent) plane Investitionen in KI. Nur jedes vierte Unternehmen (26 Prozent) hält die Diskussion über KI für übertrieben, die Einsatzmöglichkeiten und die Wirkungen für überschätzt. Allerdings nutzen derzeit nur 8 Prozent der Unternehmen KI-Anwendungen (in 2020 6 Prozent). Als Gründe für die aktuell fehlende Nutzung der KI werden vor allem drei Gründe genannt (vgl. Alsabah, 2021): fehlendes (fachkundiges) Personal, Zeit und die notwendigen finanziellen Mittel. Als Vorteile der KI werden von den befragten Unternehmensvertretern häufig genannt, dass Prozesse optimiert werden können, schnellere und präzisere Problemanalysen durchgeführt werden können, aber auch gleichzeitig diese verbesserten Abläufe zu einem geringeren Ressourcenverbrauch führen. Als Vorteil für die Mitarbeiterinnen und Mitarbeiter wird vor allem genannt, dass sich alle auf KI-Expertenwissen stützen können und sich dadurch auf wichtigere Aufgaben konzentrieren können: KI-Anwendungen konzentrieren sich so etwa auf die Vorauswahl von Bewerberinnen und Bewerber oder nehmen die erste Qualitätskontrolle von Fertigprodukten vor. KI kann auch helfen, neue Produkte zu entwickeln.

Diejenigen Unternehmen, die KI bereits auf breiter Basis nutzen, setzen sie am häufigsten für *personalisierte Werbung* und zur Optimierung interner Abläufe in der Produktion und Wartung ein. KI kommt aber auch in der Analyse des Kundenverhaltens zum Einsatz sowie zur Abfassung von Berichten oder Übersetzungen. Diese neue Technologie findet aber nicht nur für Routineabläufe und -schreiben ihren Einsatz, sondern sogar für die Strategieentwicklung (43 Prozent der befragten Unternehmen). In den Forschungs- und Entwicklungsabteilungen der befragten Unternehmen wird KI dagegen derzeit seltener eingesetzt (nur bei 25 Prozent der Unternehmen, die generell KI nutzen), ebenso bei der Vorauswahl von Bewerbern (21 Prozent). In der Rechts- und Steuerabteilung wird KI derzeit so gut wie nicht eingesetzt (nur 1 Prozent). KI wird vor allem in den größeren Unternehmen vorangetrieben und dort von der IT, seltener von einer eigenen KI-Abteilung oder übergreifenden Teams oder gar der Geschäftsführung. Im Rennen um die Zukunft der Anwendung von KI sehen 49 Prozent der befragten Unternehmensvertreterinnen und -vertreter im Jahr 2030 die USA vorne, 20 Prozent China und nur 8 Prozent Deutschland. So oder so, die Zukunft wird wohl den KI-Anwendungen gehören.

Für uns ist hier natürlich die entscheidende Frage, welche ethischen Herausforderungen mit dem Einsatz der KI auf uns zukommt. Es stellen sich aus meiner Sicht vor allem drei Fragen:

1. *Was bedeutet der Einsatz der KI* in immer mehr Einsatzgebieten der Unternehmen *für die Arbeitsplätze und vor allem die betroffenen Menschen*? Vor allem: können diese Entwicklungen, die vor allem mit einem massiven Stellenverlust verbunden sein werden, durch andere Jobs oder Maßnahmen kompensiert werden?
2. Was bedeutet es für uns alle, wenn künftig verstärkt *Maschinen und Algorithmen auch selbstständig moralische Entscheidungen treffen* werden? Man denke etwa an autonom fahrende Autos und der Abwägung, bei einem unvermeidbaren Unfall welche Menschenleben zu schonen und welche zu retten sind?
3. Was kommt durch die *Ansammlung riesiger Datenmengen* und deren detaillierte, maschinengestützte Auswertung an Datenschutzfragen und weiteren ethischen Themen auf uns zu?

Ich möchte im Folgenden kurz auf diese drei Fragen eingehen, ohne im Rahmen dieser Abhandlung eine vollständige Übersicht liefern zu können.

Zur *ersten Frage* nach den Auswirkungen auf die Jobs verweist Lee (vgl. Lee, 2018, S. 155 ff.) darauf, dass man *vier Kategorien von Jobs* differenzieren muss, auf die KI-

Anwendungen einen unterschiedlichen Einfluss ausüben werden. So unterscheidet Lee Tätigkeiten, die eine *physische Präsenz erfordern* im Vergleich zu denen, bei denen dieses *nicht der Fall* ist. Gerade diese Differenzierung wurde uns in Zeiten der Corona-Pandemie und der verstärkten Homeoffice-Tätigkeit eindringlich bewusst. Pflegerinnen und Pfleger, aber auch Logistikdienstleister und Mitarbeiterinnen und Mitarbeiter in der Produktion waren nicht in der Lage, ihre Tätigkeiten vom heimischen Schreibtisch aus zu tätigen. Sie mussten persönlich vor Ort anwesend sein. Andererseits segmentiert Lee Tätigkeiten danach, ob sie *einfache, wiederholte Tätigkeiten* sind, die relativ einfach maschinell eingefangen und automatisiert werden können oder nicht. Standardisierte und routiniert ablaufende Tätigkeiten unterliegen als erste der KI-Optimierung. Im Gegensatz dazu stehen *kreative Tätigkeiten*, die zudem eine bestimmte *intellektuelle Kompetenz* benötigen und häufig Einzelfallentscheidungen beinhalten. Wieder andere Jobs werden durch den Einsatz der KI entlastet und die Mitarbeiterinnen und Mitarbeiter können sich auf andere, weniger routinierte Tätigkeiten konzentrieren.

Am meisten gefährdet sieht Lee gemäß dieser Einteilung vor allem die Jobs in der Fehlerdiagnose, vor allem im Routineanteil des Kundenaußendienstes. Zudem die Berufsbilder von Radiologen, Steuerberatern, Versicherungssachbearbeitern und Übersetzer einfacher Texte. Aber auch Tätigkeiten wie der Schalterbeamte der Bank, Erntehelfer, Qualitätskontrolleure in der Produktion könnten entfallen. Solche Tätigkeiten werden zunehmend durch KI-Anwendungen ersetzt. Allerdings, so Lee, sei diese Entwicklung eher mittel- bis langfristig zu sehen. Die Frage ist natürlich auch, ob diese Art von Jobs komplett wegfällt oder nur in Teilen und eher das Berufsbild in der Summe angepasst wird. So könnten sich Übersetzer auf komplizierte Texte mit höherem Anteil an kreativen Leistungen konzentrieren e.g. Belletristik, Lyrik. Journalisten könnten durch KI erstellte und vorformulierte Texte als willkommene kreative Hilfen nutzen und Steuerberater könnten sich stärker auf neue Steuerregelungen oder Spezialfälle in persönlichem Kontakt konzentrieren und die „Standardfälle“ wie Lohn- und Einkommensteuerabrechnungen durch KI erstellen lassen. Soziale Berufe wie Pflegerinnen und Pfleger und Sozialarbeiterinnen und Sozialarbeiter können aufgrund der notwendigen Nähe zu ihren Patientinnen und Patienten und betreuenden Zielgruppen durch KI nicht im Ansatz ersetzt werden. Ebenso handwerkliche Berufe, die bestenfalls Unterstützung durch die KI erhalten können (e. g. die Friseurin und der Friseur erhalten kundenindividuell Vorschläge für Styling-gerechte Frisuren, vgl. etwa Nanoil, 2021). Zwar wäre der Friseurroboter nur eine Zeitfrage (vgl. Nanoil, 2021), sei derzeit allerdings unwirtschaftlich und vor allem von den Kundinnen und Kunden abgelehnt. Zum Einsatz kommen heute schon Apps zur Haarverfärbung zu Hause und *virtuelle Frisuranproben*: Mittels KI und digitaler Technologie können die Kundinnen und Kunden die gewünschte Frisur bereits vor dem eigentlichen Schnitt und der Färbung virtuell begutachten und dies kann eine zusätzliche Beratungshilfe für die Friseurin bzw. den Friseur darstellen (vgl. Nanoil, 2021).

Nicht zu ersetzen sind bestimmte Berufsgruppen, die ein umfangreiches Vorwissen voraussetzen, auf Einzelfallentscheidungen beruhen und den sozialen Kontakt benötigen wie etwa Psychiater, Staatsanwälte, Richter oder auch Geschäftsführerinnen und Geschäftsführer. KI kann in allen Berufsfeldern sicher gute Unterstützungsinformationen liefern, seien es Krankheitsbilder und Diagnoseunterstützungen. Zusätzlich können aber auch Rechtsfälle nach bestimmten Kriterien ausgewertet werden inklusive begründeter Urteile, anhand derer sich ein Richter orientieren könnte. Dennoch bleibt unter dem Strich, dass *eine Vielzahl an Berufen*, Tätigkeiten und damit Jobs *durch die KI, aber auch die Digitalisierung insgesamt wegfallen* werden. Selbst wenn man unterstellt, dass sich in neuen Bereichen wie etwa in der Entwicklung der KI in der Forschung, aber auch im Unternehmenseinsatz neue Jobs herausbilden werden, werden diese aber den Wegfall der Jobs durch KI nicht vollständig kompensieren. Der Philosoph Richard David Precht schätzt, dass bis zum Jahr 2038 viele Millionen Jobs durch die Digitalisierung und KI wegfallen werden und beruft sich dabei auf eine Studie der Universität Oxford. Der Europa-Chef der Unternehmensberatung A.T. Kearney prophezeit, dass ähnlich wie in den USA in den nächsten zwanzig Jahren *fast die Hälfte der heutigen Arbeitsplätze in Deutschland durch Roboter ersetzt wer*den (vgl. Masuhr, 2018).

Zur Kompensation der immer weniger werdenden Erwerbsarbeit schlägt Precht das Modell des *„Bedingungslosen Grundeinkommens"* (BGE) vor, welches jedem Menschen in Deutschland eine finanzielle Grundsicherung garantiert, unabhängig von seiner Bedürftigkeit (vgl. Precht, 2018, S. 129 ff.). Das BGE soll dann durch eine Steuer auf den Geldverkehr z. B. eine Finanztransaktionssteuer finanziert werden. Konkrete Zahlen in der Schweiz existieren bereits durch einen Vorschlag des ehemaligen Schweizer Vizekanzlers Oswald Sigg, der ein BGE von 2500 Franken, also etwa 2000 Euro pro Kopf der Bevölkerung aufruft und es über eine Mikrosteuer in Höhe von 0,05 Prozent auf jeden Geldtransfer in der Schweiz finanzieren möchte (vgl. Precht, 2018, S. 135). Auf Deutschland übertragen sprechen wir von einer Größenordnung von 1200 bis 1500 Euro. Ein aussagekräftiges Experiment mit dem BGE gibt es bereits in Finnland und in einer Stadt in Brasilien (vgl. Glüsing, 2021):

In der 160.000 Einwohner-Stadt Maricá, etwa 60 Kilometer östlich von Rio de Janeiro erhalten 42.000 Menschen, also ein gutes Viertel der Bevölkerung, ein BGE vom Staat. In diesem Fall 900 Real, etwa 140 Euro. Zudem kosten die Busse in der Stadt nichts, die Stadt vergibt zinslose Kredite und lässt seine Einwohnerinnen und Einwohner 20 Prozent weniger für Strom und Wasser zahlen. Das Konzept ist allerdings in der öffentlichen Diskussion umstritten, da zum einen die Frage nach der Finanzierung generell und deren Quellen nicht abschließend geklärt sind und zum anderen die Frage nach der Gerechtigkeit aufkommt: Kann es sein, dass alle Bürgerinnen und Bürger eines Landes den gleichen Betrag erhalten, unabhängig von ihren individuellen Bedürfnissen, Vermögenssituationen und vor allem der Leistungsbereitschaft und -fähigkeit? Wiewohl diese Argumente in der Summe nachzuvollziehen sind, sprechen sie hier *nicht generell gegen ein solches Konzept*. Man könnte Ausnahmen für besonders Vermögende und Bezieher hoher Einkommen beschließen oder auf den freiwilligen Verzicht setzen. In der Abwägung, Menschen, die alleine finanziell nicht über die Runden zu kommen mit einem solchen BGE zu einem würdevollen Leben zu verhelfen mit dem Nachteil, auch gleichzeitig denen, die diese Hilfe gar nicht benötigen, dieses BGE zukommen zu lassen, spricht Vieles für das BGE.

Widmen wir uns in aller Kürze der zweiten Frage nach der moralischen Steuerung des menschlichen Alltagslebens durch Algorithmen und Maschinen. Stellen Sie sich folgende drei Situationen vor, *erstens*: Sie fahren in einem autonom fahrenden Auto und dies steuert auf eine unausweichliche Verkehrssituation zu. Mit hoher, aber zulässiger Geschwindigkeit nähert sich ein anderes Auto aus einer nicht bevorrechtigten Straße und nimmt Ihnen die Vorfahrt. Das autonom fahrende Auto hat, da Bremsen nicht mehr vollständig möglich ist, nur die Wahl, entweder in dieses auftauchende Fahrzeug hineinzufahren oder nach links und rechts auf den Bürgersteig auszuweichen. In dem belebten Stadtgebiet sind allerdings viele Menschen jeglichen Alters auch auf den Bürgersteigen unterwegs. Das Auto würde auf jeden Fall Menschen verletzen. Die Frage ist nun, weicht das Auto, in dem Sie sitzen, nach links oder rechts aus oder fährt es mit voller Bremswirkung noch geradeaus. Dabei darf es zu recht keine Rolle spielen, wie viele Menschen und vor allem wie alt diese sind, welches Geschlecht etc. Jedes Menschenleben ist gleich wertvoll und daher darf auch die Maschine keinen Unterschied machen. Das Auto ist so programmiert, dass möglichst kein Unfall passiert. Was bedeutet diese Art der Programmierung aber in einer solchen Situation?

Ein *zweites* Beispiel für moralische Fragen eines Einsatzes der KI ist eine Selektion von Bewerbungen für eine freie Stelle am Arbeitsmarkt. Auf Basis von Erfahrungswerten und bestimmten Selektionskriterien auch aus der Vergangenheit trifft ein Algorithmus bereits eine Vorauswahl unter den vielen Bewerberinnen und Bewerbern, sodass nur noch wenige Lebensläufe und Bewerbungen übrigbleiben, die dann von den Personalverantwortlichen bearbeitet werden. Der Algorithmus bzw. die Maschine entscheidet dann mehrheitlich, welche Kandidatinnen und Kandidaten zu einem Gespräch gebeten werden. Schließlich stellen Sie sich *drittens* vor, die vom Hautarzt begutachteten Muttermale werden vom Algorithmus auf Basis vergangener Verdachtsfälle auf Hautkrebs ausgewählt und der Ärztin oder dem Arzt angezeigt. Die Maschine definiert die Diagnose in Abstimmung mit dem Menschen. Beim letzten Beispiel werden wir sicher alle übereinstimmend sagen, dass ein solcher Mechanismus, der auf Basis vergangener Diagnosen die verdächtigen Muttermale herausfiltert, die sogar einer erfahrenen Ärztin und Arzt nicht aufgefallen wären, sinnvoll ist. Im Zweifel können die Ärztin und der Arzt die Maschine überstimmen, wenn sie oder er den Verdacht aufgrund der eigenen Erfahrung und der Vorgeschichte der Patientin und des Patienten individuell nicht sieht.

Bei den anderen beiden Beispielen ist, so denke ich, klar geworden, dass es *immer ein menschliches Korrektiv benötigt* und wir auf *keinen Fall die Maschine und den Algorithmus alleine entscheiden lassen dürfen.* Vielleicht ist ein autonom fahrendes Auto aufgrund seiner Technik in der Lage, schneller zu bremsen als der Mensch und kann dadurch mehr Unfälle vermeiden helfen. Die Frage ist auch, wenn fast alle Autos autonom fahren und nahezu perfekt reagieren, was bedeutet dies dann für den Menschen als Fahrer, der noch Fehler macht? Ist er dann besonders dafür haftbar für seine „menschlichen" Fehler, etwa zu spät gebremst zu haben? Allerdings *darf eine Entscheidung über Leben und Tod nicht alleine in die Hände von Maschinen gelegt werden.* Gleiches gilt für die automatisierte Auswahl von Bewerbern, die lediglich anhand von Algorithmen und vorgegebenen Kriterien *aussortiert* werden. Menschen, in diesem Fall die Verantwortlichen der Personalabteilung, müssen zwingend mit eingebunden werden und sich im Zweifel zumindest selektiv die abgelehnten Bewerberinnen und Bewerber ansehen. In Abwandlung des vorsokratischen Philosophen Protagoras gilt hier: Der Mensch, nicht die Maschine, ist das Maß aller Dinge!

Die dritte Frage, die Frage nach dem *verantwortlichen Umfang mit sensiblen Daten* ist besonders schwerwiegend in der Beurteilung der ethischen Herausforderungen durch die KI. Die Harvard-Ökonomin Shoshana Zuboff hat in ihrem Buch zum *„Überwachungs-kapitalismus"* (vgl. Zuboff, 2018) den Finger in die Wunde gelegt. Der Mensch ist im Zeitalter der digital organisierten Wirtschaft in immer stärkerem Maße gläsern geworden und damit überwach- und kontrollierbar. In unserem elektronischen Leben hinterlassen wir täglich und in unübersehbarer Zahl unsere

Spuren in der digitalen Welt. Wir „googlen" alle möglichen Begriffe, sehen uns verschiedene YouTube-Videos an, chatten per WhatsApp, Twitter oder anderen Messenger-Diensten miteinander.

Wir alle, vor allem die jüngere Generation, sind länger und intensiver in den sozialen Medien à la Instagram, Tiktok und Facebook unterwegs als noch vor einigen Jahren und verbreiten Nachrichten, kommentieren, „liken" und vieles mehr. Wir bestellen nicht erst seit der Corona-Pandemie zunehmend online und lassen uns die Waren bis vor die Haustür liefern. Amazon, Google, Facebook, WhatsApp, soziale Medien, sie alle kennen alle unsere Aktivitäten, Kaufwünsche, Interessen, Hobbies etc. in der Summe besser als wir selbst. YouTube blendet auf Basis meines Filmprofils weitere interessante Videos ein, Amazon ebenfalls. Wir sind aus Sicht dieser Monopol-Anbieter – wer kann schon mit Google als Suchmaschine oder Amazon als Lieferdienst mithalten? – gläsern. Mit jeder neuen Bestellung, mit jedem neuen Film, den wir sehen, werden wir vorhersagbarer. Unsere Vorlieben sind weltweit transparent. Bestelle ich Bücher von bestimmten Krimi-Autoren und sehe ich mir regelmäßig amerikanische Kriminalserien an? Bin ich Opernliebhaber und ein Fan von Immanuel Kant? Durch die Sprachsteuerung wie etwa Alexa von Amazon, aber auch im Auto, im Supermarkt mit dem Einkaufswagen etc. werden wir zukünftig noch nicht einmal mit dem Laptop im Internet unterwegs sein müssen, um unsere Vorlieben für bestimmte Produkte zu outen. Es reicht einfach unsere Stimme.

Daher müssen wir uns dringend daran machen, die *ethischen Grundlagen der Datenerfassung, -speicherung und -verwertung zu überarbeiten*. Ohne eine vollständige Lösung anbieten zu können, müssen wir zumindest folgende Fragen beantworten können:

Welche Daten dürfen wann, von wem, wie lange gespeichert werden? Was genau passiert mit unseren Daten? Gibt es ein Recht auf Löschung von Daten nach der Bestellung bzw. Konsum von Filmen, Musikstücken etc.? Es kann nicht sein, dass ein einzelner Anbieter von Waren oder gar eine Kooperation von Anbietern im Einzelnen mehr über uns weiß als unsere langjährigen Lebenspartner und Analysen durchführen, die unser Innenleben sorgfältiger durchkämmen, als wir selber es könnten? Gerade die Frage, *was mit unseren Daten passiert*, scheint eine der wichtigsten in diesem Zusammenhang zu sein. In der Summe lässt sich sagen, dass durch den Einsatz der KI und der Digitalisierung enorme Vorteile zu erzielen sind und beides aus unserer Welt von heute gar nicht mehr wegzudenken ist. Umso wichtiger wird zukünftig der nachvollziehbare, transparente und sorgfältige Umgang mit unseren Daten. Was also können wir tun, um die unbestreitbaren Vorteile der Globalisierung und auch der Digitalisierung zu nutzen und gleichzeitig die Nachteile zu vermeiden? Viele Antworten haben wir bereits in den vorangegangenen Kapiteln gegeben. Lassen Sie uns abschließend die wesentlichen Themen im folgenden Kapitel zusammenfassen und mögliche Lösungsansätze skizzieren.

6.4 Korrekturmöglichkeiten: Was können wir tun?

Verlierer der Globalisierung sind vor allem die ärmsten Länder Afrikas und die Entwicklungsländer. Die meisten Ökonomen sind sich in der Bewertung des globalen Handels einig: Er hat in den letzten Jahrzehnten vielen Menschen und Ländern Wohlstand beschert. Wir müssen künftig aber verstärkt darauf aufpassen, dass dieser Wohlstand auch *bei allen ankommt*. Dies gilt nicht nur für eine Unterstützung der ärmeren Länder zur Sicherstellung einer ausreichenden Ernährung, eines stabilen Gesundheits- oder eines funktionierenden Bildungssystems, sondern auch bei der Bezahlung derjenigen, die beim globalen Lohnwettbewerb unter die Räder zu geraten drohen. So müssen die Pflegerinnen und Pfleger, die Paketzustellerinnen und -zusteller ebenso besser bezahlt werden wie die LKW-Fahrer oder auch viel weitere Niedriglohnempfänger. Wir haben in der Pandemie gerade von ihnen besonders profitiert. Sie haben zum Teil *ihre Gesundheit für unsere Gesundheit eingesetzt* und die Belieferung mit Waren und Gütern des täglichen Bedarfs sichergestellt. Ihnen nur zu danken und zuzujubeln bringt diese Mitbürgerinnen und Mitbürgern in der Summe nicht weiter. Wir müssen ihnen gegenüber auch die Wertschätzung zeigen, die sie verdienen. Daher sollten sie auch besser vergütet werden.

Beim Verfassen dieser Zeilen berichtet der Chef des Deutschen Instituts für Wirtschaftsforschung, Marcel Fratzscher, dass mehr als hundert Millionen Menschen weltweit durch die globale Pandemie in die absolute Armut abgestiegen sind. Diese Menschen leben jetzt von weniger als 1,80 Dollar am Tag (vgl. Fratzscher, 2021). Gleichzeitig ist das Vermögen der Milliardäre innerhalb eines Jahres um etwa 60 Prozent auf 13 Billionen Dollar angestiegen. Die Anzahl der Milliardäre ist in 2020 von 2000 auf 2700 angestiegen. Alleine der Tesla-Gründer Elon Musk konnte sein persönliches Vermögen von 25 auf 150 Milliarden Dollar steigern. Nun geht es hier nicht darum, den Sozialneid anzustacheln oder gar den Superreichen das Geld im Sinn einer Umverteilung „zu enteignen". Es stellt sich allerdings als Gesellschaft schon die Frage, inwieweit es nicht wirtschaftlich und moralisch geboten ist, „auch große Vermögen in Deutschland sehr viel stärker als bisher an den Zukunftsherausforderungen und an der Bewältigung der

Pandemie zu beteiligen" (Fratzscher, 2021). Dabei muss man nicht zwangsweise auf eine bürokratisch schwer umzusetzende Vermögenssteuer – eine einmalige Vermögensabgabe ist ebenfalls schwer umzusetzen aufgrund der Vermögensbewertung und käme einer Enteignung gleich – oder eine erhöhte Erbschaftssteuer setzen. Der *Aspekt der Freiwilligkeit* im Sinne von gezielten Spenden für die Ärmeren, in welchem Land auch immer sie sitzen mögen, scheint mir bei weitem noch nicht ausgereizt zu sein.

Insgesamt muss die Globalisierung *sozialer* und *nachhaltiger* werden. Im Sinne einer universalen Moral, einem „Weltethos" wie Hans Küng es genannt hat, müssen die starken Schultern die schwächeren mittragen. Gefordert ist eine *globale Gemeinwohlökonomie*, die das Wohl des Menschen und das Anrecht auf ein Leben in Würde in den Mittelpunkt der Überlegungen rückt. Möglichkeiten gibt es viele: Angefangen von einem bedingungslosen Grundeinkommen über ein Steuersystem, das die niedrigeren Einkommen noch stärker entlastet und die höheren belastet. Die Digitalisierung darf ebenfalls keine Frage des Geldbeutels sein: Laptops für Schüler und ein freier WLAN-Zugang könnte von Unternehmen gestiftet werden, den Rest finanzieren die Vermögenden auf freiwilliger Basis. Eine Zivilgesellschaft in Form junger Menschen, aber auch der vielen älteren Mitbürgerinnen und Mitbürger, die bereits in Rente sind oder sich nebenbei engagieren (vgl. die aus meiner Sicht sinnvolle Idee eines zweiten sozialen Pflichtjahres für Menschen im Renteneintrittsalter, vgl. Precht, 2021, S. 144) könnte organisieren, dass alle Kinder und Jugendliche mit dem nötigen Equipment ausgestattet sind. Heutzutage sollte *kein Kind im reichen Deutschland mehr auf Internetzugang und Laptop bzw. Computer verzichten* müssen.

Im Fortgang der Digitalisierung müssen wir aber auch darauf achten, dass aus den unbestreitbaren Vorteilen der Digitalisierung nicht Nachteile erwachsen. So dürfen Algorithmen und Maschinen nicht ethische Fragen über Leben und Tod etc. alleine entscheiden. Maßgeblich für solche Entscheidungen muss immer der Mensch sein. KI kann nur unterstützend wirken, das Heft des Handelns und der Entscheidung muss immer der Mensch haben. Konkret müssen Menschen immer die KI-Entscheidung „übersteuern" können z. B. bei einem autonom fahrenden Auto rechtzeitig in das Lenkrad eingreifen. Die Technik muss sicher und stabil handhabbar sein und nicht etwa plötzlich unkontrolliert das Auto fortbewegen oder in eine nicht gewünschte Richtung lenken. Die Unterstützung der KI in den Unternehmen darf nicht zu einer Diskriminierung führen. So verweist die ehemalige Personalvorständin der Siemens AG, Janine Kugel, zu Recht darauf, dass die KI zum Teil Vorurteile verstärkt (vgl. Kugel, 2021).

So funktionieren Spracherkennungssysteme besser bei Männern als bei Frauen, bei weißen Menschen fast perfekt, während sie bei schwarzen Menschen hohe Fehlerquoten aufweisen (vgl. Kugel, 2021). Dies ist vor allem so, da 78 Prozent aller KI-Fachkräfte männlich, zumeist weiß oder asiatischer Abstammung sind. Sie prägen die meisten Algorithmen und füttern die KI-Anwendungen überproportional mit „männlichen Daten". Auch hieran zeigt sich, dass die KI nicht alleine ihren auf mathematischen Entscheidungen beruhenden Logik überlassen bleiben darf. *Der Mensch muss als Korrektiv wirken.* KI darf nur für das gesellschaftliche und ökologische Wohl eingesetzt werden, etwa zum Vorteil der Kundinnen und Kunden, Beschäftigten und Partnerunternehmen. Unternehmen, die KI einsetzen, sollten jederzeit transparent damit umgehen und diese verantwortungsvoll nutzen. Im Zweifel müssen sie sich auch für den Einsatz der KI rechtfertigen können, die damit verbundenen Risiken aufzeigen und entsprechend abmildern.

Schließlich ist noch die Frage zu beantworten, wie wir unsere Daten schützen. Vieles ist bereits in der Datenschutzgrundverordnung (DSGVO) geregelt. Wichtig ist dabei, dass wir *jederzeit das Recht* haben sollten, von den unsere Daten sammelnden Unternehmen Transparenz darüber zu verlangen, *was alles über uns abgespeichert ist und zu welchen Zwecken die Daten verwendet werden.* Dies ist besonders deshalb wichtig, weil bei fast jeder Internetsuche, bei jeder Seite, die wir besuchen, von uns verlangt wird, den Werbecookies zuzustimmen. Mit diesen Cookies, kleinen Textdateien, gelingt es, zu analysieren, wer die Webseite gerade besucht und so kann die Internetseite an die jeweiligen Bedürfnisse der potenziellen Kunden angepasst werden. Die Daten werden bei jedem Aufruf gespeichert und es wird ein individuelles Nutzerprofil angelegt, das es ermöglicht, den Nutzer, die Nutzerin gezielt mit Onlinemarketing-Aktivitäten zu adressieren. Transparenz und Rechenschaft seitens der Daten sammelnden Unternehmen müssen zwingend *zu einer verantwortungsvoll gelebten Digitalisierung dazugehören.* Sicherlich ist hier im Zuge der aktuellen Entwicklungen rund um die Phasen der KI und der Digitalisierung das letzte Wort noch nicht gesprochen. Eine entsprechende *Datenethik* wird daher künftig immer wichtiger werden.

Literatur

Alsabah, N. (21. April 2021). Künstliche Intelligenz kommt in Unternehmen allmählich voran. *bitkom online.* https://industrieanzeiger.industrie.de/news/kuenstliche-intelligenz-kommt-allmaehlich-in-unternehmen-an/. Zugegriffen am 10.05.2021.

Alvaredo, F., et al. (2018). *Die weltweite Ungleichheit. Der World Inequality Report.* C.H. Beck.

Aristoteles. (1995). *Politik. Philosophische Schriften in sechs Bänden. Band 4.* Felix Meiner.

Fratzscher, M. (2020). *Die neue Aufklärung. Wirtschaft und Gesellschaft nach der Corona-Krise*. Berlin Verlag.

Fratzscher, M. (20. Mai 2021). Milliardäre sind Pandemiegewinner. *Die Zeit online*. https://www.zeit.de/wirtschaft/2021-05/vermoegenskonzentration-corona-pandemie-ungleichheit-milliardaere-zunahme-reichtum-aktienmarkt. Zugegriffen am 21.05.2021.

Gabriel, M. (2020). *Moralischer Fortschritt in dunklen Zeiten. Universale Werte für das 21. Jahrhundert*. Ullstein.

Glüsing, J. (15. Mai 2021). Ein Besuch im linken Utopia. *Der Spiegel* Nr. 20, S. 88–90.

Haase, J. (18. Februar 2019). Oxford-Analyse. Diese sieben moralischen Grundwerte teilen Kulturen weltweit. *Die Welt online*. https://www.welt.de/kmpkt/article188672651/Oxford-Analyse-Diese-sieben-moralischen-Grundwerte-teilt-jede-Kultur.html. Zugegriffen am 03.05.2021.

Hüther, et al. (2018). *Die erschöpfte Globalisierung. Zwischen transatlantischer Orientierung und chinesischem Weg* (2., akt. Aufl.). Springer.

Kohlmann, T. (25. Januar 2019). Davos 2019. Globalisierung auf dem Prüfstand. *Deutsche Welle online*. https://www.dw.com/de/davos-2019-globalisierung-auf-dem-prüfstand/av-47233548. Zugegriffen am 03.05.2021.

Kugel, J. (Juni 2021). Der Code der Diskriminierung. *Manager Magazin* Nr. 6, S. 67.

Küng, H. (2010). *Anständig wirtschaften. Warum Ökonomie Moral braucht*. Piper.

Lee, K.-F. (2018). *AI Super-Powers. China, Silicon Valley, and the New World Order*. Houghton Mifflin Harcourt.

Makechocolatefair. (2021). *Kinderarbeit im Kakaoanbau*. https://de.makechocolatefair.org/themen/menschen-und-arbeitsrechtsverletzungen. Zugegriffen am 03.05.2021.

Masuhr, J. (28. Februar 2018). Folge der Digitalisierung. Job-Hammer: Roboter ersetzen die Häfte der deutschen Arbeitsplätze. *Focus Online*. https://www.focus.de/finanzen/boerse/zukunft-der-arbeit-die-neue-german-angst_id_6816692.html. Zugegriffen am 16.05.2021.

Müller, J. (2016). *Globalisierung: Die Ignoranz der Fakten.* http://www.globalisierung-welthandel.de/fakten.html. Zugegriffen am 26.04.2021.

Nanoil. (2021). *Zukunft des Friseurhandwerks. Kann die künstliche Intelligenz die Friseure ersetzen?* https://nanoil.de/blog/post/zukunft-des-friseurhandwerks-kann-die-kuenstliche-intelligenz-die-friseure-ersetzen. Zugegriffen am 18.07.2021.

Petersen, T. et al. (2018). *Globalisierungsreport 2018. Zukunft Soziale Marktwirtschaft. Wer profitiert am stärksten von der Globalisierung?* Policy Brief 2018/02. https://www.bertelsmann-stiftung.de/de/publikationen/publikation/did/policy-brief-201802-globalisierungsreport-2018-wer-profitiert-am-staerksten-von-der-globalisierung. Zugegriffen am 26.04.2021.

Pietsch, D. (2017). *Grenzen des ökonomischen Denkens. Wo bleibt der Mensch in der Ökonomie?* Eul.

Pietsch, D. (2019). *Eine Reise durch die Ökonomie. Über Wohlstand, Digitalisierung und Gerechtigkeit.* Springer.

Piketty, T. (2014). *Das Kapital im 21. Jahrhundert.* C.H. Beck.

Piketty, T. (2020). *Kapital und Ideologie.* C.H. Beck.

Precht, R. D. (2018). *Jäger, Hirten, Kritiker. Eine Utopie für die digitale Gesellschaft.* Goldmann.

Precht, R. D. (2021). *Von der Pflicht. Eine Betrachtung.* Goldmann.

Spiegel online. (12. Februar 2021). Menschenrechte. Koalition einigt sich auf Lieferantenkettengesetz. *Spiegel online.* https://www.spiegel.de/wirtschaft/unternehmen/koalition-einigt-sich-auf-lieferkettengesetz-a-4312009c-0875-4d74-90ca-f26a51711916. Zugegriffen am 03.05.2021.

Wagenknecht, S. (2021). *Die Selbstgerechten. Mein Gegenprogramm – für Gemeinsinn und Zusammenhalt.* Campus.

Zuboff, S. (2018). *Das Zeitalter des Überwachungskapitalismus.* Campus.

7 Der Einzelne, die Unternehmen und die Ethik

7.1 Individuelle Moral: Was soll ich tun?

Die im Kap. 3 skizzierten ethischen Theorien und Ideen der großen Denker der Vergangenheit und Gegenwart erlauben uns bereits einen guten Überblick über die moralischen Grundprinzipien menschlichen Handelns. Wir können uns daran orientieren. Ich möchte dieses Kapitel gedanklich in *zwei Aspekte* unterteilen: einerseits in die *Gedanken und Maxime*, die uns die großen Philosophen in ihren ethischen Überlegungen hinterlassen haben und anderseits in ein *moralisches Handeln*, dass auf die aktuellen Herausforderungen unserer Zeit reagiert. Fangen wir zunächst mit dem Gedankengut an, das uns die großen ethischen Vordenker hinterlassen haben.

Die großen Kulturen Indiens und Chinas geben uns ihre klare Botschaft mit auf den Weg: anstelle eines egoistischen Ellenbogendenkens werden *Solidarität und Nächstenliebe* ins Zentrum gerückt. Im Mittelpunkt steht die Suche nach

D. Pietsch, *Unsere Wirtschaft ethisch überdenken*,
https://doi.org/10.1007/978-3-658-37977-3_7

sich selbst, nach der inneren und der äußeren Harmonie. Erst wenn ich mit mir selbst im Reinen bin, kann ich mich einer solidarischen Gemeinschaft anschließen und Rücksicht und Vertrauen walten lassen. Viele Philosophien und ethische Theorien betonen die Bedeutung der „Goldenen Regel", nur das anderen Menschen zuzufügen, was man selbst wollen möchte. Vielfach steht nicht der materielle Nutzen im Vordergrund, sondern die innerweltliche Askese, der Rückzug auf sich selbst. *Nicht das immer mehr und immer weiter steht im Vordergrund*, sondern das Maßhalten in der Welt. Konkret wird es dadurch, wenn man sich überlegt, nicht alles an materiellen Dingen haben zu wollen: nicht das zehnte Paar Schuhe oder der fünfte Mantel machen glücklich. Wer schon alles hat, sollte nicht immer mehr wollen. Was sich sehr esoterisch anhört, kann jeder für sich einmal durchdeklinieren: Muss ich immer mehr von bestimmten Dingen haben, Luxusartikel, Pullover in allen Farben und Formen oder reicht es nicht, wenige, aber qualitativ hochwertige Dinge zu besitzen, wenn ich es mir finanziell leisten kann.

Die jüngere Generation macht es uns bereits vor: Nicht alle folgen dem exzessiven Konsum. Vielfach reicht es, etwas zu leihen oder mit anderen zu teilen als es selbst zu besitzen, die sogenannte „Sharing Economy". Autos werden immer weniger zu einem Statussymbol wie zu früheren Zeiten. Heute ist es vor allem für die jüngere Generation in den Städten eher ein Fortbewegungsmittel von A nach B. Wer nicht gerade längere Strecken mit dem Auto fahren muss – das wird dann über einen der Car Sharing-Anbieter genutzt, ebenso wie Mitfahrgelegenheiten, die zum Teil professionell organisiert werden – nutzt das Fahrrad auf den immer stärker ausgebauten Fahrradwegen oder E-Scooter bzw. für längere Strecken auch Busse und die Bahn. Der Umwelt zuliebe wird häufig nur elektrisch gefahren, die

Bahn ersetzt zunehmend Kurzstreckenflüge (auch ohne politische Programme, die diese perspektivisch verbieten wollen). Luxus und Überkonsum existiert nach wie vor und sei auch jedem zu gönnen, der es sich leisten kann. Beides verliert aber immer mehr an Wert, vor allem bei der Jugend. Nicht selten verschenken junge Start-Up Unternehmer große Teile ihres Vermögens für gute Zwecke oder investieren es in Umweltprojekte und gehen dabei mit gutem Beispiel voran.

Der Antike, vor allem Platon und Aristoteles verdanken wir die Überlegungen zu tugendhaftem Handeln: Einsicht, Erkenntnis, Vernunft, Weisheit, aber vor allem Gerechtigkeit. Gerade die Gerechtigkeit war beiden herausragenden Denkern der Antike ein Anliegen. Wiewohl beide in eine austeilende und eine ausgleichende Gerechtigkeit differenziert haben, bleibt dieses Thema der Gerechtigkeit nach wie vor ein großes, sehr schwierig zu erfassendes. Wichtig ist sicherlich, dass jeder Mensch unabhängig von seiner Herkunft die gleichen Chancen im Leben haben sollte, etwas aus sich zu machen. Dass dem allerdings *bereits in der Bildung nicht der Fall ist*, haben wir bereits in Abschn. 4.2 ausführlich erläutert: Akademikerkinder und Kinder aus begütertem zu Hause haben es nach wie vor deutlich leichter im Leben als Kinder aus Nicht-Akademikerhaushalten, die vielleicht zudem auch noch sozial benachteiligt sind. Hier müssen wir sicherlich mehr tun. Gerade die vom Schicksal Begünstigten sollten sich hier stärker engagieren, ob als Pate für einen oder mehrerer solch benachteiligter Jugendlicher oder die Organisation und Finanzierung von „Talentcamps", die es in den USA gibt (und von der FDP auch in Deutschland eingeführt werden soll).

Es ist aber nicht nur die Bildungsgerechtigkeit, die uns beschäftigen sollte, sondern vor allem die des Lebens schlechthin. Jobs, die die Allgemeinheit weiterbringen und in die *gesellschaftliche Solidaritätskasse* einzahlen wie etwa die Pflegerinnen und Pfleger oder diejenigen, die in den Supermärkten an der Kasse sitzen oder prekäre Beschäftigte wie etwa die Putzkolonnen in der U-Bahn etc. sollten nicht nur von ihrer Arbeit leben können, sondern auch angemessen bezahlt werden. Ein *höherer Mindestlohn* ist ein Thema, aber auch die Solidarität mit den Menschen, die gerade in Zeiten der Corona-Pandemie für uns da waren, sollte unsere gesellschaftliche Solidarität gelten. Gerecht ist es auch sicherlich nicht, wenn gerade die ärmeren Länder auf der Welt wenig bis keinen Impfstoff zur Verfügung hatten und diesen auch individuell in den meisten Fällen sich nicht leisten konnten. Schulkinder aus den ärmeren Familien wurden mangels ausreichender Infrastruktur an Laptops, Computern generell oder auch nicht vorhandenem Netzwerk, geschweige denn einer ruhigen Lernumgebung im eigenen, überfüllten Zuhause am Lernen behindert und so benachteiligt.

Es trifft in diesem Fall auch wieder die ärmeren. Gefährdet waren in der Pandemie auch vor allem die Jobs derer, die nicht von zu Hause aus im sogenannten „Homeoffice" arbeiten konnten, sondern für deren Arbeit zumeist die persönliche Anwesenheit erforderlich war, etwa in den Fabriken oder Fließbandarbeiten. Zudem waren von der Pandemie vor allem die Soloselbstständigen oder die kleinen und mittleren Unternehmen mit wenig finanziellem Puffer betroffen. Wir müssen uns im Sinne der Gerechtigkeit und des Gemeinwohls mit diesen Gruppen *solidarisch* zeigen. Nicht immer muss der Staat allen helfen. Eine rege Zivilgesellschaft kann ebenfalls unterstützen, etwa als Unternehmer solche Arbeitnehmerinnen und Arbeitnehmer, die im Zuge der Pandemie ihre Jobs verloren, vorrangig einstellen bzw. eine Perspektive geben. Kinder und Jugendliche aus ärmeren Verhältnissen könnten auch Laptops und freies Internet von IT-Firmen spendiert bekommen. *Crowdfunding d. h. das Sammeln von Geldern vieler Freiwilliger vornehmlich online,* könnte von der Gesellschaft vor allem in der Post-Coronazeit auch von einer solidarischen Gesellschaft mitfinanziert werden. Dass dabei die „stärkeren“ Schultern freiwillig in diesen Topf einzahlen könnten und sollten, ist sicher eine moralisch legitime Maxime.

Die christliche Maxime der Nächstenliebe, das Vorbild Jesu dürfte vor allem die Christen unter uns dazu aufrufen, solidarisch gerade mit den Ärmeren, Schwächeren und Benachteiligten in unserer Gesellschaft, aber auch weltweit zu sein. Den armen Ländern dieser Welt fehlt nicht nur ausreichender Impfstoff, sondern auch gerade an dem Nötigsten. Hunger, Krankheit, Entbehrungen aller Art ist hier an der Tagesordnung. Sie werden sagen, *wir können nicht allen Menschen helfen*, aber trotzdem gibt es hier noch viel Luft nach oben. Unternehmen gehen bereits sukzessive dazu über, nicht nur „nachhaltiger“, sondern auch „sozialer“ zu werden. Mitarbeiterinnen und Mitarbeiter werden zum Teil für eine bestimmte Zeit freigestellt oder zumindest motiviert bzw. sogar finanziell unterstützt, um soziale Projekte in den ärmsten Teilen der Welt zu initiieren, begleiten oder generell zu unterstützen. So werden Wasseraufbereitungsanlagen in afrikanischen Ländern finanziert und gebaut, Bildungseinrichtungen wie Schulen etc. ins Leben gerufen oder auch Nahrung organisiert. Das Feld der Möglichkeiten zur Hilfe ist groß und kann noch weiter ausgebaut werden.

Moralisches Handeln erfolgt häufig auch aus dem Gefühl des Mitleids von uns Menschen mit anderen Menschen. Nicht nur David Hume und in der Folge Adam Smith haben das erkannt, sondern auch Arthur Schopenhauer im Rahmen seiner Mitleidsethik. Es kann nicht sein, dass unser Wirtschaftssystem, gekennzeichnet durch freien Wettbewerb, Gewinnorientierung und Nutzenmaximierung, auf einem gefühllosen, rationalen Menschenbild des „Homo oeconomicus" aufbaut. *Der Mensch, der Mitleid empfindet und sich solidarisch für seine Mitmenschen einsetzt ist der Realität viel näher als diese Kunstfigur des ökonomischen Menschen.* Gleichzeitig geht die Schere zwischen den Vermögenden und den sozial Benachteiligten immer weiter auseinander. Wenn es nicht alleine die Einkommen sind, dann sind es die Vermögen, die in Form etwa des Immobilienbesitzes die Eigentümer reicher und die Mieter „ärmer" macht. Der Mietdeckel hat sich zwar nicht bewährt und wurde als verfassungswidrig zurückgewiesen. Andererseits fehlen schon seit vielen Jahren erschwingliche Sozialwohnungen, damit jeder Mensch, zumindest in unserem reichen Land, ein Dach über dem Kopf hat. *Das sind wir der Würde eines jeden von uns schuldig.* Wir müssen mehr Wohnungen bauen, die vor allem jenen zugutekommen, die sich alleine eine solche Unterkunft nicht leisten können.

Der Wohlstand muss auch bei denen ankommen, die heute fast nichts haben oder gar überschuldet sind. Das bedingungslose Grundeinkommen ist nur eine Möglichkeit, wie wir uns als Gesellschaft solidarisch zeigen können. Die nächste Frage ist die Frage nach dem richtigen Wirtschaftssystem. Ist unsere Marktwirtschaft noch sozial genug? Werden tatsächlich heute noch die schlimmsten Auswirkungen des freien Spiels von Angebot und Nachfrage „sozial" ausreichend abgefedert? Anstelle einer „Kasinomentalität" oder der Maximierung des persönlichen Reichtums sollten *solidarische Elemente des Miteinanders statt Gegeneinanders einen größeren Stellenwert in der heutigen Ökonomie spielen.* Welche Rolle sollte dabei dem Staat zukommen? Müsste uns nicht auch die Vernunft, das „Kantsche Pflichtgefühl" dazu bewegen, eine Ökonomie zu entwickeln, die zwar auf den bisherigen Errungenschaften aufbaut, aber den Weg weitergeht? Etwa den Weg in Richtung einer *Gemeinwohlökonomie* (Felber) von der wir alle profitieren und die Starken die Schwachen unterstützen? Natürlich bin ich kein Träumer und schon gar kein Anhänger einer Sozialutopie. Aber wenn ich eine neue Vision, ein Zielbild oder auch ein *neues Narrativ für die Ökonomie* entwickeln will, muss ich dann nicht ein ökonomisches System weiterentwickeln, das uns alle an einem größeren Wohlstand teilhaben lässt?

Der Sozialphilosoph John Rawls hat zu Recht darauf hingewiesen, dass wenn es schon soziale oder ökonomische Ungleichheiten gäbe, dann sollten zumindest *die am wenigsten Begünstigten den größtmöglichen Vorteil* davon haben. Es gibt eine gewisse Grundausstattung an Gütern und Dingen des täglichen Lebens, die jeder Mensch in dieser Gesellschaft mitbekommen sollte. Dazu gehört ein Recht auf ausreichende Ernährung, Kleidung, ein Dach über dem Kopf, aber auch Bildung und ein „auskömmliches" Leben. Ein Leben, in dem ich mich als Mensch und in Würde bewegen kann. Die Ökonomie muss entsprechende Rahmenbedingungen schaffen. Es muss dabei aber *nicht alles staatlich verordnet werden*. Wir alle, jeder Einzelne von uns ist aufgefordert, in seinem Umfeld zu unterstützen. Nicht nur die Nachbarn, sondern auch die Unterstützung bei der Schulspeisung, der Spende an karitative Vereine. Besser noch die Mitarbeit in den karitativen Vereinen zur Linderung der Not des benachteiligten Teils der Bevölkerung.

Schließlich müssen wir auf die aktuellen ethischen Herausforderungen unserer Zeit individuell, aber auch als Gesellschaft reagieren. Dazu gehört in erster Linie *die Rettung der Erde vor der Klimakatastrophe*. Egal, ob wir als Konsumenten mit unserem Kauf die CO_2-freien Produkte kaufen und nutzen wie etwa E-Autos, weniger Ressourcen verschwenden oder alte Produkte recyceln, mehrfach nutzen etc. Als Mitarbeiterin und Mitarbeiter von Unternehmen können wir mit unserer Wertschöpfung dazu beitragen, dass wir ressourcenschonend in unseren täglichen Arbeitsleben umgehen, ökologische Themen im Unternehmen selbst vorantreiben oder auch an solchen Projekten mitwirken. Eine andere Einstellung, ein umweltschonenderes Verhalten kann in der Summe dazu beitragen, dass wir auch der nächsten Generation eine intakte Umwelt auf der Erde zur Verfügung stellen. Wir müssen den Hebel umlegen. Jetzt. Unwiderruflich. Das sind wir der jüngeren Generation schuldig. Gleiches gilt für den Erhalt der Artenvielfalt. Was ironisch als „Bienenretter" oder „Baumumarmer" abgekanzelt wird, ist nichts anderes als das einzig mögliche Rettungsprogramm für diesen Planeten.

Mittlerweile verfolgen fast alle politischen Parteien dieses Ziel der Erhalt der Umwelt. Umstritten ist allerdings der Weg dorthin. Manche wollen es über marktwirtschaftliche Regeln erreichen, etwa über einen Emissionshandel nach dem marktwirtschaftlichen Prinzip oder eine CO_2-Steuer. Andere wiederum mit Verboten und der Definition von kurzfristigen drastischen Einsparungen der Schadstoffemissionen. Ganz egal welchen Weg wir alle wählen, wir müssen nur auf zwei Dinge achten: Erstens heißt die Devise *„nicht das Erzählte reicht, sondern nur das Erreichte zählt"*. Wir dürfen jetzt nicht nur reden und ausgiebig in zahlreichen Talkshows über die drohende Klimakatastrophe diskutieren, *wir müssen endlich handeln und das sofort*! Das Handeln muss einem klaren Plan folgen, sei er zeitlich oder auf einzelne konkrete Maßnahmen gemünzt. Der Fairness halber und aus Gründen der besseren Planbarkeit für alle Beteiligten, Unternehmen, Nutzerinnen und Nutzer müssen diese Zeitpläne und Ziele, etwa die Reduktionsziele der Emission, *nachvollziehbar und planbar* bleiben. Es darf dabei keinen Überbietungswettbewerb der immer stärker verkürzten Zeitleiste geben. Klimaneutral 2050 oder 2040 oder gar 2035? Schadstoffemissionen bis 2030 um 30, 40 oder 50 Prozent reduzieren? Eine einmal definierte, ambitionierte Zeitleiste muss dann stabil bleiben, damit es nicht zu einem *„moving target"* wird d. h. zu einem Ziel, dass sich permanent ändert und alles andere als planbar ist.

Zu guter Letzt müssen wir uns auch Gedanken darüber machen, inwieweit wir uns von Maschinen und ihre Algorithmen im Rahmen der Künstlichen Intelligenz regieren lassen wollen und wo nicht. Die dabei anfallenden Daten dürfen nur unterstrenger Auflage transparent und nachvollziehbar verarbeitet werden und müssen jederzeit auch auf Wunsch der Betroffenen gelöscht werden können. Nur so können wir sicherstellen, dass unsere Datenökonomie nicht zum „Überwachungskapitalismus" (Zuboff) wird. Es bleibt also für jeden von uns genügend zu tun, um unsere Wirtschaft ethischer zu gestalten. Suchen wir uns individuell etwas aus und *arbeiten wir als Gesellschaft an allen Themen gleichzeitig*. Jede Rolle, die wir im Leben einnehmen, stellt an uns unterschiedliche moralische Anforderungen. Während wir alle den oben genannten Maximen folgen sollten, gelten für Unternehmer als Meinungsführer und Vorbilder zum Teil noch weitere Regeln und höhere Ansprüche. Ich möchte dies in dem nun folgenden Kapitel über den „ehrbaren Kaufmann" deutlich machen.

7.2 Der ehrbare Kaufmann: Welche Maximen gelten?

Das Konzept des ehrbaren Kaufmanns basiert auf einem ethischen Leitbild, das bis in das 12. Jahrhundert zurückgeht und vornehmlich in den Handelsstädten im mittelalterlichen Italien und dem norddeutschen Städtebund der

Hanse aufzufinden war (vgl. u. a. Strothmann, 2021). Seit dieser Zeit ist dieses Leitbild nachweislich in den Kaufmannshandbüchern zu finden und wird entsprechend von Generation zu Generation der Unternehmer weitergegeben. Heute ist das Zielbild des ehrbaren Kaufmanns fest in der unternehmerischen Ethik verankert und wird von den Industrie- und Handelskammern per Gesetz an die Mitgliedsunternehmen weitergegeben (§ 1 Abs. 1 IHKG). Ziel dieses Leitbilds war und ist es, den Unternehmerinnen und Unternehmern einen ethischen Rahmen vorzugeben innerhalb dessen sich alle kaufmännischen Aktivitäten zu bewegen haben. *Nicht das kurzfristige Gewinnstreben* soll das Ziel sein, sondern der langfristige Unternehmenserfolg. Dieses Prinzip beinhaltet vor allem die innere Einstellung und Überzeugung des Unternehmers und der Unternehmerin, dass alles Geschäftsgebaren strengen ethischen Grundtugenden genügen muss. Voraussetzung für ethisches Handeln ist vor allem, dass der Kaufmann, die Kauffrau ein großes Fachwissen verfügt, seine oder ihre Verantwortung für Mitarbeiterinnen und Mitarbeiter, Gesellschaft, aber auch die Umwelt übernimmt und die Auswirkungen ihres Handelns auf Umwelt und Gesellschaft kennt. Dies bedeutet vor allem den fairen Umgang mit Kundinnen und Kunden und Geschäftspartnern, aber auch mit Wettbewerbern. Darüber hinaus ist dem ehrbaren Kaufmann, der ehrbaren Kauffrau bewusst, dass die Zufriedenheit der Mitarbeiterinnen und Mitarbeiter das wesentliche Element moderner Geschäftsführung darstellt. Sie sind gleichzeitig auch Vorbilder für ihr Unternehmen und die Gesellschaft.

Konkret definiert etwa der deutsche Bundesverband mittelständischer Wirtschaft (BVMW) zehn Grundsätze des ehrbaren Kaufmanns (vgl. BVWM, 2021). Der ehrbare Kaufmann, die ehrbare Kauffrau:

1. Orientiert sich an bleibenden Werten und Grundtugenden wie Ehrlichkeit, Sparsamkeit, Weitblick, Fleiß, Mäßigung, Entschlossenheit etc., hört auf sein Gewissen und seine Mitarbeiterinnen und Mitarbeiter.
2. Beachtet die Menschenwürde und geht mit seinen Mitarbeiterinnen und Mitarbeitern respektvoll um.
3. Engagiert sich für den Aufbau und langfristigen Erhalt der Arbeitsplätze.
4. Handelt wahrheitsgemäß und betreibt keinen unfairen Wettbewerb.
5. Setzt verstärkt auf Forschung, Aus- und Weiterbildung.
6. Unterstützt die Forderungen der sozialen Marktwirtschaft nach einem sozialen Ausgleich der wirtschaftlichen Folgen der Marktwirtschaft und fördert so ein positives Bild des Unternehmers.
7. Hält sein gegebenes Wort.
8. Versucht in Konfliktfällen, Lösungen für alle Beteiligten zu finden.
9. Achtet das materielle und geistige Eigentum Anderer und
10. Engagiert sich für einen konstruktiven Dialog mit anderen Unternehmen.

Wir wollen versuchen, ausgewählte Aspekte dieses Modells bzw. Leitbilds unternehmerischer Praxis in diesem Kapitel weiter zu vertiefen. Beginnen wir mit dem ersten Grundsatz der Ehrlichkeit, Fleiß, Mäßigung, aber auch die Integration der Mitarbeiterinnen und Mitarbeiter in wesentliche Unternehmensentscheidungen. Wesentlich hierbei ist *die Vorbildfunktion des Unternehmers, der Unternehmerin.* Vielfach arbeiten die Gründer des Unternehmens oder ihre Nachkommen in dem Unternehmen mit und beeinflussen mit ihrem Verhalten und ihrer Einstellung ganz wesentlich das Verhalten und die Kultur des gesamten Unternehmens. So steht der Kaufmann bzw. die Kauffrau zu seinem und ihrem

Wort, halten sich an Fakten und kommunizieren offen über wesentliche Unternehmensentscheidungen. Dabei halten sie sich an bestehende Gesetze und Verhaltensvorgaben. In der Corona-Pandemie z. B. bemühten sie sich in aller erster Linie um das *gesundheitliche und ökonomische Wohl der ihnen anvertrauten Mitarbeiterinnen und Mitarbeiter*: Sie führten die AHA+L Regeln ein, kontrollierten deren Einhaltung, organisierten Masken und Schnelltests und sorgten für die Beantragung des Kurzarbeitergeldes zur Absicherung ökonomischer Risiken. Sämtliche Aktivitäten haben das Wohl des Unternehmens und seiner Mitarbeiterinnen und Mitarbeiter im Auge. Sie erwarten an Fleiß und Engagement von sich selbst mindestens genauso viel wie sie es auch von den Mitarbeiterinnen und Mitarbeitern verlangen. Diese werden in die unternehmerischen Entscheidungen mit integriert und kommunizieren jederzeit offen und transparent wesentliche unternehmensrelevante Schritte.

Marktchancen werden entschlossen angepackt, Risiken abgewogen und Investitionen werden sorgfältig vorbereitet und in Abstimmung mit den kompetenten Mitarbeiterinnen und Mitarbeitern gemeinsam getroffen. Dabei haben sie immer den langfristigen Unternehmenserfolg im Hinterkopf und setzen nicht alles auf eine Karte. Die *Mäßigung des Verhaltens* zeigt sich darin, dass im Zweifel zwischen einem kurzfristigen hohen Gewinn und einer langfristigen Unternehmensentwicklung abgewogen werden muss. So könnten kurzfristig mit herkömmlichen Produkten vielleicht mehr Geld verdient werden, da die Kostenstruktur gleichbleibt, aber der Umwelt zuliebe müssen bestimmte Rohstoffe geschont werden und Einkaufs- und Produktionsprozesse nachhaltiger werden. Das bedeutet im Zweifel kurzfristig höhere Kosten zugunsten der Nachhaltigkeit und der nächsten Generation. Denken Sie hier z. B. an die

Investitionen der Automobilhersteller in alternative Antriebe wie etwa Elektrofahrzeuge oder Fahrzeuge, die von „grünem Wasserstoff" angetrieben werden. Die Kosten der Produktion von batteriegetriebenen Fahrzeugen oder die Gewinnung von Wasserstoff inklusive des Aufbaus einer flächendeckenden Ladeinfrastruktur übersteigen die eines herkömmlichen Verbrennungsmotors deutlich.

Betrachten wir die Punkte 2 bis 5 des Leitbilds. Hier vor allem der Umgang mit den Mitarbeiterinnen und Mitarbeitern. Der Umgang mit ihnen sollte geprägt sein von *gegenseitigem Vertrauen, Wertschätzung und Respekt.* Wertschätzung beginnt mit einem freundlichen Wort, einem Lob oder auch ein Wort des Dankes für die geleistete Arbeit. Diese Form der Wertschätzung und gegenseitige Anerkennung ist nicht immer die Regel in den Unternehmen und vor allem in dieser anspruchsvollen Zeit. Gerade in den Zeiten der Pandemie und des Homeoffice müssen Unternehmerinnen und Unternehmer darauf vertrauen, dass sich ihre Mitarbeiterinnen und Mitarbeiter im Sinne des Unternehmens einsetzen und sollten davon Abstand nehmen, zu kontrollieren, ob sie tatsächlich alle zu Hause arbeiten. Wertschätzung und Respekt bedeuten aber auch, das Wissen aller Beteiligten zu nutzen, wenn es darum geht, neue Produkte oder neue Strategien zu entwickeln.

Gerade ältere Mitarbeiterinnen und *Mitarbeiter über 50 verfügen über eine langjährige Berufs- und Lebenserfahrung* und können gemeinsam mit den jüngeren Kolleginnen und Kollegen Markt- und Unternehmenschancen besser einschätzen und somit gemeinsam zum Erfolg führen. Nicht umsonst waren die Philosophenkönige Platons in der Regel über 50, ebenso wie die weisen Senatoren Roms! Der gemeinsame Blickwinkel von alt und jung, von Frau und Mann, aber auch von verschiedenen Kulturen auf das gleiche Thema, etwa ein neues Produkt ist von großem Gewinn für ein Unternehmen und erhöht die Markt- und Erfolgschancen dramatisch. Unternehmerinnen und Unternehmer sollten dafür sorgen, dass in ihren Unternehmen gebündelte Erfahrungswissen gezielt für die Belange des Unternehmens einzusetzen. Das motiviert nicht nur die eingebundenen Mitarbeiterinnen und Mitarbeiter, sondern wirkt in manchen Unternehmen Wunder.

Zu einem *respektvollen Umgang* mit den Mitarbeiterinnen und Mitarbeiter gehört auch die Sorge für das gesundheitliche Wohl, eine adäquate Ausstattung des Arbeitsplatzes (wie z. B. ein großer Bildschirm, ergonomische Sitze etc.), aber vor allem ein Aufgaben- und Tätigkeitsspektrum, das in Qualität und Quantität den Kompetenzen eines Mitarbeiters, einer Mitarbeiterin angemessen ist. Eine permanent zu hohe Arbeitsverdichtung bei gleichzeitig hohem Qualitäts-, Kosten- und Zeitdruck fügt den beteiligten Mitarbeiterinnen und Mitarbeitern nachhaltige körperliche und seelische Schäden zu. Nicht umsonst mehren sich die Fälle des sogenannten „Burnouts“ d. h. ein ausgebrannt sein in Folge von zu viel an Stress, der sich dann auch körperlich bemerkbar macht. Solche Fälle kommen sehr häufig vor, sei es, weil Mitarbeiterinnen und Mitarbeiter ständig erreichbar sein müssen oder aufgrund der Kostensituation zu viele Tätigkeiten gleichzeitig aufgebürdet bekommen. Umgekehrt darf auch ein gezieltes Fernhalten von jeglicher sinnvoller Tätigkeit von den Mitarbeiterinnen und Mitarbeitern nicht vorkommen. Eine solche *„Bore out“*-Strategie, etwa um missliebige langjährige Beschäftigte durch eine gezielte Unterbeschäftigung und Langeweile aus dem Unternehmen zu drängen, darf ebenso nicht Teil eines Verhaltenskodizes eines ehrbaren Kaufmanns bzw. der ehrbaren Kauffrau sein.

Stattdessen setzt sich der ehrbare Kaufmann, die ehrbare Kauffrau für eine individuelle Förderung, Aus- und Weiterbildung der ihnen anvertrauten Schützlinge ein. Jeder Mitarbeiter, jede Mitarbeiterin sollte nach seinen bzw. ihren Möglichkeiten gefördert und weitergebildet werden. Gleichzeitig hat der Unternehmer, die Unternehmerin das langfristige Wohl der Firma im Blick und setzt sich für den Ausbau und Erhalt der Arbeitsplätze ein. Dass diese Entscheidung nicht einfach ist, sieht man in diesen Tagen auch in der Automobilindustrie. Noch nie waren die Umwälzungen dieser Branche gravierender, noch nie stand ein gesamtes Geschäftsmodell zur Disposition. Der Trend geht weg vom selbst genutzten Fahrzeug in Richtung geteilte Mobilität, weg vom Auto generell. Wenn noch mit dem Auto gefahren wird, dann nachhaltig d. h. elektrisch oder vielleicht künftig mit Wasserstoff. Zur Herstellung dieser Elektrofahrzeuge sind, aber hinsichtlich des Antriebs ganz andere Fähigkeiten und Kompetenzen benötigt.

Gleiches gilt für autonom fahrende Fahrzeuge. Hierzu werden u. a. Kompetenzen im Gebiet der Künstlichen Intelligenz gesucht. Der Motor ist weniger kompliziert. Für seine Herstellung werden weniger Beschäftigte benötigt. Diese müssen künftig rechtzeitig umgeschult werden, manche werden über Altersteilzeitmodelle oder Vorruhestandsregelungen aus dem Unternehmen ausscheiden müssen. Dennoch wird es keinen Weg an diesen Entwicklungen vorbeigehen, wenn wir unsere Umwelt schonen wollen und er nachfolgenden Generation eine intakte Erde hinterlassen wollen. Die Abwägung ist hier zwischen einem Verzicht auf einen kurzfristigen Gewinn mit herkömmlichen Verbrennungsmotoren zugunsten eines langfristigen Unternehmenserfolges. Hier sind die ehrbaren Kaufleute gefordert, rechtzeitig umzusteuern. Dabei müssen sie wie immer wahrheitsmäßig handeln und alle Beteiligten auf dem Weg der tiefgreifenden Veränderungen mitnehmen. Gleichzeitig muss der Wettbewerb mit allen Unternehmen, den in der Branche herkömmlichen, aber auch mit den vielen neuen wie etwa Tesla, Nio etc. fair gestaltet werden und es darf wie in andren Branchen auch, niemand am Markteintritt gehindert werden etc.

Der *Einsatz für die Soziale Marktwirtschaft* bedeutet für den ehrbaren Kaufmann, die ehrbare Kauffrau auch, die wirtschaftlichen Aktivitäten im Sinne einer Gemeinwohlökonomie sozial abzufedern. Konkret bedeutet das sich für die Schwachen, sozial Benachteiligten in der Gesellschaft einzusetzen. Ansatzpunkte hierfür könnten sein: die Unterstützung der Bildungsgerechtigkeit durch Investitionen nicht nur in die eigenen Mitarbeiterinnen und Mitarbeiter, sondern auch die finanzielle und politische Unterstützung der digitalen Infrastruktur: WLAN, Digitalisierung, Laptops für sozial benachteiligte Schülerinnen und Schüler gratis etc. in den Schulen und auch die Förderung einer *Kindergrundsicherung*. Ansätze dazu gibt es viele wie etwa ein zusätzliches Kindergeld oder eine kostenlose Schulspeisung. Beschäftigte sollten motiviert werden, soziale Projekte zu unterstützen.

Vielleicht kann sich das Unternehmen auch als Schulpaten für „Brennpunktschulen" oder Schulen ohne ausreichende finanzielle Absicherung zur Verfügung stellen. Unternehmerinnen und Unternehmer, aber auch Managerinnen und Manager könnten z. B. auch über ihren beruflichen Weg in den Schulen erzählen und damit Vorbilder schaffen für leistungsbereite Kinder. Neben Spenden und Patenschaften können Unternehmerinnen und Unternehmer in der Politik eine Gemeinwohlökonomie fordern und fördern, eine Ökonomie, die den Menschen und seine Bedürfnisse in den Vordergrund stellt. Die Solidargemeinschaft sollte im Mittelpunkt stehen und nicht der egoistische Optimierungsansatz einiger weniger. Die damit verbundenen Werte könnten ein Signal in die Gesellschaft und vor allem in die junge Generation senden: Wir stehen nicht nur für die Bewahrung der Umwelt, sondern setzen uns für eine solidarische Wirtschaft ein, die zwar auf Leistung und Wettbewerb setzt aber die Schwachen und „Abgehängten" der Gesellschaft nicht vergisst.

Alle unternehmerischen Aktivitäten unterliegen einem klaren Wertekanon: *Das gegebene Wort gilt*, auch wenn natürlich sämtliche Transaktionen in Schriftform gegossen werden müssen, um der Rechtsnorm zu dienen. Vertrauen, Zuverlässigkeit und Verlässlichkeit des Geschäftspartners sind das A und O einer Geschäftsbeziehung, die auf alle Fälle einzuhalten sind. Patente und anderes geistiges Eigentum anderer Firmen und Einzelpersonen sind zu achten und hochzuhalten, ebenso wie der regelmäßige konstruktive und faire Dialog mit anderen Unternehmen, seien sie direkte Wettbewerber oder nicht. Unzulässige Nebenabsprachen werden ebenso vermieden wie ein Kopieren von Patenten anderer Unternehmen. Es hilft, einen solchen Wertekanon nicht nur zu haben, sondern auch klar zu formulieren im Sinne von Unternehmensleitlinien und diese in regelmäßigen Abständen an die Mitarbeiterinnen und Mitarbeiter zu kommunizieren. Unternehmerinnen und Unternehmer und Führungskräfte müssen diese Werte im Unternehmen vorleben und sich daran messen lassen. Dies bedeutet auch in dem Falle eines Fehlverhaltens sich dafür in aller Form zu entschuldigen und den Fehler öffentlich einzugestehen. Schließlich machen wir alle einmal einen Fehler. Was für Unternehmerinnen und Unternehmer gilt, wird selbstverständlich auch von den Führungskräften als Meinungsführer in den Unternehmen erwartet.

7.3 Die anständige Führungskraft: Woran wird sie gemessen?

Es ist sehr schwierig und ein ambitioniertes Unterfangen, sämtliche Attribute zu definieren, die eine anständige Führungskraft ausmachen und diese dann anschließend daran zu messen. Anstelle einer exakten Definition oder einer vollständigen Liste aller Eigenschaften, die diese ideale Führungskraft aufweisen sollte, möchte ich an dieser Stelle lediglich den Versuch starten, eine anschauliche Skizze aus der Unternehmenspraxis zu liefern. Dabei möchte ich nicht nur auf vorhandene Literatur zurückgreifen (exemplarisch vgl. Danne & Müller, 2017; Küng, 2010, S. 205 ff. oder Pietsch, 2021, S. 315 ff. und die darin angegebene Literatur), sondern auch eigene Erfahrungen als langjährige Führungskraft, aber auch als Mitarbeiter einfließen lassen. Von den vielen Definitionen, die in der Literatur, aber auch in der Unternehmenspraxis zum Thema Führung existieren (vgl. dazu exemplarisch Malik, 2019), möchte ich meine bevorzugte Definition anführen: *Führung heißt, andere zum Erfolg kommen zu lassen.*

Aus meiner Sicht drückt diese Definition vor allem in der aktuellen Zeit die wesentliche Grundlage der Führung aus. Es geht nicht um die Führungskraft an sich, sondern darum, mit allen Mitarbeiterinnen und Mitarbeitern gemeinsam den langfristigen Erfolg des Unternehmens sicherzustellen. Die Betonung liegt hierbei, dass sich die jeweilige Führungskraft persönlich *nicht in den Mittelpunkt stellt*, sich selbst nicht wichtiger nimmt als die Aufgabe. Im Zentrum stehen die Aufgaben, die das Unternehmen in allen seinen Märkten zum Erfolg führen, gemessen am nachhaltigen Gewinn bzw. profitablem Wachstum. In der Betriebswirtschaftslehre und im internen wie externen Berichtswesen gibt es hier eine Vielzahl klarer Kennzahlen, die

die Erfolge eines Unternehmens dokumentieren, sei es der Nettojahresüberschuss, das Eigenkapital, der Return on Investment, die Rendite, der EBIT etc. Wesentlich hierbei ist *die Art und Weise*, wie die Führungskraft bzw. die Führungskräfte das Ergebnis erzielen. Hier gibt es viele Wege, seinen Gewinn zu maximieren. So kann ich auf Kosten der Mitarbeiterinnen und Mitarbeiter immer mehr zusätzliche Tätigkeiten auf immer weniger Beschäftigte verteilen, Wachstum schaffen bei gleichzeitigen extremen Kostensenkungen und massivem Stellenabbau, der nicht immer sozialverträglich abläuft. Das fängt an bei der massenhaften Entlassung von Mitarbeiterinnen und Mitarbeitern, die im Zuge der Geschäftsentwicklung einmal aufgebaut wurden und geht weiter mit dem Forcieren von riskanten Geschäften und Geschäftsmodellen in Märkten, die ethisch zumindest fraglich sind. Märkte, in denen Kinderarbeit geduldet wird, Menschenrechte mit Füßen getreten werden oder Grundsätze der Umweltschonung und der Nachhaltigkeit so gut wie keine Rolle spielen.

Wir sind uns sicherlich schnell einig, dass eine Führungskraft mit seinen ihm oder ihr anvertrauten Mitarbeiterinnen und Mitarbeitern *wertschätzend* umzugehen hat. Dies bedeutet zunächst ein höflicher, freundlicher Umgang, aber auch ein respektvolles Begegnen auf Augenhöhe. Chefs werden nicht ausgewählt, weil sie bestimmte Sachgebiete im Detail besser beherrschen als ihre Untergebenen, sondern weil sie in der Regel einen guten Überblick darüber haben, welches Teammitglied über welche Fähigkeiten verfügt und wie dieses Mitglied im Sinne der anstehenden Unternehmensaufgaben am sinnvollsten eingesetzt wird. Menschenkenntnis ist gefragt, die *Liebe zu Menschen und das Interesse an ihnen* spielt die wesentliche Rolle. Wenn ich weiß wie es mental oder im Augenblick um die Mitarbeiterin, den Mitarbeiter als Menschen geht, dann kann ich als Führungskraft eher abschätzen, woraus Leistungsschwankungen im Zweifel resultieren. Das verstehe ich unter der *Empathie-Fähigkeit* einer Führungskraft, sich in die Mitarbeiterin und den Mitarbeiter hineinzuversetzen und es auch zu wollen.

Jedes Mitglied der Abteilung, des Bereichs, des Ressorts verfügt über eine bestimmte Expertise, eine notwendige (Persönlichkeits-)Eigenschaft, die in bestimmten Situationen notwendig ist. *Es gibt prinzipiell keine per se schlechte Mitarbeiterin bzw. schlechten Mitarbeiter, sondern nur falsch eingesetzte*. So benötigt ein Stratege neben den Kenntnissen strategischer Instrumentarien wie einer Umfeldanalyse, Arten von Strategien etc. ein gewisses analytisches Geschick, muss logisch strukturiert vorgehen und am Ende gewisse Präsentations- und rhetorische Überzeugungsfähigkeiten besitzen, um die Strategien nicht nur zu erarbeiten, sondern auch wirkungsvoll kommunizieren und umsetzen zu können. Ein Entwickler oder Designer von Produkten, etwa von Autos, muss neben der Kenntnis der gängigen Designlinien und der einschlägigen technischen Erfahrung auch das notwendige Quäntchen Kreativität mitbringen, um Neues und Unverwechselbares zu erschaffen. Der Controller sollte im Idealfall eine hohe Affinität zu Zahlen haben etc.

Die Führungskraft erkennt und fördert die entsprechenden Fähigkeiten der Untergebenen und formt sie zu einem Team, das hoch motiviert ist und zielorientiert in die gleiche Richtung läuft und arbeitet. Dies wiederum setzt wie bereits oben erwähnt voraus, dass der Manager, die Managerin sich für Menschen interessiert, Menschen mag und sich intensiver mit ihnen und ihren Fähigkeiten beschäftigt. Wertschätzung hat nicht nur mit einem respektvollen, höflichen Umgang zu tun, sondern bedeutet auch, dass erfolgreiche und gut ausgeführte Tätigkeiten auch ruhig gelobt werden können. Ein *Lob und auch ein Dank zur rechten Zeit*, nicht inflationär gebraucht, hat noch nie geschadet und hat den Mitarbeitenden das Gefühl gegeben, dass ihre Arbeit gesehen und wertgeschätzt wird. Dies schafft nicht nur eine innere Zufriedenheit („der Chef hat mich heute gelobt"), sondern motiviert auch für künftige Aufgaben und schafft Selbstvertrauen. Im negativen Fall kann ein konstruktives Feedback („das war schon ganz gut, allerdings müssen Sie/musst Du noch an dem und dem Punkt arbeiten …") dafür sorgen, dass die Mitarbeiterinnen und Mitarbeiter nicht demotiviert werden, allerdings auch Tipps bekommen, worauf sie künftig zu achten haben. Dies gilt nicht nur für junge Kolleginnen und Kollegen, sondern auch für ältere Beschäftigte, die auch im hohen Alter noch dazulernen können und wollen.

Dass *Vertrauen in die Mitarbeiterinnen und Mitarbeiter ein wesentlicher Wert einer Führung* darstellt, haben wir alle spätestens im Rahmen der Corona-Pandemie zu spüren bekommen. In den Zeiten des Homeoffice musste sich jede Führungskraft darauf verlassen, dass die Untergebenen ihre „zusätzliche Freiheit" zu Hause nicht missbrauchen und nach wie vor motiviert ihrer Tätigkeit nachgehen, auch wenn man sie persönlich im Büro nicht sehen und „überwachen" kann. Zum Vertrauen einer Führungskraft gehört aber auch das Verantwortungsbewusstsein, für die Mitarbeiterinnen und Mitarbeiter immer ansprechbar und erreichbar zu sein. Gerade in den Zeiten des fehlenden persönlichen Kontakts oder Austauschs muss die Führungskraft darauf achten, erreichbar zu sein, die Sorgen und Nöte der ihm oder ihr anvertrauten Mitarbeiterinnen und Mitarbeiter zu kennen und rechtzeitig handeln zu können. In vielen Fällen haben sich „virtuelle Kaffeerunden" oder auch Einzelgespräche bewährt, in denen sich bestimmte Themen und Problembereiche einzelner Mitarbeiterinnen und Mitarbeiter heraushören ließen. Wesentlich dabei ist, dass die Führungskraft offen und nachvollziehbar handelt. Es darf nicht der Eindruck entstehen, dass es geheime Absprachen gibt oder Dinge, die den Mitarbeiter, die Mitarbeiterin betrifft, „hinter dem Vorhang" diskutiert und umgesetzt werden.

Dazu muss die *Führungskraft authentisch* sein, d. h. nichts darstellen wollen was sie gar nicht ist, etwa ein extrovertierter Treiber, wenn sie eher introvertiert und mehr Moderator als Macher ist. Sie trägt Verantwortung für den Bereich und handelt immer nachvollziehbar, verlässlich und vor allem konsequent. Das bedeutet vor allem, dass sie in jeder vergleichbaren Situation identisch reagiert, etwa Regelverstöße konsequent ahndet oder eine gute Arbeit lobt, unabhängig davon wie sympathisch oder unsympathisch ihm oder ihr die jeweilige Mitarbeiterin und Mitarbeiter ist. Mir ist bewusst, dass dies *in der Praxis ein Idealfall* ist, da menschliche Neigungen immer im Spiel sind. Doch muss jede „anständige" Führungskraft versuchen, ein objektives Bild für die Leistungen der unterstellten Mitarbeiterinnen und Mitarbeitern zu bewahren und keine „Lieblinge" zu favorisieren. Das bedeutet allerdings auch, offen und ehrlich, aber respektvoll zu kommunizieren, was der jeweiligen Führungskraft an dem Mitarbeiter, der Mitarbeiterin gefällt und was nicht, sowohl im Bereich der fachlichen als auch in der persönlichen und sozialen Kompetenz.

Dies beinhaltet auch einen fairen Umgang mit den Mitarbeiterinnen und Mitarbeitern. Das fängt in der *Gleichbehandlung ohne Diskriminierung* an, etwa was die Verteilung der Arbeit anbelangt, jeder nach seinen Fähigkeiten, niemanden zu übervorteilen und bei gleicher Arbeit auch den gleichen Lohn zu zahlen. Die Führungskraft muss in der Lage sein, ein Team zu schaffen und für seine oder ihre

Ziele im Sinne des Unternehmens zu begeistern und zu motivieren. Dabei muss sie allerdings immer *offen sein für ein ehrliches und vertrauensvolles Feedback* in jede Richtung: vom Chef, der Chefin zur/m Mitarbeiterin und Mitarbeiter, aber auch umgekehrt. Verantwortungsvoll handelnde Führungskräfte *arbeiten permanent an sich selbst*, stehen für ihre Fehler ein und haben auch kein Problem mit einem regelmäßigen Feedback und Verbesserungspotenzial, das die ihnen anvertrauten Menschen sehen. Sie nehmen sich die konstruktive Kritik zu Herzen und arbeiten daran. Auch wenn nicht alles gleich gelingt oder besser wird, ist der Wille zur Veränderung schnell bei allen beteiligten Mitarbeiterinnen und Mitarbeitern sichtbar. Führungskräfte müssen also offen sein für Neues und nicht nur die Unternehmenstätigkeiten optimieren, sondern müssen auch ständig an sich selbst arbeiten.

Behandle andere Menschen so wie Du selbst behandelt werden möchtest ist eine der goldenen Regeln, die in fast jeder Religion existiert. Daher sollten alle Mitarbeiterinnen und Mitarbeiter wie gesagt entsprechend ernst genommen, wertgeschätzt und respektvoll behandelt werden. Das bedeutet aber auch, dass sich die Führungskraft selbst nicht so wichtig nimmt, sich für das Team einsetzt und sich der Aufgabe unterordnet. „Andere zum Erfolg kommen zu lassen" (s. o.) drückt dies aus meiner Sicht am besten aus. Wenn das Team erfolgreich ist, jeder sich wertgeschätzt fühlt und die Arbeit verrichten kann, die ihm oder ihr am meisten liegt, dann hat auch die Führungskraft einen guten Job gemacht. Dies bedeutet aber auch, sich zu jeder Zeit für die Mitarbeiterinnen und Mitarbeiter einzusetzen, dafür zu sorgen, dass zu viel Arbeit sie nicht überfordert („Burnout"), aber andererseits auch nicht unterfordert („Boreout").

Der Chef, die Chefin stellt sich auch vor die Mitarbeiterinnen und Mitarbeiter und setzt sich für deren Belange ein. Kritik sollte, wenn erforderlich, im internen Rahmen und wenn nötig unter vier Augen erfolgen. Nach außen werden die entsprechende Mitarbeiterin und der Mitarbeiter vor der Kritik verteidigt. Selbstverständlich muss jede Führungskraft mit seinem ihm oder ihr unterstellten Bereich zumeist sehr ambitionierte Ziele erfüllen. Dies geht nur mit einer gewissen Zielstrebigkeit, Konsequenz und schließlich mit harter Arbeit. Dennoch sind wir alle Menschen und es geht darum, alle zu integrieren und das jeweilige Wissen bündeln und in Erfolg umzuwandeln. *Der Umgang mit Misserfolgen ist dabei fast noch wichtiger als das Feiern von Erfolgen.* Hier zeigt sich, wie im Sinne eins gelungenen Feedbacks und konstruktiver Manöverkritik künftig etwa aus einem fehlgeschlagenen Pilotversuch eine erfolgreiche Alternative werden kann.

Es gilt die alte „goldene“ Regel: Erkenne Dich selbst und behandle andere Menschen so wie Du selbst behandelt werden möchtest. Vieles haben wir bereits angesprochen. Das wesentliche ist, fair und authentisch zu bleiben, offen und ehrlich auch mit eigenen Fehlern umzugehen und regelmäßig Feedback einzufordern. Nur so lassen sich Verhaltensweisen ändern, die im Zweifel den Führungskräften selbst so nicht bewusst sind, etwa „wie kommt mein Verhalten an?“. Wichtig ist, auch in harten Zeiten Optimismus auszustrahlen, ein klares Ziel und einen entsprechenden Weg aus einer Krise zu zeigen, alle mitzunehmen und die Freude an der Arbeit nicht zu verlieren. Die Führungskraft von heute, aber auch von morgen ist kein Autokrat oder Patriarch alten Stils, *sondern ein Coach*, der den inhaltlichen und Zielrahmen setzt und nur dann eingreift, wenn Hilfe benötigt wird. Erfahrungswerte und Persönlichkeiten werden wichtiger als Fachwissen, das im Zuge der Digitalisierung immer stärker von den jüngeren Mitarbeiterinnen und Mitarbeitern eingebracht wird. Mir ist klar, dass diese nicht abschließende Darstellung einer „anständigen" Führungskraft lediglich eine idealistische Skizze sein kann. Dennoch bin ich aufgrund der jahrzehntelangen eigenen Erfahrung als Führungskraft und Mitarbeiter überzeugt, dass dieses Idealbild immer häufiger Realität werden sollte und meiner Meinung nach künftig auch immer stärker werden wird.

7.4 Das moralische Unternehmen: Wie sieht es aus?

Die betriebswirtschaftliche Erzählung von Unternehmen und modernem Management geht, vereinfacht ausgedrückt so: Unternehmen, angeführt von ihren Führungskräften, versuchen, mit ihren Produkten und Dienstleistungen den maximal möglichen Ertrag zu erzielen und damit den Unternehmensgewinn zu optimieren. Der Erlös, die erzielte Marge pro verkaufte Einheit soll möglichst hoch, die mit dem Produkt verbundenen Kosten möglichst gering sein. Die kreativen Produktentwickler erfinden und designen neue, begehrenswerte Produkte oder verbessern sie in Aussehen, Qualität und Attraktivität. Die Marketingfachleute schaffen durch ihre zahlreichen online- und offline-Aktivitäten einen „USP" d. h. eine einzigartige Positionierung des Produktes, ein Alleinstellungsmerkmal, das den Verbraucher sofort zum Geldbeutel zücken lässt. Marken und deren wohlklingende Namen sorgen für Begehrlichkeit und Vertrauen, bei Luxusprodukten für soziale Abgrenzung und modernen Snobismus und schaffen eine Unverwechselbarkeit in den Augen der Verbraucherinnen und Verbraucher. Die Finanzspezialisten sorgen dafür, dass diese Produkte häufig zu geringstmöglichen Kosten produziert werden – im Fachterminus werden die *economies of scale* genutzt d. h. die Tatsache, dass die Stückkosten sinken, wenn ich eine hohe Zahl identischer oder modular aufgebauter Produkte in hoher Zahl herstelle. Es ist ihre Lebensaufgabe, sämtliche Unternehmensaktivitäten mit einem Rotstift zu begleiten und wo möglich abzusenken.

Die Logik ist einfach: Je geringer die Kosten bei der Entwicklung, Produktion und der Vermarktung inklusive Logistik (d. h. der Transport der Produkte bis zum Endverbraucher) über die gesamte Lieferkette sind, desto höher kann die Marge d. h. der Erlös pro verkaufter Produkteinheit ausfallen. Wenn es mir dann noch gelingt, über das erwähnte Marketing die Begehrlichkeit der Marke so zu steigern, dass das „Premium" – das mehr an Geld, das ich als Verbraucher bereit bin, für diese Marke zu zahlen im Vergleich zu anderen Marken oder den reinen Warenwert, man denke etwa an Luxusgüter à la Gucci, Prada, Moncler oder andere Luxusmarken – möglichst hoch ausfällt, dann werde ich als Unternehmen viel Geld verdienen und damit meine Aktionäre oder Eigentümer in Form von hohen Dividendenausschüttungen glücklich machen. Wenn es dann noch gelingt, nicht nur die dem Produkt zurechenbaren Kosten so niedrig wie möglich zu halten, sondern auch die Kosten der Verwaltung, der eingesetzten Maschinen, der Gebäude etc. inklusive der Personalkosten in Höhe der Löhne und Gehälter, dann bin ich als Unternehmen „gut aufgestellt". Es gibt natürlich noch weitere Möglichkeiten, Kosten zu senken, wenn ich z. B. als Unternehmen in mehreren Ländern tätig bin, dann kann ich – ganz legal – versuchen, die Steuern weitestgehend zu vermeiden, indem ich u. a. den Unternehmensgewinn da versteuere, wo möglichst wenig Steuern anfallen i.e. in den diversen Steueroasen auf der Welt. Schließlich kann ich noch versuchen, meine Rohstofflieferanten oder weitere Geschäftspartner im Preis maximal möglich zu drücken und meine Marktmacht an diverse Zulieferer ausspielen. So ein letztgenanntes Verhalten wäre rein kostentechnisch-rational sicherlich legitim, *wäre es aber auch ethisch*?

Wir werden uns schnell einig werden, dass ein solches Verhalten in vielen Punkten weder ethisch vertretbar noch betriebswirtschaftlich sinnvoll wäre. Ich möchte dabei nur zwei Beispiele herausgreifen: Einerseits würde eine Optimierung der Personalkosten damit einhergehen, Mitarbeiterinnen und Mitarbeiter nicht mehr so zu bezahlen wie es nach ihrem Engagement und ihrer Qualifikation nötig wäre. Das hieße nämlich, nicht mehr zu bezahlen als man wirklich zahlen muss, um die Beschäftigten an Bord zu behalten, die auch wirtschaftlichen Zwängen ausgesetzt sind. Ein Beispiel dafür wäre, nur exakt den Mindestlohn zu zahlen, der per Gesetz vorgeschrieben ist. Ferner würde es auch bedeuten, die Marktmacht beispielsweise gegenüber diversen Zulieferern auszuspielen, von deren Marge man auch möglichst viel wegnimmt, um den eigenen Gewinn zu steigern. Dass dies weder ethisch vertretbar ist, noch eine mittel- bis langfristige Partnerschaft begründet, dürfte auf der Hand liegen.

Beim Durchforsten der Kostenstrukturen kann ich natürlich auch auf Lieferanten ausweichen, die die benötigten Rohstoffe und Zulieferprodukte möglichst günstig herstellen. Häufig passierte dies in der Vergangenheit durch die Beschaffung in Niedriglohnländern, zum Teil in den ärmsten Ländern und Regionen dieser Welt. Dort wurden (und werden zum Teil immer noch) die Arbeiterinnen und Arbeiter sehr schlecht bezahlt, vielfach übernehmen Kinder Teile der Aufgaben und werden entsprechend schlecht entlohnt. Gleichzeitig werden nicht überall auf der Welt die gleichen Umweltstandards auf dieser Welt angelegt wie etwa in den meisten Industrieländern. Da die natürlichen Rohstoffe anscheinend unbegrenzt zur Verfügung stehen, die Verschmutzung der Umwelt als externer Effekt scheinbar ungestraft möglich war, spielten klimapolitische Aspekte in der Vergangenheit keine größere Rolle. Für das Image als Arbeitgeber, das für die Gewinnung von überlebensnotwendigen, hochkarätigen Nachwuchskräften immens wichtig ist, spielten solche Themen wie Umwelt und Soziales Engagement von Unternehmen eine eher untergeordnete Rolle. Das hat sich heute Gott sei Dank geändert.

Haben Unternehmen in der Vergangenheit ihre ethische Rolle vor allem als ehrlich, regelkonform und korrekt beschrieben, spielen heute vor allem soziale und umweltbezogene Themen eine herausragende Rolle. Kein Unternehmen kann es sich mehr erlauben, im Zuge der *„Corporate Social Responsibility"* (CSR), die Auswirkungen ihres Handelns auf die Umwelt, das Klima oder die Gesellschaft zu vernachlässigen. Dort hat sich vor allem die Einstellung vieler Mitarbeiterinnen und Mitarbeiter und vor allem der Führungskräfte der Unternehmen gewandelt: Kein vernünftig denkender Mensch stellt die drohende Klimakatastrophe mehr in Abrede. Die Frage ist nur noch, welche Maßnahmen dagegen die geeignetsten sind. Corona hat uns zusätzlich gezeigt, dass, ob jung oder alt, arm oder reich, egal welcher Nation, welchem Kulturkreis und welcher Religion wir angehören, alle Menschen auf dieser Erde von dem Corona-Virus gleichermaßen mit dem Leben bedroht waren. Wir sitzen, ähnlich wie in der Klimaproblematik, alle im gleichen Boot. Im Boot der Erde.

Wir alle haben in dieser Zeit besonders unsere Verwundbarkeit gespürt, die Machtlosigkeit im Verhältnis zu einer grassierenden Pandemie, die innerhalb kürzester Zeit vielen Menschen das Leben gekostet hat. Dabei haben natürlich Menschen mit Zugang zu moderner Technik im Homeoffice oder größeren Immobilien mit genügend Platz – bis hin zu den Superreichen mit ihrer isolierbaren Yacht oder gar der einsamen Insel – mehr Möglichkeiten gehabt sich zu schützen. Oder auch jetzt, in der Phase der Impfungen werden die reicheren Industrieländer schneller wieder nach vorne schauen können als die ärmeren Länder, die nicht ausreichend finanzielle Mittel und zum Teil nicht das Know-how haben, um ihre Bevölkerung impfen zu können (der Beschluss der G7 im Juni 2021, etwa 2,3 Milliarden Impfdosen an die ärmsten Länder zu verteilen, nachdem die jeweils eigene Bevölkerung geimpft wurde, ist daher zu begrüßen). Dennoch ist uns allen während dieser Zeit der Corona-Pandemie bewusst geworden, wie schnell auch in den reichen Ländern über alle Schichten der Bevölkerung Menschen an dem Virus starben. Wir sind buchstäblich zwangsweise näher zusammengerückt.

Dies hat vor allem zu einem hoffentlich nachhaltigen Umdenken in der Bevölkerung, aber auch in den Unternehmen geführt: Es gab in vielen Unternehmen Corona-Sonderprämien für die Mitarbeiter, Pflegekräfte, die sich noch mehr um die Gesellschaft mit ihrer nahezu unmenschlichen Anstrengung verdient machten als bislang schon, wurden nicht nur von vielen Gastronomen kostenlos verköstigt, sondern erhielten auch Lohn- und Gehaltserhöhungen. Am Anfang der Pandemie fehlte es auch an Masken. Unternehmen und deren Führungskräfte entschieden sich, schnell die Produktionsstraßen umzuwidmen und statt Autos, Textilien oder andere Produkte plötzlich Masken zu produzieren, um alle Mitmenschen besser schützen zu können und genügend solcher Schutzmasken zur Verfügung zu haben. Einzelne Firmen wie Porsche spendeten 1,3 Millionen Million Euro für Kliniken, damit u. a. die nötigen Beatmungs-, Labor- und Röntgengeräte angeschafft werden können (vgl. Schunder, 2020). In diesen Tagen, beim Abfassen dieser Zeilen, wurde auch das Lieferkettengesetz im Bundestag verabschiedet (vgl. Bundesministerium für wirtschaftliche Zusammenarbeit und Entwicklung, 2021), das vorsieht, dass Unternehmen ab einer bestimmten Größe und Mitarbeiterzahl ihre gesamte Lieferkette durchforsten und kontrollieren müssen, um sicherzustellen, dass keinerlei umwelt- oder klimapolitischen Standards verletzt werden oder gar Sozialstandards vernachlässigt werden. Dies ist bereits ein guter Schritt in die richtige Richtung. Unternehmen können aber noch viel mehr tun.

So können alle unternehmensrelevanten Prozesse nach Klimaneutralität durchforstet werden, angefangen in der „klimaneutralen Fabrik" über Entwicklungs- und Einkaufsprozesse, Vertrieb, Logistik bis hin zur Verwaltung. Wie das gehen kann, zeigt das Beispiel der Sparda-Bank (vgl. Pietsch, 2021, S. 391 ff.), auch wenn es dort keine klassischen Produktionsprozesse gibt. Produktverkäufe von Unternehmen können mit Spenden gekoppelt werden wie etwa dem Pflanzen von Bäumen, dem Schutz des Regenwaldes, der Investition in die Gesellschaft schlechthin. Wie viele arme Kinder auf dieser Welt, die immer noch hungern, könnten durch Unternehmensspenden aber auch durch soziale Projekte gerettet bzw. zumindest unterstützt werden. Viele Unternehmen halten heute bereits ihre Mitarbeiterinnen und Mitarbeiter an, sich an sozialen Projekten zu beteiligen, etwa dem Aufbau von Schulen, sauberen Trinkwasseranlagen oder weiteren „Hilfe zur Selbsthilfe"-Angebote. Manche Unternehmen stellen ihre Beschäftigten sogar explizit für gewisse Zeit frei, um diesen sozialen Projekten nachzugehen. Einige prämieren jedes Jahr die besten sozialen Initiativen ihrer Mitarbeiterinnen und Mitarbeiter weltweit für ihren Einsatz auf der ganzen Welt.

Solche soziale Projekte, dieser Einsatz für die Schwachen, Kranken und Armen dieser Welt ist nicht nur ein zutiefst und immer stärker empfundenes menschliches Bedürfnis, sondern ist auch ganz praktisch *ein Muss für die Unternehmen*: In Zukunft werden kaum noch junge, gut ausgebildete Menschen zu denjenigen Unternehmen gehen wollen und dort mit vollem Herzblut ihre Arbeitskraft einsetzen wollen, wenn dort ethische Regeln des Zusammenlebens aller Menschen auf dieser Erde mit Füßen getreten werden. Die Einhaltung umwelt- und klimapolitischer Standards ist nicht nur ein absolutes Muss, um künftig Strafzahlungen etwa für zu hohen CO_2-Ausstoss zu vermeiden, sondern *weil Unternehmen sonst keine Mitarbeiterinnen und Mitarbeiter finden werden, die bereit sind, bei ihnen zu arbeiten.* Gleiches gilt für das soziale Engagement der Unternehmen:

Wenn die Hilfe für die sozial Benachteiligten in unserer Gesellschaft und die Vermeidung von Menschenrechts- und Compliance-Verstößen nicht schon genuiner Unternehmenszweck sind und ein Gebot der Menschlichkeit, ist dies spätestens bei der Nachwuchssuche eine *conditio sine qua non*, eine zwingende Grundbedingung. Dass ich dabei als Unternehmen und deren Repräsentanten gleichzeitig ehrlich, fair und nachvollziehbar mit meinen Geschäftspartnern, Kunden und Wettbewerbern umgehen muss, bleibt selbstverständlich und nicht der Rede wert. Nicht nur junge Mitarbeiterinnen und Mitarbeiter sind auf der Suche nach dem *„Purpose"*, dem Sinn und Zweck eines Unternehmens. Niemand möchte künftig in einem Unternehmen arbeiten, das sich nicht den sozialen und umweltpolitischen Herausforderungen unserer Zeit stellt. Daher wird das *ethische Handeln von Unternehmen in dem beschriebenen Sinne eine schiere Überlebensfrage.*

Ein solches ethisches Verhalten, die Einbindung sozialer und ökologischer Frage muss gleichzeitig mit den betriebswirtschaftlichen Kennziffern *Teil der neuen Unternehmens-*

DNA werden. Das Unternehmen der Zukunft muss den Managementansatz verfolgen, um vor allem diese drängenden zivilisatorischen Herausforderungen in die Unternehmen zu integrieren. Das fängt bei der übergeordneten Zielsetzung an – modern gesprochen, es muss Teil der *Balanced Scorecard* werden, einem gewichteten Zielsystem aus verschiedenen Faktoren. Je konkreter die Zielsetzung, desto besser. Etwa: Wir wollen bis 2025 den CO_2-Verbrauch des Unternehmens um X Prozent senken oder Y Millionen für soziale Zwecke bzw. Projekte spenden oder ausgeben. Das muss sich auch in dem Unternehmensleitbild, den Werten und der Unternehmenskultur widerspiegeln. Der Einsatz der Mitarbeiterinnen und Mitarbeiter für die Umwelt und die Gesellschaft muss honoriert, wertgeschätzt und aktiv von allen Beteiligten im Unternehmen gewürdigt und wertgeschätzt werden und sollte idealerweise auch Teil des Bonus- bzw. Beförderungssystems werden.

Die aktive Kommunikation des bereits Erreichten an alle innerhalb und außerhalb des Unternehmens ist dazu sicherlich hilfreich. Das Beispiel zählt. Das Topmanagement muss diese Werte und Ziele vorleben, Boni und sonstige Vergütungen müssen daran gekoppelt werden. Ziele lassen sich genauso auf einzelne Ressorts, Bereiche und alle Abteilungen eines Unternehmens herunterbrechen, ebenso wie geeigneten Strategien und Maßnahmen zur Umsetzung. Eine klare, immer wieder aktualisierte und angepasste Planung solcher Aktivitäten und Strategien muss ebenso stattfinden wie die regelmäßige Überprüfung des Fortschritts. Bereits heute existiert die Anforderung an Unternehmen, neben rein betriebswirtschaftlichen Kennziffern auch Zahlen zu ökologischen und gesellschaftspolitischen Maßnahmen vorzulegen und in das normale externe Berichtswesen zu integrieren. Dennoch bleibt noch viel zu tun, um möglichst alle Unternehmen in die Richtung eines ethisch orientierten Unternehmens zu entwickeln. Dabei helfen gesetzlich angeordnete und staatlich definierte Verpflichtungen und Standards. Hilfreicher und produktiver sind allerdings die Maßnahmen, die aus dem Inneren des Unternehmens d. h. *aus dem Bedürfnis der Mitarbeiterinnen und Mitarbeiter selbst entsteht*: Der Schutz von Umwelt und Gesellschaft. Denn wir alle sind in dieser Schicksalsgemeinschaft auf der Erde verbunden. Dazu brauchten wir nicht die Corona-Pandemie um das zu erkennen. Es wird Zeit, dass wir als Mitarbeiterinnen und Mitarbeiter und die Unternehmen selbst das Thema der Ethik intensiver in den Blick nehmen und noch konsequenter vorantreiben.

Literatur

Bundesministerium für wirtschaftliche Zusammenarbeit und Entwicklung. (2021). *Menschenrechte schützen. Das Lieferkettengesetz ist da.* https://www.bmz.de/de/entwicklungspolitik/lieferkettengesetz. Zugegriffen am 19.07.2021.

BVMW. (2021). Die zehn Grundsätze des ehrbaren Kaufmanns. *Bundesverband mittelständische Wirtschaft online.* https://www.bvmw.de/themen/mittelstand/grundsaetze/10-grundsaetze-des-ehrbaren-kaufmanns/. Zugegriffen am 31.05.2021.

Danne, H., & Müller, O. P. (Hrsg.). (2017). *Erfolg mit Werten – Führungskräfte setzen Impulse* (Reihe Ethik konkret! 1. Band). Narr Francke Attempto.

Küng, H. (2010). *Anständig wirtschaften. Warum Ökonomie Moral braucht.* Piper.

Malik, F. (2019). *Führen Leisten Leben: Wirksames Management für eine neue Welt.* Campus.

Pietsch, D. (2021). *Die Ökonomie und das Nichts. Warum Wirtschaft ohne Moral wertlos ist.* Springer.

Schunder, J. (24. April 2020). Spenden in der Coronakrise. Porsche AG stellt 1,3 Millionen Euro für Kliniken bereit. *Stuttgarter Zeitung online.* https://www.stuttgarter-zeitung.de/inhalt.

spenden-in-der-coronakrise-porsche-ag-stellt-1-3-millionen-euro-fuer-kliniken-bereit.8c4bcbdb-eb61-436e-a9ca-5f830e168ae5.html. Zugegriffen am 18.10.2021.

Strothmann, C. (2021). *Unternehmerische Ethik: Das Leitbild des ehrbaren Kaufmanns.* Handelskammer Bremen online. https://www.handelskammer-bremen.de/Standort_Bremen_Bremerhaven/Gesellschaftliche_Verantwortung/Corporate_Social_Responsibility/Tradition_verpflichtet_Unternehmerische_Ethik_als_Leitbild_des_E/1305900. Zugegriffen am 31.05.2021.

8 Ethik in Zeiten von Corona

8.1 Ökonomie und Gesundheit: Wie bekommen wir beides in Einklang?

Die im März 2020 mit voller Wucht einsetzende Corona-Pandemie brachte die Weltwirtschaft kurzfristig in vielen Branchen nahezu zum Erliegen: Alleine in Deutschland brach die Wirtschaftsleistung, gemessen am Bruttoinlandsprodukt, 2020 um 4,9 Prozent gegenüber dem Vorjahr ein (vgl. im Folgenden Statistisches Bundesamt, 2021). Im schlimmsten zweiten Quartal, in dem sowohl Produktionen als auch der Konsum etwa von Autos, Haushaltsgeräten etc. so gut wie nicht mehr stattfand, erlebte die deutsche Wirtschaft sogar einen historischen Einbruch um 9,7 Prozent im Vergleich zu 2019. Gleichzeitig musste der Staat über verschiedene Stützungsleistungen für Unternehmen und aber das Kurzarbeitsgeld die Wirtschaft retten, was zu einem staatlichen Finanzierungsdefizit von 139,6 Milliar-

D. Pietsch, *Unsere Wirtschaft ethisch überdenken*,
https://doi.org/10.1007/978-3-658-37977-3_8

den Euro führte. Der Referenzwert des europäischen Stabilitäts- und Wachstumspakts von 3 Prozent wurde deutlich verfehlt und musste für die Jahre 2020 und 2021 ausgesetzt werden. Seit der deutschen Wiedervereinigung hatte es nur im Jahr 1995, als die Schulden der Treuhand in den Staatshaushalt übernommen werden mussten, eine höheres Staatsdefizit gegeben.

Einzelne Branchen waren durch die Pandemie besonders betroffen: Der Luftverkehr zählte 2020 mit knapp 58 Millionen Fluggästen knapp 75 Prozent weniger auf den 24 größten Flughäfen Deutschlands als noch ein Jahr zuvor. Die Lufthansa, einige Monate zuvor noch mit einer ordentlichen Rendite aus dem Geschäftsjahr gegangen, musste plötzlich vom Staat mit Krediten gerettet werden. Nicht anders erging es der Tourismusbranche, die im Vergleich zu 2019 in 2020 nur mehr 32 Millionen Übernachtungsgäste aus dem Ausland verzeichnete, knapp zwei Drittel weniger. Auch der Gastronomieumsatz in Deutschland brach pandemiebedingt um fast die Hälfte ein. Der Konsum der privaten Haushalte in Deutschland ging um 4,6 Prozent zurück und das, obwohl für Nahrungsmittel und Getränke gut 6 Prozent mehr ausgegeben wurde. Der Onlinehandel florierte, er stieg von März 2020 bis Januar 2021 um 27,8 Prozent gegenüber dem vergleichbaren Vorjahreszeitraum. Dies ging zu Lasten der Warenhäuser, die im gleichen Zeitraum im Vergleich zu 2019 17,6 weniger Umsatz realisierten. Durch die Kurzarbeit mit der staatlichen Kompensation auf 67 Prozent des Lohnniveaus gingen die Reallöhne um 1,1 Prozent zurück. Die Zahl der Erwerbstätigen nahm zwischen März 2020 und Januar 2021 um 1,6 Prozent oder 726.000 Personen ab.

Sämtliche Großveranstaltungen mussten abgesagt werden, was so unterschiedliche Branchen wie die Messebauer, Konzertveranstalter oder auch kulturelle Einrichtungen wie

Theater, Museen, Oper etc. betraf und alle damit verbundenen Berufsgruppen. Lehrerinnen und Lehrer, aber auch genervte Familien mit kleinen oder schulpflichtigen Kindern können noch ein Lied davon singen, was das für die eigene Organisation und Frustrationstoleranz bedeutet hat, die Kinder nicht in die Schulen oder Kitas schicken zu können und stattdessen sie zu Hause zu beschäftigen und später dann *Home Schooling* betreiben zu müssen. Nicht selten waren Eltern nicht nur genervt, sondern auch überfordert, *Homeoffice* und *Homeschooling* gleichzeitig zu managen und nicht selbst mit den eigenen Bedürfnissen auf der Strecke zu bleiben. So manche Videokonferenz per Zoom oder Skype bzw. MS Teams-Meeting musste abgesagt bzw. verschoben werden oder fand schlicht im Beisein spielender oder auch nörgelnder Kleinkinder statt. Dabei hatten diejenigen noch Glück, die im Homeoffice arbeiten konnten. Viele Unternehmen glichen das Kurzarbeitsgeld durch eigene Aufstockungsleistungen bis zu 90 Prozent des normalen Nettolohns auf. Aber nicht jeder Haushalt, vor allem die ärmeren, verfügten über ausreichende WLAN-Verfügbarkeit, Laptops etc., ganz zu schweigen von eigenen Zimmern oder der notwendigen elterlichen Unterstützung bei den Hausaufgaben.

Die Frage, die sich hier stellt und in dieser Zeit tatsächlich umstritten war: War ein solcher Lockdown für die Gesundheit der Menschen in Deutschland, aber auch auf der Welt nötig und verhältnismäßig? Wurde bei der Abwägung zwischen der Gesundheit und dem Überleben gerade der älteren, schutzbedürftigen Menschen und der Wirtschaft, der Freiheit der Menschen zu schnell und zu intensiv *gegen die Freiheit und den Wohlstand entschieden*? Wiewohl sicher in einzelnen Aspekten der erneuten Schließung der Gastronomie und der Hotels etc. im Zuge der zweiten und dritten Welle trefflich zu diskutieren war, ob die Lockdown-Maßnahmen im Einzelnen vermeidbar gewesen wären – so hatten etwa die Restaurantbetreiber ein detailliertes Hygienekonzept ausgeklügelt – in der Summe war es sicher richtig, zum Schutze der Gesundheit die Wirtschaft temporär herunterzufahren. Wiewohl es sicher nicht auf die leichte Schulter zu nehmen ist, die Bürgerrechte auf freie Bewegung und Konsum etc. einzuschränken.

Die freiheitliche Lebensweise *per se* ist ein hohes Gut, welches es zu schützen gilt. In diesem Fall hatte es allerdings seine Berechtigung. Es konnten so viele Menschenleben, vor allem alte und schwache, aber auch Menschen mit Vorerkrankungen, gerettet werden. Die gegenteilige Argumentation (exemplarisch Lütge & Esfeld, 2021), dass die Kosten des Lockdowns dessen Nutzen weit übersteigen und die harten Maßnahmen der Regierung nicht zu rechtfertigen seien, überzeugt nicht. *Jedes Menschenleben, das durch eine Lockdown-Maßnahme gerettet werden konnte, ist dieser Anstrengung und der Entbehrungen wert gewesen!* Niemand wird die schrecklichen Bilder aus den überfüllten Intensivstationen in Norditalien vergessen, wo Ärztinnen und Ärzte die schwerwiegende ethische Entscheidung treffen mussten, wer an das Beatmungsgerät angeschlossen wird oder wer im Zweifel abgehängt wird („Triage"). Diese Entscheidung sollte niemand mehr treffen müssen und diese Bilder sollten niemals mehr Realität werden müssen!

Die Bilanz der Corona-Pandemie ist erschütternd (vgl. u. a. Taschwer, 2021): Die Weltgesundheitsorganisation (WHO) geht davon aus, dass Stand Mai 2021 rund *3,3 Millionen Menschen weltweit durch die Sars-CoV-2 Pandemie gestorben* sind. Dies sind allerdings nur die offiziellen Zahlen. Gemäß den Schätzungen eines Teams an Journalisten des britischen Wochenmagazins „The Economist", die sich ausführlich mit den statistischen Daten auseinandergesetzt haben, dürfte die Zahl der Corona-Toten eher bei 10,2

Millionen Menschen liegen. Die Journalisten setzten dabei auf einer umfangreichen Datenbasis von 121 Indikatoren wie u. a. die Demografie, Antikörperstudien in mehr als 200 Ländern auf. Für Europa prognostizierten sie 1,5 bis 1,6 Millionen Tote statt der rund einer Million gemäß der offiziellen Statistik. Gott sei Dank stirbt nicht jeder, der an Covid 19 erkrankte. Allerdings gibt es Stand 19.06.2021 (vgl. Tagesschau online, 2021) alleine in Deutschland über 3,7 Millionen bestätigte Corona-Fälle, in den USA 33,5 Millionen, in Indien fast 30 Millionen und in Brasilien fast 18 Millionen. Die meisten der betroffenen Menschen sind mittlerweile Gott sei Dank wieder genesen. Viele von ihnen tragen aber auch Langzeitschäden („Long Covid") davon wie eine eingeschränkte Belastbarkeit, Atemprobleme oder auch dauerhafte Geschmacks- und Geruchseintrübungen (vgl. Ärzteblatt, 2021). Sie sind für ihr Leben gezeichnet.

Auch hier gibt es weltweit Unterschiede in den Auswirkungen der Pandemie. Während in den reichen Industrieländern des Westens wie in Europa, Nordamerika, aber auch in großen Teilen Asiens die Impfungen zum Teil schleppend, aber doch erfolgreich und relativ schnell verliefen, sind die ärmeren Ländern weder finanziell noch vom Know-how her in der Lage, genügend Impfstoff in kürzester Zeit für ihre Bevölkerung zu beschaffen und damit Schlimmeres zu verhindern. Es ist daher ein gutes und ermutigendes Zeichen der internationalen Solidarität, dass auf dem G7 Gipfel im Juni 2021 in Cornwall beschlossen wurde, eine Milliarde Impfdosen ärmeren Ländern bereitzustellen (vgl. Spiegel online vom 11.06.2021).

Jetzt wird es darum gehen, nach erfolgter Impfung und Erreichung der sogenannten *„Herdenimmunität"* behutsam die Lockdown-Maßnahmen wieder herunterzufahren und die von der Pandemie besonders betroffenen Branchen zu unterstützen. Dabei hilft die Tatsache, dass viele Menschen jetzt froh sind, wieder reisen zu können, die Restaurants aufzusuchen oder ihren Freizeitaktivitäten wie Vereinssport oder Fitness etc. nachzugehen. Viele Käufe, die während des Lockdowns auch aus finanzieller Vorsicht zurückgehalten wurden, wie etwa Hausgeräte, Möbel, aber auch Reisen etc. werden nun nachgeholt und werden sicher in der einen oder anderen Branche zu hohen Wachstumsraten verhelfen. Dies hilft allerdings nicht den vielen, vor allem kleineren und finanzschwachen Unternehmen, die während der Corona-Pandemie aufgeben mussten. Sie und ihre Unternehmerinnen und Unternehmer sind insolvent. Ihnen ist sicher kurzfristig nicht mehr zu helfen. Zu überlegen wäre aber sicherlich, ob es vom Staat verbesserte bzw. günstige Investitionskredite geben kann, die einen eventuellen Neustart erleichtern.

Was wir auf jeden Fall brauchen ist eine höhere und *dauerhafte Wertschätzung* derjenigen Menschen, die uns mit schier übermenschlichem Einsatz durch die Krise gebracht haben. Da sind zu aller erst die Pflegerinnen und Pfleger, die Ärztinnen und Ärzte in den Krankenhäusern zu nennen, die an vorderster Front mit dem Einsatz ihrer eigenen Gesundheit um das Wohl ihrer Patientinnen und Patienten gekämpft haben. Sie müssten die Bezahlung erhalten, die ihnen und ihrer Tätigkeit angemessen ist. Daher müssen die Gehaltsstrukturen grundsätzlich überdacht werden. Gleiches gilt für die Ausstattung der Krankenhäuser. Obwohl die betriebswirtschaftliche Notwendigkeit für ein rigides Kostenmanagement gegeben sein dürfte, darf der menschliche Faktor nicht vernachlässigt werden: Die angemessene Ausstattung und die Bezahlung des medizinischen Personals *müssen im Zweifel zu Lasten der betriebswirtschaftlichen Rendite* gehen. Es kann und darf künftig nicht sein, dass das Wohl der Patientinnen und Patienten und des Fachpersonals ausschließlich unter das Diktat betriebswirtschaftlicher Kennziffern fällt. Der Mensch muss uns auch etwas wert sein. Lieber ein angemessener, im Zweifel geringeren Gewinn, dabei aber zufriedenere und wertgeschätzte Pflegekräfte und medizinisches Personal und wohl umsorgte Patientinnen und Patienten. Dass dies leichter gesagt ist als getan, weiß ich als studierter Betriebswirt am besten. Dennoch sollten wir uns an der *ethischen Maxime des Wohls von Patientinnen, Patienten und medizinischem Personal* ausrichten und die betriebswirtschaftliche Logik als Rahmenbedingung und nicht als *non plus ultra* definieren.

Corona hat uns deutlich vor Augen geführt, wie wichtig die Ökonomie für uns Menschen mittlerweile geworden ist, sei es als Nachfrager und Konsument, sei es als Anbieter unserer eigenen Arbeitskraft oder Unternehmerin bzw. Unternehmer. Folgende Punkte und Fragen werden wir künftig als Lehren und Herausforderungen aus der Pandemie mitnehmen müssen (vgl. auch Pietsch, 2021, S. 417 ff.), auf die ich in den folgenden drei abschließenden Kapiteln kurz eingehen möchte:

1. Die *Digitalisierung* und die damit verbundenen Änderungen des Lebens im Deutschland, aber auch die *neuen Werte* und die Art der täglichen Zusammenarbeit (Abschn. 8.2).
2. Was bedeutet die Corona-Pandemie und mögliche weitere Epidemien für die viel beschworene *Globalisierung*, insbesondere in Bezug auf die Lieferketten und die globale Logistik? (Abschn. 8.3)
3. Schließlich will ich der Frage nachgehen, inwieweit wir aus heutiger Sicht werden damit leben müssen, mit Pandemien umzugehen und vor allem *was wird von den pandemiebedingten Änderungen fortbestehen*? Vor allem bezüglich des täglichen (Berufs)Lebens.

Lassen Sie uns mit der Frage beginnen, wie sich die Digitalisierung auf die tägliche Zusammenarbeit im Berufsleben auswirken wird und welche Werte dabei von Bedeutung sein werden.

8.2 Virtuell statt physisch: Neue Werte der Zusammenarbeit?

Erinnern Sie sich noch an Ihren eigenen Arbeitsalltag oder den ihrer Kinder, Enkel oder Bekannte und Freunde *vor* der Pandemie? Viele von uns sind morgens zeitig aufgestanden, das eigene Frühstück vorbereitet, schnell die Kinder versorgt und dann in den hektischen Berufsverkehr gestartet, sei es mit den öffentlichen Verkehrsmitteln, sei es mit dem eigenen Auto oder sogar mit dem Fahrrad. Bus- und U-Bahn Fahrpläne bestimmten das Leben, teilweise dicht gedrängt auf den einzelnen Sitzplätzen. Schnell noch wichtige Unterlagen gelesen, seien es Aufgaben für die Schule, die Universität oder einfach für die anstehenden Termine des Büroalltags. Der morgendliche Stau mit seinen Blechlawinen umfing uns und wir waren häufig genervt von der vielen Zeit, die wir am Tag, in den Wochen und Monaten und schließlich für unser Leben verschwendet haben, um irgendwann in der Schule, der Uni, dem Büro oder generell am Arbeitsplatz anzukommen. Einige von uns mussten auch schnell den nächsten Flieger erwischen oder die Bahn, um dann von A nach B zu reisen. Auch hier umfing uns wieder die hektische Atmosphäre des Drängelns, Schubsens, hektischen Telefonierens und schließlich teilweise langen Reisetätigkeit bis zum Zielort.

Hinter den meisten von uns lag also bis dahin eine wahre Odyssee an Warten, Stau, Umsteigen, Schlange stehen etc. Angekommen im Büro ging es häufig von Termin zu Termin in verschiedenen Besprechungsräumen, teilweise an unterschiedlichen Standorten. Auch hier wieder eine ständige Suche nach Parkplätzen, Termindruck inklusive der Vorbereitung auf verschiedene Themen der Meetings. Am Ende des Arbeitstages ging alles wieder rückwärts: wieder im Stau, hektisch vielleicht noch die Kinder von der Schule, der Kita abholen oder einfach nur nach Hause zu kommen zu seinen Liebsten und den Feierabend genießen. Erinnern Sie sich noch? Das war zumindest für die allermeisten von uns so oder so ähnlich der typische Arbeits- und Berufsalltag. *Aber das war einmal.*

Seit März 2020 hat uns Corona fest im Griff und damit unsere Art zu arbeiten. Im Büroalltag waren zwar online Meetings à la Skype, Teams, Zoom etc. schon vorher häufig an der Tagesordnung und ergänzten die physischen Termine, in denen man sich traf, bestimmte Themen diskutierte, analysierte und auch trefflich um den besten Weg, die beste Lösung rang. Schon vor Corona zeichnete sich eine andere Arbeitswelt ab, eine Welt des Großraumbüros, das Arbeiten in (agilen) Teams, die „Duz und Sneaker"-Kultur anstelle des förmlichen Sie und dem Anzug bzw. des Kostüms. Doch die meisten hatten einen eigenen Arbeitsplatz, den sie individuell eingerichtet hatten u. a. mit den Bildern ihrer Liebsten auf dem Schreibtisch, als permanente Motivation für den herausfordernden Büroalltag. Manche Chefs hatten nach wie vor Einzelbüros, doch diese sterben langsam aus. Vieles hatte sich also schon geändert, vieles war im Umbruch hin zu einer modernen Arbeitsorganisation und -kultur. Doch *Corona hat praktisch wie ein Brandbeschleuniger gewirkt* und diese Entwicklung extrem beschleunigt und auf ein neues Level gehoben.

Anstelle der hektischen Anreise ins Büro und der Qual der Wahl vor dem Kleiderschrank fing der Arbeitstag bei sehr vielen von uns – zumindest der klassischen Büroarbeiter (viele andere kamen arbeits- oder umsatzbedingt erst gar nicht in den Genuss eines möglichen Homeoffice wie etwa die Pflegerinnen und Pfleger, die ihre Tätigkeit ja schlecht online von zu Hause aus verrichten können) – standen die vielen Online-Meetings, eines nach dem anderen. Fing man früher erst um 08:00 Uhr morgens mit dem ersten Termin an, konnte man online bereits mindestens eine halbe Stunde früher anfangen. Schließlich entfiel ja die Anreise. Man klappte zu Hause an seinem Schreibtisch lediglich den Laptop hoch, wählte sich mit einem Doppelklick in das jeweilige Meeting ein und schon konnte es losgehen. Distanzen wurden so mühelos überbrückt, auch international.

Die Verbindung war zumeist so gut, dass man keinen Unterschied zwischen den Kolleginnen und Kollegen in Deutschland oder etwa in den USA oder Südafrika feststellen konnte. Im Laufe der Zeit gewöhnte man sich schnell an die Tatsache, dass man sich mit den Kolleginnen und Kollegen nur noch virtuell austauschte, sah, sprach, scherzte und wie vorher auch nach Lösungen für ein anstehendes Problem ring. Reisen fanden in nahezu hundert Prozent der Fälle nicht statt. Kunden, Geschäftspartner, Kolleginnen und Kollegen im In- und Ausland wurden nur noch per Bildschirm und Kopfhörer besucht. Sogar Workshops und Teamevents konnten mühelos virtuell abgehalten werden. Schülerinnen und Schüler und Studierende wurden online unterrichtet und alles was online möglich war inklusive Arzttermine fand online statt. Und siehe da: es funktionierte, zumindest meistens.

Eine große Herausforderung war diese Zeit vor allem für Eltern von kleineren Kindern, die beim Homeschooling Unterstützung brauchten, die beschäftigt werden wollten und mussten. Gleichzeitig war aber auch der anstrengende und sehr straff getaktete Arbeitstag zu bewältigen. Vielfach wurde Eltern aber auch die Kinder selbst an den Rand ihrer psychischen und physischen Belastungsfähigkeit gebracht. Je kleiner die Kinder waren, desto mehr hatten sie das Gefühl, die Zeit der Corona-Pandemie und die Art zu leben, zu lernen und zu arbeiten sei der Normalzustand. Ebenso herausfordernd war diese Zeit vor allem für die Führungskräfte, die es schaffen mussten, die Arbeitsweise und die Ziele des Teams sicherzustellen, ohne die Motivation zu vernachlässigen und den Zusammenhalt zu gefährden. Gefragt war Führung auf Distanz, die vor allem auf Vertrauen, Flexibilität und ständiger Kommunikation beruhte. Viele Managerinnen und Manager machten die Erfahrung, dass ihre Mitarbeiterinnen und Mitarbeiter online wie offline trotz aller täglichen Widrigkeiten und eines gestiegenen Organisationsaufwands sehr diszipliniert ihre Tätigkeiten verrichteten und gleichzeitig ihre Ziele erreichten. Virtuelle Kaffeerunden oder Spieleabende sowie sonstige Freizeitevents – natürlich alle online per Video – sorgten dafür, dass der Zusammenhalt und die Motivation der Mannschaft erhalten blieben.

Viele von den neuen Arbeitsmodellen und -formen, die pandemiebedingt kurzfristig eingeführt werden mussten, werden in der „Post-Coronazeit" überleben. Das *Ende der Anwesenheitspflicht* wird definitiv kommen, wenn nicht als rechtliche Regelung generell, dann zumindest angeboten von den Unternehmen. Firmen wie etwa SAP haben bereits angekündigt, wenn nötig und gewünscht bis zu 5 Tage die Woche von zu Hause aus arbeiten zu lassen. Die Arbeit wird sich immer mehr an die Herausforderungen des familiären Alltags anpassen. Allerdings nur dort, wo es sich auch online von zu Hause erledigen lässt. Der Ort der Arbeit wird künftig so gut wie keine Rolle mehr spielen, wesentlich sind nur die Führungskultur, die auf Vertrauen, Teamorientierung, Zusammenhalt und Ergebnis-orientierung setzt. Die Zeiten, in denen die – zumeist männlichen – Chefs ihre Angestellten und deren Tagesarbeit kontrollierten, gehören Gott sei Dank! der Vergangenheit an. Gefragt ist künftig ein *„hybrides Arbeiten"* (vgl. im Folgenden etwa Rau, 2021), bei der die traditionellen Formen der Büroarbeit mit den Telearbeiten von zu Hause oder sonst wo auf der Welt in Einklang gebracht werden müssen.

Das hat nicht nur Auswirkungen auf die Zusammenarbeit, sondern auch auf die Managementanforderungen: Die Leistungsbeurteilung der Mitarbeiterinnen und Mitarbeiter muss noch konsequenter als bisher nach Zielen erfolgen, da das persönliche Erleben der einzelnen Beschäftigten vor Ort nicht mehr vorausgesetzt werden kann. Eine ausschließlich von zu Hause aus arbeitende Mitarbeiterin bzw. ein Mitarbeiter darf nicht gegenüber einem permanent vor Ort Handelnden benachteiligt werden. Möglicherweise müssen bestimmte Arten von Terminen als Präsenzveranstaltungen definiert werden, etwa Personalgespräche oder nachhaltige Strategieworkshops oder Ähnliches, die eine physische Interaktion der Beteiligten erfordern. Außendienstmitarbeiterinnen und -mitarbeiter mit ständigem Kundenkontakt müssen sicherlich auch ihre wichtigsten Kunden zumindest einmal im Jahr vor Ort treffen, um den persönlichen Kontakt und die Diskussion „zwischen den Zeilen" nicht zu gefährden bzw. eine persönliche Vertrauensbildung aufbauen zu können. Für wichtige Mitarbeiterinnen und Mitarbeiter eines Stabes für Vorstände, Geschäftsführer, hochrangige Politikerinnen und Politiker etc. werden vermutlich im höheren Maße vor Ort sein müssen, um auch künftig für kurzfristige Themen und persönliche Rücksprachen zur Verfügung zu stehen. Es wird ebenfalls wichtig werden, bestimmte Standards in den Unternehmen zu definieren, wie eine solche Kombination aus online- und offline Arbeitswelt möglich sein sollte.

Konkret: Wie viele Tage in der Woche darf Homeoffice genutzt werden? Welche Meetings und Themen sind vor Ort zu klären, welche technische Ausstattung soll den Beschäftigten zur Verfügung gestellt werden etc.

Die Frage ist natürlich auch: Wie stellen sich die Arbeitnehmerinnen und Arbeitnehmer das Arbeiten nach der Pandemie vor? Eine Umfrage des Instituts für Arbeits- und Berufsforschung (IAB) im Rahmen der Studie „Homeoffice in Zeiten von Corona – Nutzung, Hindernisse und Zukunftswünsche" (vgl. IAB, 2021) kommt zu dem Schluss, dass die Corona-Pandemie den Trend zum Homeoffice, der schon vorher existierte, weiter beschleunigt hat. 81 Prozent derer, die die Möglichkeit zum Homeoffice hatten, nutzten diese auch ganz oder teilweise. Fast zwei Drittel der Befragten sind zufrieden mit der Arbeit von zu Hause und empfanden diese Möglichkeit als hilfreich und nicht belastend. Dabei war der Eindruck vor allem der Befragten besonders positiv, die schon vor der Pandemie im Homeoffice gearbeitet hatten. Es herrschte ebenfalls die Meinung vor, im Homeoffice effizienter arbeiten zu können als vorher. Die größten Herausforderungen ergaben sich bei den technischen Hürden zur Etablierung des Homeoffice d. h. Ausstattung, Infrastruktur wie WLAN, Kapazität der Leitungen, Zugang zu den Firmennetzwerken etc.

Die wesentlichen Herausforderungen der Heimarbeit wie etwa die Kompensation der Präsenzkultur durch Onlinemeetings, die Beibehaltung der sogenannten Work-Life-Balance d. h. die ausgewogene Balance zwischen Arbeit und Freizeit bei erhöhter Intensität und Frequenz der Termine und Meetings wurden relativ schnell und gut bewältigt. Etwa zwei Drittel der Befragten Homeoffice-Nutzer hat einen festen Arbeitsplatz zu Hause. Das häufige Arbeiten im Homeoffice kann aber auch Nachteile mit sich bringen. Durch die physische Nähe zum Arbeitsplatz kann schnell die *Grenze zwischen Arbeit und Freizeit verschwimmen*. Arbeitstage können länger werden, das eine oder andere Meeting wird später am Abend angesetzt. Da die Fahrt- und Anreisezeiten bzw. die Wege zwischen den Meetings entfallen, wird der Arbeitstag verdichtet, mehr Meetings finden im Kalender Platz als vorher. Es kommt vermehrt zu Überstunden mit der Gefahr des physischen und psychischen Drucks. Der Kontakt zu den Chefs und Kolleginnen und Kollegen kann leiden, verringert sich im Zweifel. Gefordert sind künftig mündige Mitarbeiterinnen und Mitarbeiter, die im Zweifel auch ohne permanente Anwesenheit und den Rat des Vorgesetzten alleine klarkommen, da sie im Zweifel nicht einfach zum nächsten Schreibtisch oder in das nächste Büro hinübergehen können. Persönliche, zwischenmenschliche Treffen sind so natürlich nicht mehr in dem Maße möglich wie vorher.

Die Studie erhellt auch erste Erkenntnisse, wie es nach der Pandemie weitergehen soll. Die *Mehrheit kann sich einen Mix aus Homeoffice- und Bürotagen vorstellen*, je nach Arbeitsanfall, Meetings oder Themen, die zu besprechen sind. Personalgespräche sind wie bereits erwähnt sicher auch künftig qualitativ hochwertiger und effizienter durchzuführen als online per Bildschirm. Nur 7 Prozent der Befragten (!) kann sich eine komplette Rückkehr zum Büroalltag vor Ort vorstellen. Der Vorteil für die Unternehmen liegt auf der Hand: Einerseits lassen sich so Abläufe und Termine effizienter und flexibler gestalten, was sicher auch die Mitarbeiterzufriedenheit ansteigen lässt – da sie eher nach ihrem Wunschmodell arbeiten können – und gleichzeitig die Fluktuation reduziert. Andererseits lassen sich auch enorme Kosten einsparen, da sich künftig zwei oder sogar noch mehr Beschäftigte einen Schreibtisch teilen können, man weniger Parkplätze benötigt, generell kleinere Büros und Büroflächen insgesamt ausreichen. Vor allem die größeren Betriebe mit mehr als 250 Mitarbeiterinnen und Mitarbeitern wollen konsequenterweise die Möglichkeiten des Homeoffice ausbauen (vgl. IAB, 2021).

Am Ende dieses Kapitels sei noch einmal an die ethischen Aspekte dieser digitalen Transformation der Arbeitswelt erinnert. Die politische Philosophin Lisa Herzog hat in ihrem Buch, *die Rettung der Arbeit*, zu Recht daran erinnert, dass dieser Wandel der Arbeitswelt vor allem *den Menschen auf dieser Reise mitnehmen* muss (Herzog, 2019, S. 179):

> „Die vielleicht härtesten Auseinandersetzungen sind aber um die Gestaltung der Arbeitswelt zu erwarten. Stehen uns düstere Szenarien sinnloser Plackerei in vollkommener Abhängigkeit von den Maschinen und ihren Eigentümerinnen bevor? Oder können wir zuversichtlich auf die Arbeitswelt der Zukunft schauen, weil es gute Gründe für die Annahme gibt, dass sie den nächsten Generationen vielleicht sogar ein *besseres* (Kursivschreibung im Original) Leben bieten wird? Das dürfte maßgeblich davon abhängen, ob die digitale Transformation nach der Melodie der alten Lieder des Homo oeconomicus stattfindet oder ob es gelingt, sie so zu gestalten, dass sie der sozialen Natur des Menschen gerecht wird."

Selbst wenn man sich dem etwas zu negativ beschriebenen Szenario der künftigen Arbeitswelt nicht hundertprozentig anschließen mag, werden wir festhalten müssen, dass sich die Arbeitswelt der nach-Corona Zeit dramatisch wandeln wird. Einerseits wird die Arbeitskultur seitens der Unternehmen mehr auf *Vertrauen, Wertschätzung und Zielorientierung* setzen müssen. Andererseits wird von den Arbeitnehmerinnen und Arbeitnehmern in Zukunft mehr Eigenorganisation und Flexibilität verlangt werden, gepaart mit erhöhten digitalen Kompetenzen. Wichtig ist, dass der

Gedanke des Menschen als Maß aller Dinge die Entwicklung der Arbeitswelt bestimmt und daraus die entsprechende Berufs- und Arbeitsethik abgeleitet wird. Oder um es mit dem Soziologen Oskar Negt sinngemäß zu formulieren, dass wir die Bedingungen verbessern unter denen die Menschen künftig in Würde leben und arbeiten können (vgl. Negt, 2001, S. 713). Dies wird nach wie vor der beherrschende Maßstab der Arbeitswelt nach Corona sein.

8.3 De-globalisierung. Abschied von der Weltökonomie?

Zu Beginn der Corona-Pandemie wurden die wirtschaftlichen Folgen sofort für jeden Verbraucher ersichtlich: Wenn Produktionsstraßen pandemiebedingt heruntergefahren müssen und gleichzeitig sukzessive die Ländergrenzen dicht gemacht werden, um eine nationale Verbreitung des Virus zu verhindern, dann können auch keine Warenströme mehr länderübergreifend stattfinden. Da Unternehmen allerdings darauf angewiesen sind, dass ihre Lieferanten die benötigten Materialien, Rohstoffe oder gar ganze Module anliefern und diese aus der ganzen Welt kommen, musste die Produktion allein schon deshalb relativ schnell heruntergefahren werden. Schon wurden Diskussionen laut, die einer neuen De-globalisierung das Wort redeten (vgl. etwa Dullien, 2021). Spätestens zu diesem Zeitpunkt war klar, dass die internationale Verflechtung der Wirtschaft nicht nur Vorteile bringt, sondern auch den Nachteil, dass bei der Abschottung einzelner Länder aus pandemischen Gründen die Versorgung der Bevölkerung auf der Strecke bleiben könnte. Dies fängt bei der Versorgung der Lebensmittel an, geht weiter über das damals viel zitierte Toilettenpapier – was tatsächlich von vielen

Mitbürgerinnen und Mitbürgern schlicht zu Hause gehortet wurde und die Supermärkte dieses kurzfristig rationieren musste nach dem Motto „jeder nur eine Großpackung“ – bis hin zu den komplexen Lieferketten etwa bei der Automobilproduktion.

Einer Analyse des Instituts für Makroökonomie und Konjunkturforschung (IMK) zufolge ist nach der Corona-Zeit tatsächlich mit einer gewissen *De-Globalisierung* zu rechnen (vgl. Dullien, 2021). Viele Länder würden dazu übergehen, mit Vorschriften und Anreizen dafür zu sorgen, dass zentrale Produkte des täglichen Lebens künftig stärker als bisher im heimischen Markt hergestellt werden. Auf Basis einer stärkeren und häufigeren Risikoanalyse der Lieferketten werden Unternehmen künftig stärker gezwungen werden, einen Plan B zu entwerfen für den Fall, dass sie bestimmte Rohstoffe und Vorprodukte zumindest kurzfristig nicht mehr aus dem Ausland beziehen können. Schätzungen des IMK besagen, dass etwa zwei Drittel des Wirtschaftseinbruchs in Deutschland 2020 auf unterbrochene Lieferketten und den Rückgang der globalen Nachfrage nach deutschen Produkten resultiert. Dies zeige, dass durch die enge real- und finanzwirtschaftliche Verflechtung der einzelnen Länder die Anfälligkeit der beteiligten Volkswirtschaften stark angestiegen sei (vgl. Dullien, 2021). Das bedeutet natürlich im Umkehrschluss, dass Volkswirtschaften, aber auch Unternehmen stärker als bisher auf heimische Produktion bzw. nationale Lieferketten setzen müssen und damit die angesprochenen De-Globalisierungstendenzen verstärkt werden.

Allerdings gehen die Meinungen unter Experten zu diesem Thema auseinander. So sei eine Nationalisierung der Lieferketten nur bedingt möglich unter Inkaufnahme von zusätzlicher Komplexität, Ineffizienzen und steigenden Kosten (vgl. Ter Haseborg, 2021). Dennoch wird bestätigt, dass die Pandemie die Sensibilität der Unternehmen für die Anfälligkeit der Lieferkette geschärft hat. Unternehmen sollten daher stärker als bisher ein sogenanntes Frühwarnsystem für ihre Lieferketten etablieren, das eine flexible Umsteuerung ermöglicht. Zumal immer mit weiteren Pandemien bzw. auch Handels- und Zollkonflikten zu rechnen ist. Wichtiger wäre der *richtige Mix aus regionalen und internationalen Produktionsstrukturen und Lieferketten*, um rechtzeitig auf Krisen reagieren zu können. Zudem müsste das Prinzip der „Just-in-time"-Lagerhaltung, die aus Kostengründen auf minimale Lagerbestände setzt, noch einmal überdacht werden. Die Lagerbestände sind im Zweifel auszuweiten, um mehr Zeit für eine Reaktion zu haben.

Die Globalisierung wird sich in der Summe nicht aufhalten lassen, trotz aller vorübergehenden Einschränkungen und mit allen notwendigen Vorsichtsmaßnahmen zur Unterstützung. Wir werden weiterhin mit ihr leben müssen, da wir auch davon profitieren (wenn auch nicht alle gleichermaßen, s. Abschn. 6.1). Aber: *Sie wird sich verändern müssen*. Sehr interessante Ansätze hierzu skizziert der Leiter des Referats Globale Politik und Entwicklung der Friedrich-Ebert-Stiftung, Jochen Steinhilber (vgl. Steinhilber, 2021). Steinhilber geht von einer verlangsamten (*„Slowbalisierung"*) und veränderten Globalisierung aus und begründet dies anhand von fünf unterschiedlichen Trends:

1. Unternehmen werden wie oben bereits erwähnt ihre *Lieferketten stärker diversifizieren* d. h. zusätzliche Lieferanten im In- und Ausland mitaufnehmen, um die Gefahr der Abhängigkeit von einem Lieferanten zu verringern, der im Zweifel im Ausland liegt und in Pandemiezeiten abgeschottet wird. Die radikale Ausdünnung von Lieferketten wird maximal bei strategisch

wichtigen Gütern wie etwa Medikamenten passieren. Dadurch wird sich die Verflechtung der Weltwirtschaft verändern.

2. *Die Rolle des Staates wird sich ändern.* Schon seit Jahrzehnten wird der Streit der marktliberalen Ökonomen wie etwa Milton Friedman und Friedrich von Hayek und den eher staatsnahen wie John Maynard Keynes und seinen Schülern ausgefochten. Der Kern ist immer derselbe: Wie viel Staat und wie viel Markt lasse ich zu? Die einen, die marktliberalen Ökonomen, wollen den Staat möglichst weit aus der Diskussion und dem Eingriff aus den Wirtschaftsprozessen fernhalten. Die anderen, die staatsnahen, schreiben dem Staat eine wichtige Rolle zu. Der Eingriff von ihm bzw. seinen Akteuren in die Wirtschaft wird an vielen Stellen gefordert. Die Corona-Pandemie hat das Pendel ein wenig *mehr in Richtung Staat* ausschlagen lassen. Gemäß Steinhilber wird dies in der Post-Coronazeit auch so bleiben. So hat sich der Staat in den Krisenzeiten als Krisenmanager, Stabilisator und Bewahrer bewährt, vor allem dort, wo die Märkte versagen. Wir denken natürlich alle in erster Linie an die milliardenschweren Hilfspakete für die Wirtschaft, die Corona-Soforthilfen, das bewährte Kurzarbeitsgeld und vieles mehr. In den USA wurde unter der neuen Regierung von Präsident Joe Biden ein Billionen-schweres Investitionspaket zur Rettung der Wirtschaft geschnürt, um die schwächelnde US-Konjunktur und damit die globale Konjunktur anzuregen.

Erfreulich sei aus Steinhilbers Sicht, dass sich die staatlichen Institutionen auf den *Schutz und die Stärkung des Gemeinwohls* rückbesonnen hätten und sich mit ihren Eingriffen auch gegen Marktinteressen durchgesetzt z. B. was die Schließung von Ladengeschäften anbelangt. Diese Argumentation kann an dieser Stelle nur unterstrichen werden. Gerade in Krisenzeiten, etwa in der Finanzkrise von 2008, zeigt sich, dass der Markt eine Abfederung des sozialen Wohls der Bevölkerung nicht alleine leisten kann. Gerade der ärmere Teil der Bevölkerung, diejenigen, die nicht von zu Hause aus weiterarbeiten konnten oder die gesundheitlich angeschlagen sind, wurden mit den Beihilfen unterstützt. Gerade auch viele kleinere und mittlere Unternehmen, die nicht auf ein großes finanzielles Polster zurückgreifen konnten, wurden unterstützt. Natürlich wird das Überleben am Markt nicht dauerhaft durch den Staat zu retten sein. Soll es auch nicht. Der Staat hat in dieser Phase allerdings sichergestellt, dass diese für uns alle unabsehbaren Folgen der Pandemie zumindest abgefedert wurden. Die Rolle des Staates wird konsequenterweise in der globalen Ökonomie der Zukunft stärker diskutiert werden müssen.

3. Die Pandemie hat aber auch deutlich gemacht, dass die Ökonomie zwar längst globalisiert ist, es dennoch aber *Herausforderungen gibt, die rein national gelöst werden müssen*. Anders als bei der Klimakrise, die nur global angemessen zu bewältigen ist, mussten die Länder für sich und ihre Bevölkerung die richtigen Regeln und ökonomischen Strategien definieren, wie sie am besten aus der Krise herauskommen. Dies umfasste nicht nur die mehr oder weniger restriktiven Lockdown-Regularien, sondern vor allem die Art und Intensität der Hilfe, die man den einzelnen Unternehmen zur Verfügung stellen konnte. Deutschland als reiches Industrieland mit einem relativ prall gefüllten staatlichen Geldbeutel war dazu eher in der Lage als etwa die gebeutelten Volkswirtschaften Südamerikas, geschweige denn Afrikas. Umso bemerkenswerter ist es daher, dass multilaterale Strukturen wie etwa die G7 oder G20 dafür gesorgt haben, die

ökonomischen und sozialen Folgen gerade für die ärmsten Länder dieser Welt erträglicher zu machen.

So ist die Vergabe von Milliarden von Impfdosen u. a. an die afrikanischen Länder sehr zu begrüßen, nachdem die Versorgung der eigenen Bevölkerung mit ausreichendem Impfstoff sichergestellt worden war. Die Unterstützung der Ärmeren und Schwächeren aus der ökonomischen Stärke heraus ist gerade für die reichen Länder ein *ethischer Imperativ*. Allerdings hat die Pandemie auch gezeigt, dass die internationale Koordination von Hilfsmaßnahmen, sei es über die Weltgesundheitsorganisation, sei es über den Weltsicherheitsrat, die multilateralen Institutionen an den Rand der Kapazitäten und Möglichkeiten führt.

4. Die Pandemie hat auch gezeigt, dass sich die politischen Aktivitäten der Staaten und deren Auswirkung auf die globale Ökonomie verstärkt haben. Steinhilber spricht hier zu recht von *„Denken in Einflusssphären"*. Vielfach wird die Globalisierung eingeschränkt durch verschärfte wirtschaftspolitische Maßnahmen wie etwa Strafzölle, Sanktionen, Kontrolle von Rohstoffen, die gegenseitig als Mittel eingesetzt werden, um politische Ziele zu erreichen. Ein gutes Beispiel ist hier das Gezerre um die Abdeckung des 5G Netzes des chinesischen Mobilfunkanbieters Huawei.
5. Die Zeit des anhaltenden größeren Wirtschaftswachstums scheint global vorbei zu sein. Der US-amerikanische Ökonom Larry Summers nennt dieses Phänomen *„the secular stagnation"* (vgl. Steinhilber, 2021). Auch China, das in den letzten Jahren zur Freude der Unternehmen weltweit, vor allem in Deutschland, jedes Jahr zweistellige BIP-Wachstumsraten verzeichnete, rechnet jetzt „nur" noch mit einstelligen Wachstumsraten. Das sei das *„new normal"*. Die Gründe dafür sind vielfältig, von

der demografischen Entwicklung über die wachsende Ungleichheit bis hin zur Staatsüberschuldung. Corona hat die Voraussetzungen für ein nachhaltiges Wachstum nicht verbessert, auch wenn es in den nächsten Monaten einige Nachholeffekte geben wird (so etwa bei den Reiseanbietern, Messe- und Fluggesell-gesellschaften). Treffen wird es vor allem die Entwicklungsländer, in denen nicht so schnell, wenn überhaupt, geimpft werden kann und die nicht über die finanziellen Ressourcen verfügen, ihre Unternehmen zu unterstützen und vor dem Konkurs zu retten.

Die Corona-Pandemie wird die Ungleichheit zwischen den Ländern und innerhalb der Länder noch weiter verschärfen. Am besten durch die Krise sind diejenigen Länder und Schichten gekommen, die über ein hohes finanzielles Polster verfügten, sich eher abschotten konnten und vor allem in Berufen tätig waren, die man im Zweifel auch von zu Hause aus betreiben konnte. Stichwort: Homeoffice. Am härtesten hat es die Haushalte mit den niedrigeren Einkommen getroffen, die zum Teil nur einen begrenzten Zugang zu gesundheitlichen Diensten hatten. Deren Stellen, da häufig in Kleinst- und Kleinunternehmen, niedrig bezahlt und gering qualifiziert in besonders betroffenen Branchen wie im Tourismus oder der Gastronomie, wurden im Zuge der Pandemie überproportional abgebaut (vgl. auch Steinhilber, 2021). Es wird jetzt, und vor allem in der Zeit nach der Pandemie – wann auch immer das sein wird – darauf ankommen, dass die finanziellen Lasten nicht von denjenigen Ländern und Bevölkerungsgruppen zu tragen sind, die sich sowieso schon schwertun, das Leben zu meistern. Es kann auch nicht darauf hinauslaufen, dass wir in Form der nächsten Generation einen riesigen Schuldenberg hinterlassen, den diese dann irgendwie abgetragen bekommen. Nach dem Motto: Nach uns die Sintflut.

Zusätzlich, und das dürfte uns nicht kalt lassen, *wird die globale Armut infolge der Pandemie weiter steigen.* Ärmere Länder werden über eine deutlich geringe Impfquote verfügen, die eine gesundheitliche und wirtschaftliche Erholung deutlich erschwert. Gleichzeitig mussten sich auch die ärmeren Staaten zum Schutz und Versorgung der Bevölkerung weiter verschulden bei gleichzeitig gedrosselter Wirtschaftskonjunktur. Es ist nicht nur die ethische Pflicht der reicheren Länder, hier beim wirtschaftlichen Wiederaufbau zu unterstützen, sondern auch aus Eigeninteresse geboten: Schließlich kann aufgrund des niedrigen Impfstatus auch von diesen Ländern jederzeit wieder eine neue Pandemiewelle drohen (vgl. Steinhilber, 2021). Gefordert ist neben einem globalen ökonomischen Aufbauprojekt auch eine weltweite finanzielle Unterstützung der Impfstrategie. Die zumindest zeitweise Aufhebung eines globalen Patentschutzes wird allerdings kritisch gesehen. Auch dieses Thema wird weiter zu diskutieren sein. Schließlich muss auch der Zugang zu gesundheitlichen Einrichtungen erleichtert werden, damit alle Bevölkerungsgruppen auf der Welt zumindest über eine Basisversorgung verfügen, die gerade den ärmeren Teilen zugutekommt.

Letztlich sind wir alle gemeinsam auf dieser einen Erde. Wiewohl jedes Land eigenständig die Pandemie bekämpfen musste (und noch muss), *muss der Gedanke der internationalen Solidarität auch in einer globalen Ökonomie gelebt werden* können. Das bedeutet nicht, dass wir alle gleich sind und alle die gleichen Ressourcen zur Verfügung haben sollten. Dies bedeutet in erster Linie, sich als Teil der Weltbevölkerung zu begreifen und vor allem die ärmeren Teile finanziell und mit Impfstoffen etc. zu unterstützen. Der Wohlstand und die Gesundheit müssen *künftig global ankommen und nicht bei einigen wenigen aufhören.*

8.4 Ökonomie und Corona: Was ändert sich künftig?

Wie lange die Corona-Pandemie uns noch in Atem hält, weiß seriös niemand so genau abzuschätzen. Wir können aber zumindest eine vorläufige Bilanz ziehen, wie das Virus unser Leben und Arbeiten verändert hat und einen Blick in die Zukunft wagen. Niemand hat eine solche Entwicklung vorhergesehen. Wir alle waren überrascht, mit welcher Wucht diese Pandemie über uns und die Welt eingestürmt ist. Von heute auf morgen erstarben wesentliche Teile der globalen Wirtschaft. Grenzen wurden geschlossen, Geschäfte mit wenigen Ausnahmen ebenfalls, Treffen außerhalb des gemeinsamen Haushalts waren ebenfalls nicht mehr erlaubt. Besonders hart traf es bestimmte Branchen wie etwa die Tourismus-, Luftfahrt- oder Messebranche. Während viele in diesen Branchen und auch anderswo ihre langjährigen Jobs verloren, waren wieder andere buchstäblich Tag und Nacht für uns im Einsatz: Pflegerinnen und Pfleger, Ärztinnen und Ärzte oder auch Virologinnen und Virologen, die ihre Forschungen intensivierten und mit uns teilten. Gott sei Dank wurden in rekordverdächtiger Zeit Impfstoffe entwickelt, die uns zumindest den Ausblick auf ein normales Leben ermöglichen.

Corona hat uns deutlich vor Augen geführt, *wie bedeutend die Ökonomie mittlerweile für uns alle geworden* ist (vgl. im Folgenden auch Pietsch, 2021, S. 418 ff.). Viele von uns können ein Lied davon singen, was es bedeutet, die Jobs zu verlieren, da kaum einer die angebotenen Leistungen und Jobs mehr nachgefragt hat. Selbst vormals so gesunde Branchen wie etwa die Luftfahrtbranche lag über Nacht brach und musste vom Staat gerettet werden. Diejenigen, die das Glück hatten, in eher krisenfesten Jobs zu sitzen oder vom Homeoffice arbeiten zu können, kämpften häufig mit der Vereinbarkeit von Beruf und Familie. Nicht nur die Termine waren enger getaktet und gingen bis spät in den Abend. Gleichzeitig waren auch noch Dinge wie das Homeschooling, das Betreuen von Klein- und Kleinstkindern an der Tagesordnung. Alles dies musste noch neben dem Job erledigt werden. Eine wahre Herkulesaufgabe, die manche junge Familien häufig an den Rand der Erschöpfung brachte, ganz zu schweigen von der Sorge um die mögliche Ansteckung. Die Auswirkungen der Pandemie auf die Psyche von uns allen, vor allem aber der Schwächsten unter uns, der Kinder und Jugendliche und den älteren hat gerade erst begonnen.

Wir wollen uns hier aber auf die Frage konzentrieren, was die Pandemie vor allem für die Wirtschaft und insbesondere die ethischen Fragen bedeutet hat und künftig eine stärkere Rolle spielen wird. Die schwierigen Entscheidungen, wer auf der Intensivstation weiter versorgt werden soll und wer nicht, das Triage-Dilemma, oder auch wie eine flächendeckende, nicht-diskriminierende Versorgung von Impfstoffen sichergestellt werden soll, haben wir bereits abgehandelt. Lassen Sie uns zum Schluss einen Blick in die Zukunft wagen und kurz skizzieren, *welche ökonomischen Herausforderungen wir vor allem in der Zeit nach der Corona-Pandemie zu meistern haben werden.* Ich sehe derer 7 und möchte Sie im Folgenden darstellen:

1. *Die Pandemie hat auf die Digitalisierung wie ein Brandbeschleuniger gewirkt.* Diese Entwicklung der stärkeren Vernetzung der On- und Offline-Welten im Sinne eines hybriden Lebensmodells wird sich verstärken und weiter an Tempo aufnehmen. Die Arbeitswelt und deren Veränderungen haben wir bereits in Abschn. 8.2 ausführlich beschrieben. Diese Wahrnehmung von Terminen aller Art über Videodienste und Foren wird sich auch nach der akuten Ansteckungsgefahr und einer Inzidenz

von nahe null nicht mehr auf das ursprüngliche Niveau zurückfahren lassen. Viele von uns haben die zusätzlichen Freiheiten genutzt und schätzen gelernt, unabhängig von Anfahrten und Bürobelegungen zu Hause arbeiten zu können und in der heimischen Umgebung zu bleiben. Künftig wird es weniger eine Rolle spielen, wo ich sitze, wenn ich mich nicht nur beruflich mit Kollegen, aber auch Freunden und Bekannten treffe. Zwischen persönlichen Treffen, die natürlich einem virtuellen vorzuziehen sind, werden verstärkt auch Online-Abende möglich und vor allem normal werden. Universitäten, die das bereits in großen Teilen schon vor der Pandemie praktizierten, aber auch Schulen werden sicher immer auch Online-Unterricht als Ergänzung in ihren Tagesablauf einfließen lassen. Schließlich ist die Digitalkompetenz für unsere Kinder eines der zentralen Kompetenzen der Zukunft. Auch Arztbesuche oder Seminare, Coachings etc. werden künftig häufiger standardmäßig auch online angeboten. Selbstverständlich wird das Online-Modell auch bei vielen Unternehmen insofern Schule machen, als sicher auch viel mehr Produkte als bislang üblich online verkauft werden. Der überproportionale Erfolg des Onlinehandels hat es zu Zeiten der Pandemie vorgemacht. Insgesamt *wird die Weltgesellschaft immer mehr zu einer Hybridgesellschaft werden*: Eine Gesellschaft, die die optimale Balance zwischen On- und Offline-Welt für sich finden muss, sowie es jeder Einzelne von uns tun muss.

2. Die *Globalisierung wird sich ändern müssen*. Es wird künftig nicht mehr um die Frage gehen, ob sich die Globalisierungstendenzen erhöhen, verringern (De-Globalisierung) oder verlangsamen („Slowbalization") werden, *sondern in welche Richtung*. Wie wir in Abschn. 8.3 gesehen haben, wird es darauf ankommen,

die Globalisierung so auszugestalten, dass gerade die Schwächeren und Ärmeren in der Welt am meisten davon profitieren. Oder wie es der Bonner Philosoph Markus Gabriel formuliert: „*... wir müssen eine Art der Globalisierung hervorbringen, die einen ethischen Zusammenhalt aller Menschen (...) produziert.*“ (Gabriel in Gabriel & Scobel, 2021, S. 293). Ein globaler Wohlstand, der bei allen ankommt und nicht nur bei einigen Wenigen. Das fängt bei der Verteilung der Schuldenlast auf einzelne Länder und Bevölkerungsgruppen an und hört bei der Versorgung mit medizinischen Geräten und Medikamenten z. B. Impfstoffen auf. Eine Globalisierung, die sich daher eher an den Menschen richtet und die in den Blick nimmt, die von ihr am meisten profitieren sollten. Nicht nur John Rawls hätte seine Freude daran gehabt.

3. Die Pandemie hat uns gezeigt, dass auch *die Umwelt vom Leben in der Online-Welt profitiert.* Reisen, Meetings im Büro, private Treffen im Ausland und vieles mehr fanden nur noch online statt und haben eher die Internetkapazität zum Glühen gebracht als die Straßen und damit die Schadstoffbelastung deutlich heruntergefahren. Es wird mittlerweile von niemandem mehr ernsthaft bestritten, dass wir zur Abwehr der drohenden Klimakatastrophe dringend umlenken müssen. Die schrecklichen Bilder der Hochwasserkatastrophe von 2021 haben ein Übriges getan. Die Erkenntnisse der Pandemie werden uns, so schmerzlich die Erfahrungen auch gewesen sein mögen – insbesondere die vielen Toten und langfristig Geschädigte! –, helfen, diesen Weg des emissionsreduzierten Lebens weiterzuführen. Dies hilft nicht nur der Umwelt, sondern auch der Artenvielfalt der Tiere. Das Thema Ökologie wird auf der ethischen Agenda der Ökonomie immer oben stehen müssen.

4. Eine beruhigende Erkenntnis aus dieser Corona-Zeit ist allerdings auch zu verzeichnen: *Die Welt ist ein Stück weit stärker zusammengerückt und solidarischer geworden.* Die allermeisten Bürgerinnen und Bürger in den Ländern weltweit haben sich an die strengen und in mancher Hinsicht herausfordernden Regeln der Pandemie gehalten: Ob es sich um die Maskenpflicht, das Halten der Abstandsregeln, die Hygienevorschriften oder die Ausgangs- und Kontaktbeschränkungen handelte. Die Jüngeren nahmen mehrheitlich Rücksicht auf die Älteren und Gebrechlicheren, die Gesunden auf die Kranken. So kauften sie nicht selten Lebensmittel für diejenigen ein, die es nicht mehr konnten. Gesunde versorgten die Kranken und stellten z. B. Lebensmittel vor die Tür, auch wenn sie vorher kaum Kontakt hatten. Wir saßen und *sitzen alle im gleichen Boot.* Coronafälle in allen Teilen der Welt haben unser Mitleid erregt und unsere Hilfsbereitschaft entfacht. Kaum jemand kennt nicht mindestens einen Fall in seiner Verwandtschaft, seinem Freundes- und Bekannten- oder Kollegenkreis, der von Corona betroffen war. Manche traf es auch selbst, wobei die allermeisten Glück hatten und Gott sei Dank minderschwere Verläufe hatten. Chefinnen und Chefs vertrauten ihren Mitarbeiterinnen und Mitarbeitern, dass sie ihre Arbeit von zu Hause aus genauso effizient wahrnahmen wie im Büro, ohne dass sie überwacht werden mussten. Mitarbeiterinnen und Mitarbeiter rechtfertigten mehrheitlich das Vertrauen und lieferten ihre Ergebnisse in einer für sie ungewohnten Arbeitsweise.
5. Der Staat, vormals von marktliberalen Ökonomen als häufig „zu übergriffig“ bezeichnet, wurde in Form seiner Repräsentanten und Funktionsträger zu einer zentralen Instanz. Kurzerhand ergriffen die verantwortlichen Politikerinnen und Politiker die notwendigen ökonomischen

Maßnahmen: Sei es das Kurzarbeitergeld, die Corona-Soforthilfen für entgangene Umsätze, vereinzelt Staatsbeteiligungen oder die Stützung ganzer Branchen wie etwa die Tourismusindustrie. Die Frage, die sich künftig verstärkt in der ökonomischen Diskussion stellen wird, ist die Frage, inwieweit der Staat in die Mechanismen des Marktes eingreifen sollte. War die *Rolle des Staates in der Wirtschaft* bereits vorher ein großes Thema, wird diese Diskussion unter dem Vorzeichen der Corona-Erlebnisse weiter intensiviert werden.

Konkret: Wird sich der Staat nach der Pandemie – wann immer das auch aus heutiger Sicht sein mag – wieder auf sein ursprüngliches Niveau (gemessen an der Staatsquote d. h. dem Anteil der Staatsaugaben am Bruttoinlandsprodukt) zurückgefahren oder wird er im Gegenteil zukünftig eine stärkere Rolle spielen? Die ökonomischen Gründerväter der Bundesrepublik mit dem „Erfinder" der Sozialen Marktwirtschaft, Alfred Müller-Armack u. a., hatten dem Staat lediglich die Rolle zugewiesen, den Rahmen für die Wirtschaft zu setzen und einzelne Fehlleistungen zu korrigieren, die der Markt zu Lasten der wirtschaftlich Schwächeren produziert (vgl. im Detail Pietsch, 2019, S. 220 ff.). Hier ist künftig im Sinne einer Ökonomie für das Gemeinwohl *ein höherer Anteil des Staates* zu erwarten. Zumindest werden die Diskussionen über den Anteil des Staates in der Wirtschaft unter Fachleuten künftig zunehmen.

6. Die *Ungleichheit der Gesellschaft hat sich in den meisten Ländern, aber auch zwischen den Ländern weiter verschärft*. Diese Tendenz wird so wohl auch in Zukunft so bestehen bleiben, wenn hier nicht massiv gegengesteuert wird. Viele Lohnempfänger in gering bezahlten und niedrigqualifizierten Jobs verloren ihre Jobs, vor allem in den betroffenen Branchen. Sie konnten häufig auch

nicht ins Homeoffice ausweichen. Die Pandemie traf vor allem Kleinst- und Kleinbetriebe oder Unternehmen in der Anfangs- und Wachstumsphase ohne ausreichenden finanziellen Puffer. Ganze Branchen wie etwa die Kulturbranche, Schauspieler, Musiker, Künstler verloren über Nacht die Möglichkeit, ihren Berufen nachzugehen, da Theater, Kinos, Opern etc. alle monatelang kollektiv geschlossen hatten. Eine Branche, die mit wenigen Ausnahmen auch vorher schon nicht durch hohe Verdienste bekannt war, kollabierte temporär. Ärmere Länder, die vorher schon nicht über ein gute funktionierendes Gesundheitssystem, geschweige denn über einen gut gefüllten Staatshaushalt verfügten, wurden von der Pandemie härter getroffen als die reicheren Länder. Traurige Berühmtheit erlangte Malawi, eines der ärmsten Länder in Afrika, das nur 30 Intensivbetten auf 18 Millionen Einwohner aufweisen konnte, während es in Deutschland fast 34 auf 100.000 Einwohner sind (vgl. Pietsch, 2020, S. XI).

7. *Wir hinterlassen pandemiebedingt der nachfolgenden Generation eine hohe Staatsverschuldung*. So haben sich etwa die Ausgaben des Bundeshaushalts von rund 343 Milliarden Euro 2019 auf 508 Milliarden Euro in 2020 erhöht (vgl. Pietsch, 2021, S. 423). Alleine im Zeitraum Januar bis Oktober 2020 wies der Bundeshaushalt ein Defizit von gut 89 Milliarden Euro auf. Die Staatsquote in Deutschland hat sich 2020 gegenüber 2019 um knapp 20 Prozent erhöht und beträgt aktuell 54 Prozent. Zeitgleich ist die Schuldenquote in Deutschland d. h. der Anteil der Staatsverschuldung am Bruttoinlandsprodukt 2020 im Vergleich zu 2019 um mehr als 11 Prozent gestiegen. Alleine das im Juni 2020 lancierte Konjunkturpaket der Bundesregierung beläuft sich auf mehr als 167 Milliarden Euro. Diese hohe Schuldenlast

muss so schnell wie möglich wieder abgetragen werden. Dabei müssen die starken Schultern mehr tragen als die schwachen. Eine Mehrwertsteuererhöhung, die hauptsächlich die niedrigeren Einkommen überproportional belastet oder eine deutliche Erhöhung des Spritpreises mit ähnlichem Effekt kann also nicht die Lösung sein. *Generationengerechtigkeit ist auch ein ethischer Imperativ*: Die nachfolgende Generation muss nicht auch noch finanziell die Pandemie für uns ausbaden. Sie hatte schon genug unter den Corona-Regeln zu leiden.

Wir haben gesehen, dass die Pandemie eine Reihe von großen Herausforderungen an uns alle gestellt hat. Wir müssen uns nicht nur um unsere Umwelt kümmern und die Artenvielfalt erhalten, sondern auch die zunehmende globale Ungleichheit bekämpfen. Fangen wir dabei bei uns im eigenen Land an. Viele Politikerinnen und Politiker in Deutschland haben die Notwendigkeit des Handelns erkannt. Es existieren auch viele Konzepte, die alle in ihrer Wirkung ihre Erfolge erst erweisen müssen. Selbst wenn nach den Bundestagswahlen die Entscheidung darüber gefällt wird, welchem Konzept der Vorrang einzuräumen ist, ist unser Prozess des Nachdenkens noch nicht beendet. Wie dieses Buch hoffentlich gezeigt hat, müssen wir viele Dinge gleichzeitig anpacken und ringen hierbei um die besten Ideen. Dass wir nicht immer alle einer Meinung über den richtigen Weg sind, spielt überhaupt keine Rolle. Im Gegenteil, *je mehr und länger wir darüber nachdenken, wie wir unsere Wirtschaft für alle ethischer gestalten können*, desto intensiver können wir darüber diskutieren und streiten. Das beste Konzept sollte dann *zur konkreten Umsetzung* gelangen. Nur: Anfangen müssen wir und zwar jetzt, denn wir haben keine Zeit mehr zu verlieren!

Literatur

Ärzteblatt. (15. Juli 2021). Long COVID: Patienten klagen über mehr als 200 verschiedene Symptome. *Ärzteblatt online.* https://www.aerzteblatt.de/nachrichten/125635/Long-COVID-Patienten-klagen-ueber-mehr-als-200-verschiedene-Symptome. Zugegriffen am 19.07.2021.

Dullien, S. (2021). *Weltwirtschaft: Nach Corona kommt die Deglobalisierung.* Hans Böckler Stiftung online. https://www.boeckler.de/data/impuls_2021_02_S2-3.pdf. Zugegriffen am 28.06.2021.

Gabriel, M., & Scobel, G. (2021). *Zwischen Gut und Böse. Philosophie der radikalen Mitte.* Edition Körber.

Herzog, L. (2019). *Die Rettung der Arbeit. Ein politischer Aufruf.* Hanser.

IAB. (2021). *Wie stellen sich Arbeitnehmer das Arbeiten nach der Pandemie vor?* Techniker Krankenkasse online, zitiert aus der Studie des Instituts für Arbeitsmarkt- und Berufsforschung (IAB). https://www.tk.de/firmenkunden/service/fachthemen/coronavirus-arbeitgeber/homeoffice-nach-corona-2104308. Zugegriffen am 27.06.2021.

Lütge, C., & Esfeld, M. (2021). *Und die Freiheit? Wie die Corona-Politik und der Missbrauch der Wissenschaft unsere offene Gesellschaft bedrohen.* München.

Negt, O. (2001). *Arbeit und menschliche Würde.* Steidl.

Pietsch, D. (2019). *Eine Reise durch die Ökonomie. Über Wohlstand, Digitalisierung und Gerechtigkeit.* Springer.

Pietsch, D. (2020). *Prinzipien moderner Ökonomie. Ökologisch, ethisch, digital.* Springer.

Pietsch, D. (2021). *Die Ökonomie und das Nichts. Warum Wirtschaft ohne Moral wertlos ist.* Springer.

Rau, K. (27. Mai 2021). *Arbeitswelt nach Corona. „Hybrides Arbeiten ist sicherlich die anstrengendste Form“.* Interview mit der Arbeitsforscherin Barbara Stöttinger. *Wirtschaftswoche online.* https://www.wiwo.de/erfolg/beruf/arbeitswelt-nach-corona-hybrides-arbeiten-ist-sicherlich-die-anstrengendste-form/27212258.html. Zugegriffen am 18.10.2021.

Spiegel online. (11. Juni 2021). G7 Staaten wollen ärmeren Ländern eine Milliarde Impfdosen bereitstellen. *Spiegel online.* https://www.spiegel.de/ausland/corona-g7-staaten-wollen-aermeren-laendern-eine-milliarde-impfdosen-bereitstellen-a-23f47dd0-2acb-4836-940c-a4f83a72b9a5. Zugegriffen am 20.06.2021.

Statistisches Bundesamt. (31. März 2021). Die Folgen der Corona-Pandemie in 10 Zahlen, Pressemitteilung Nr. N 023. *Statistisches Bundesamt online.* https://www.destatis.de/DE/Presse/Pressemitteilungen/2021/03/PD21_N023_p001.html. Zugegriffen am 20.06.2021.

Steinhilber, J. (2021). *Wie sich die Globalisierung nach Corona verändern muss. Zeit für einen grundlegenden Wandel.* Neue Gesellschaft. Frankfurter Hefte Ausgabe 04/2021 online. https://www.frankfurter-hefte.de/artikel/zeit-fuer-einen-grundlegenden-wandel-3173/. Zugegriffen am 28.06.2021.

Tagesschau. (2021). Coronavirus-Zahlen im Überblick. Stand 19.06.2021. *Tagesschau online.* https://www.tagesschau.de/ausland/coronavirus-tabelle-103.html. Zugegriffen am 20.06.2021.

Taschwer, K. (18. Mai 2021). Neue Berechnungen: Wie viele Menschen sind bisher weltweit an Covid-19 gestorben? *Der Standard online.* https://www.derstandard.de/consent/tcf/story/2000126705633/wie-viele-menschen-sind-bisher-weltweitan-covid-19-gestorbenbisher-pandemie. Zugegriffen am 20.06.2021.

Ter Haseborg, V. (4. Juni 2021). Lieferketten: Globalisierungs-Killer Corona? Von wegen! *Wirtschaftswoche online.* https://www.wiwo.de/politik/konjunktur/lieferketten-globalisierungs-killer-corona-von-wegen/27254224.html. Zugegriffen am 28.06.2021.

Printed in the United States
by Baker & Taylor Publisher Services